W0075505

SIGRID ENGELBRECHT

Ich steh auf mich

Wertschätzung macht mich und andere stark

Besuchen Sie uns im Internet:
www.knaur.de

Originalausgabe Mai 2017
© 2017 Knaur Verlag
Ein Imprint der Verlagsgruppe
Droemer Knaur GmbH & Co. KG, München.
Alle Rechte vorbehalten. Das Werk darf – auch teilweise –
nur mit Genehmigung des Verlags wiedergegeben werden.
Redaktion: Désirée Schoen
Covergestaltung: ZERO Werbeagentur, München
Coverabbildung: FinePic®, München / shutterstock
Layout und Satz: Sandra Hacke
Druck und Bindung: CPI books GmbH, Leck
ISBN 978-3-426-87769-2

2   4   5   3   1

Inhalt

Teil 3

Einleitung

Wertschätzung ist der Schlüssel zu einem glücklichen Leben. Warum? Eine wertschätzende innere Haltung verhilft dazu, im Einklang mit sich selbst zu leben, achtsam mit unserer Umwelt umzugehen und die Beziehungen zu anderen angenehm und erfreulich zu gestalten.

Als soziale Wesen bringen wir ein starkes Bedürfnis mit auf die Welt, gesehen und beachtet zu werden: Wertschätzung zu erfahren als genau der Mensch, der wir sind. Dies unterscheidet sich deutlich vom Wunsch nach Lob und Anerkennung, den wir erst entwickeln, wenn wir schon ein paar Jahre auf diesem Planeten zu Hause sind. Während Lob und Anerkennung sich auf Eigenschaften, Verhalten oder Leistungen beziehen, ist Wertschätzung umfassender, geht darüber hinaus.

Wertschätzung meint uns als Ganzes, unser Sein, weitgehend unabhängig davon, ob wir einem Schönheitsideal entsprechen oder nicht, ob wir alt sind oder jung, unabhängig davon, was wir können und leisten – auch wenn solche Faktoren die subjektive Einschätzung über eine Person und damit die Wertschätzung mit beeinflussen.

»Er erfreut sich allgemein hoher Wertschätzung« meint umgangssprachlich: Er ist geachtet, er ist respektiert. Wer sich jemand anderem gegenüber wertschätzend verhält, respektiert ihn oder sie, ist freundlich, wohlwollend und zugewandt, zeigt Interesse an dem, was die andere Person sagt und tut, und ist aufmerksam bei der Sache.

Es besteht eine enge Beziehung zwischen Wertschätzung und Selbstwert: Menschen mit einem gut ausgeprägten Selbstwertgefühl verfügen häufig auch über eine wertschätzende Haltung anderen gegenüber. Ebenso wird jemand mit einer guten Selbstwertschätzung in der Regel auch von anderen mehr geschätzt als jemand, der in erster Linie die eigenen Fehler und Schwächen im Auge hat. Empfangene und gegebene Wertschätzung wiederum stärkt das Selbstwertgefühl bei beiden Beteiligten – dem Gebenden ebenso wie dem Empfangenden.

Durch einen Mangel an Wertschätzung dagegen fühlt sich wohl jeder Mensch verunsichert oder gekränkt – mehr oder weniger, je nachdem, wo, wie und durch wen er diesen erfahren hat. Kritik am eigenen Können mag oft schmerzlich sein, doch einfach übersehen oder übergangen und damit zur »Nicht-Person« degradiert zu werden geht weitaus tiefer. Manchmal ist Bosheit dabei mit im Spiel und die Absicht, den anderen zu verletzen, häufig aber sind es nur ausgeprägte Ich-Bezogenheit, Achtlosigkeit und Ignoranz, die das Verhalten steuern.

Anderen Wertschätzung zu verweigern kann gefährlich werden, das machen sich die wenigsten tatsächlich klar. Gekränkte Partner sinnen auf Vergeltung, die zerstörte Natur schlägt zurück, der gedemütigte Angestellte geht in die innere Emigration und macht nur noch Dienst nach Vorschrift, aus der Gesellschaft Ausgeschlossene handeln nach dem Motto: Mach kaputt, was dich kaputt macht.

Oft wird dadurch eine immer weiter eskalierende destruktive Spirale in Gang gesetzt: A greift B an, macht sich über ihn lustig, würdigt ihn herab. B fühlt sich als Opfer von A und schlägt zurück, bedroht A oder fügt ihm Schaden zu. Nun ist A in seinem Stolz verletzt, fühlt sich als Opfer von B und sinnt seinerseits auf Vergeltung, will es B jetzt so richtig zeigen und setzt noch mal eins drauf … und so weiter. Das passiert zwischen Paaren, unter Freunden, die dann keine mehr sind, am Arbeitsplatz, zwischen gesellschaftlichen Gruppen, zwischen Staaten … längst geht es nicht mehr um die Sache, sondern nur noch um Sieg oder Niederlage.

Wer morgens die Zeitung aufschlägt, findet in allen Rubriken Beispiele für solche destruktiven Spiralen.

Die Gründe, weshalb einer dem anderen Achtung und Anerkennung vorenthält, sind sehr komplex. Hier einen geschärften Blick und mehr Einfühlungsvermögen zu entwickeln, hilft sehr, konflikthafte Kommunikationssituationen im Alltag zu erkennen, zu analysieren und zu entschärfen.

Wem es ein Anliegen ist, sich selbst, seine persönliche Umgebung und andere Menschen mehr wertzuschätzen, dem vermittelt dieses Buch zahlreiche Denkanstöße und alltagspraktische Impulse. Es wird veranschaulicht, wie wertschätzendes Verhalten häufiger und deutlicher gezeigt werden kann und wie sich damit das Miteinander im Alltag angenehmer gestalten lässt. Um die verschiedenen Aspekte von Wertschätzung darzustellen, ist das Buch in drei Teile gegliedert:

Teil 1 beschäftigt sich mit der Bedeutung und den Grundlagen von Selbstwertschätzung. Eingangs gibt es dazu einen Test, mit dessen Unterstützung Sie sich orientieren können, wo Sie stehen, in welchen Bereichen Ihre Selbstwertschätzung gut und in welchen sie weniger gut ausgeprägt ist, und Sie entscheiden dann, wo Sie eventuell einen Entwicklungsbedarf sehen. Des Weiteren vertiefen Sie Ihr Wissen über Selbstwertschätzung als Grundlage einer wertschätzenden Haltung gegenüber anderen und erfahren, was die Folgen sein können, wenn Sie Defizite an dieser Stelle haben. Auch wird dargelegt, weshalb die Formel: »Je mehr Selbstwertschätzung, desto besser« uneingeschränkt gilt und weshalb Selbstwertschätzung etwas völlig anderes ist als Selbst*über*schätzung, Egozentrik oder Narzissmus.

Eine Reihe praktischer Übungen ermutigt dazu, es nicht beim bloßen Reflektieren zu belassen, sondern ins praktische Tun zu kommen. Denn: Wenn Sie Ihre Selbstwertschätzung positiv verändern wollen, dann sind Training und Ausdauer angesagt – ebenso, als hätten Sie vor, eine Sprache zu lernen oder Ihre Muskeln zu kräftigen. Erst das stete Einüben und Wiederholen bringt den Erfolg.

Der zweite Teil widmet sich der Wertschätzung im Alltag und wird wiederum mit einem Test eingeleitet, bei dem Sie herausfinden können, wie es um Ihre Aufmerksamkeit, Toleranz und Akzeptanz in Bezug auf Ihre Umwelt, auf Ihr alltägliches Verhalten und Ihre Gewohnheiten sowie auf Begegnungen mit Bekannten und Fremden bestellt ist. Es wird gezeigt, was die wesentlichen Qualitäten einer wertschätzenden inneren Haltung sind, die sich dann im konkreten Verhalten spiegeln. Abschließend gibt es auch hier wieder eine Reihe alltagspraktischer Impulse zum Experimentieren, die dazu führen können, neue Erfahrungen zu machen.

Der dritte Teil beleuchtet die Wertschätzung in Beziehungen: Wie gehen wir mit den Menschen um, die uns am nächsten stehen und mit denen wir am meisten Zeit verbringen? Etwa am Arbeitsplatz: unsere Kolleginnen und Kollegen, der/die Vorgesetzte oder Auftraggeber/innen. Oder im Privaten: unser Freundeskreis und natürlich der uns am nächsten stehende Mensch: der Partner/die Partnerin. Der vorangestellte Test vermittelt wieder Einsichten und Impulse dafür, das eine oder andere im persönlichen Denken und Handeln aus einer neuen Perspektive heraus zu betrachten. Die drei Unterabschnitte Beruf – Freundschaft – Paarbeziehung zeigen zum einen die Don'ts im Sinne eines wertschätzenden Umgangs mit dem anderen auf als auch Strategien, die zu mehr gegenseitiger Wertschätzung führen.

Durch das Buch begleiten Sie Menschen aus meinem Freundes- und Kollegenkreis sowie zwei meiner Coaching-Klientinnen, die gerne bereit waren, sich zu Aspekten ihrer persönlichen Geschichte und Entwicklung von mir befragen zu lassen. Ihre Erfahrungen mit Wertschätzung und Selbstwertschätzung sind mit in dieses Buch eingeflossen. Dafür vielen Dank an Anja, Doris, Elena, Gerd, Oliver, Sabine und Sheila!

Erhellende und vergnügliche Lektüre wünscht Ihnen
Sigrid Engelbrecht

Teil 1

Selbst-Miesmacher oder Selbst-Mutmacher?

Selbsttest

Was bin ich mir selbst wert?

Ein erster Schritt dazu, sich selbst besser kennen- und schätzen zu lernen, ist es, die eigenen Eigenschaften, Fähigkeiten, Überzeugungen und Verhaltensweisen möglichst realitätsnah zu betrachten. Mit dem Reflektieren der nachfolgenden Aussagen treffen Sie eine Einschätzung darüber, wie es um Ihre Selbstwertschätzung bestellt ist. Die Statements im Test beziehen sich auf vier Aspekte:

1. Selbstwertschätzung – ganz grundsätzlich,
2. auf die Attraktivität bezogene Selbstwertschätzung,
3. auf die Leistung bezogene Selbstwertschätzung und
4. soziale Selbstwertschätzung.

Markieren Sie bitte, in welchem Umfang die Inhalte der Statements auf Sie selbst zutreffen. Kreuzen Sie dazu in der Tabelle jeweils eine Zahl zwischen 0 und 4 an, je nachdem, wie stark das jeweilige Statement sich mit Ihrer Selbstwahrnehmung deckt.

Sorgen Sie dafür, etwa eine halbe Stunde ungestört zu sein, und konzentrieren Sie sich auf die einzelnen Aussagen. Lassen Sie bei Ihrer persönlichen Einschätzung kein Statement aus und folgen Sie dabei eher Ihrer Intuition, anstatt lange über eine »korrekte« Zuordnung zu grübeln. Wenn Ihnen die Entscheidung trotzdem schwerfällt, wählen Sie die Alternative aus, die Ihrer intuitiven Einschätzung am ehesten entspricht.

Die Zahlen bedeuten jeweils:

- 4 = ist ganz allgemein typisch für mich
- 3 = ist in vielen Situationen typisch für mich
- 2 = ist in speziellen Situationen typisch für mich
- 1 = erlebe ich nur selten so
- 0 = erlebe ich gar nicht

Zählen Sie für jeden der vier Bereiche gesondert die ermittelten Zahlen zusammen. Was Ihr Ergebnis im Einzelnen bedeutet, lesen Sie in der anschließenden Auswertung.

Selbstwertschätzung ...

... GANZ GRUNDSÄTZLICH (Aspekt 1)	0	1	2	3	4
Ich denke, dass ich ein liebenswerter Mensch bin – mit allem Drum und Dran.				X	
Ich nehme viel mehr positive Seiten als Schwächen an mir wahr.			X		
Wenn ich mich irgendwo blamiert habe, kann ich mir das im Nachhinein leicht verzeihen.			X		
Ich genieße es, Zeit mit mir alleine zu verbringen und einfach »mein Ding« zu machen.		X			
Ich kann Lob und Komplimente von Kollegen und Freunden gut annehmen.		X			
Ich kann Irrtümern und Fehlern, die mir unterlaufen, eine komische Seite abgewinnen.		X			
Ich kann auf Anhieb mindestens fünf Vorzüge von mir aufzählen.			X		
Ich bin zufrieden mit mir selbst und der Art und Weise, wie ich mein Leben eingerichtet habe.			X		

... GANZ GRUNDSÄTZLICH (Aspekt 1)	0	1	2	3	4
Mit meinen Fehlern und Schwächen kann ich gut leben.		X			
Ich achte darauf, dass meine körperlichen Bedürfnisse im Alltag nicht zu kurz kommen.			X		

/A

... WAS AUSSEHEN UND ATTRAKTIVITÄT BETRIFFT (Aspekt 2)	0	1	2	3	4
Ich akzeptiere mein Aussehen und bin zufrieden mit meinem Erscheinungsbild.		X			
Ich finde mich selbst attraktiv.		X			
Wenn ich mich im Spiegel anschaue, dann lächle ich mir zu.		X			
Wenn mir jemand ein Kompliment über mein Aussehen macht, kann ich das gut annehmen.		X			
Ich weiß, was ich mag und was mir steht, und bin unabhängig von kurzlebigen Moden.			X		
Ich habe mich mit Schönheitsfehlern und anderen Handicaps arrangiert.		X			
Ich sage ganzen Herzens ja zu mir, auch wenn ich gängigen Schönheitsidealen nicht entsprechen mag.		X			
Wenn ich Fotos von mir betrachte, gefalle ich mir darauf.		X			
Ich sehe Falten oder auch Narben nicht als Makel, sondern als Zeichen von Erfahrungen an.			X		
Ich finde, dass ich in Mimik, Gestik und Auftreten eine gute Ausstrahlung habe.		X			

... HINSICHTLICH MEINER STÄRKEN UND LEISTUNGEN (Aspekt 3)

	0	1	2	3	4
Ich bin überzeugt davon, dass ich noch viel erreichen kann.			X		
Ich denke, dass ich mir im Leben viele Kompetenzen angeeignet habe, dass ich eine Menge weiß und kann.			X		
Wenn ich zurückblicke, sehe ich vieles, worauf ich heute stolz bin.		X			
Ich habe Ziele, die mir persönlich wichtig sind, und mache Pläne, sie zu verwirklichen.		X			
Ungelöste Probleme sehe ich eher als eine Herausforderung denn als ein Ärgernis an.		X			
Es gelingt mir gut, Prioritäten zu setzen und konsequent in der Umsetzung zu sein.		X			
Was ich mir vornehme, führe ich dann auch durch – ohne Wenn und Aber.		X			
Es fällt mir leicht, Entscheidungen zu treffen und dafür einzustehen.		X			
Es macht mir Spaß, mir und anderen etwas zu beweisen.			X		
Ich ärgere mich nur selten über mich selbst – und wenn, dann ist der Ärger schnell verraucht.			X		

14

... IM VERHÄLTNIS ZU ANDEREN (Aspekt 4)

	0	1	2	3	4
Für mich ist es völlig normal und natürlich, mich so zu zeigen, wie ich bin.			X		
Wenn andere zu viel von mir fordern, gelingt es mir, klare Grenzen zu setzen.		X			

... IM VERHÄLTNIS ZU ANDEREN (Aspekt 4)	0	1	2	3	4
Es macht mir Spaß, neue Menschen kennenzulernen und mehr über ihre Art, die Welt zu sehen, zu erfahren.		X			
Es macht mir nichts aus, vor mehreren Leuten zu sprechen oder eine längere Rede zu halten.		X			
Es gelingt mir, konstruktive von destruktiver Kritik zu unterscheiden und die konstruktive anzunehmen.			X		
Wenn mich jemand gekränkt hat und er sich entschuldigt, fällt es mir leicht, ihm zu vergeben.				X	
Es fällt mir leicht, mich auch einmal zurückzunehmen, ohne dass ich mich dann unbeachtet fühle.			X		
Ich kann gut damit leben, dass andere Menschen Dinge anders beurteilen als ich selbst.			X		
Ich sage meine Meinung, auch wenn ich weiß, dass andere eine andere Meinung haben.		X			
Ich kann mich gut ausdrücken – auch wenn ich über meine Gefühle spreche.		X			

16

Auswertung Aspekt 1:
Selbstwertschätzung – ganz grundsätzlich

Selbstwertschätzung zeigt sich »ganz grundsätzlich« darin, sich als einen Menschen von Wert zu betrachten und sich selbst – unabhängig von Leistung, Eigenschaften, Tugenden und Kompetenzen – voll und ganz zu akzeptieren. Und so ist es bei diesem Aspekt um Sie bestellt:

Ab 30 Punkte
Prima! Um Ihre Selbstwertschätzung ist es sehr gut bestellt. Sie

achten gut auf sich und Ihre Bedürfnisse, fühlen sich wohl in Ihrer Haut und haben eine gute Meinung von sich. Sich Fehler und Schwächen zu verzeihen ist für Sie keine große Sache, und andererseits können Sie auch positives Feedback unbefangen annehmen. In diesem Buch werden Sie vieles wiederfinden, was Ihnen selbst im Alltag schon selbstverständlich ist, was Sie bislang aber möglicherweise kaum als eine besondere Qualität gewürdigt haben.

21 bis 29 Punkte

Ihre Selbstwertschätzung ist gut ausgeprägt, doch in manchen Bereichen und Situationen will es nicht so recht gelingen, sich als wertvoller Mensch zu fühlen. Da fällt es Ihnen dann schwer, gut zu sich selbst zu sein und entsprechend Ihren Werten, Überzeugungen und Maßstäben zu handeln. Widmen Sie sich noch einmal den Einschätzungen, bei denen Sie niedrige Punktzahlen erzielt haben. Diese können Sie zu persönlichen Entwicklungsfeldern machen und so Schritt für Schritt Ihre Selbstwertschätzung steigern. Mehr dazu im Kapitel »6 Impulse für mehr Selbstwertschätzung«.

11 bis 20 Punkte ✗

Es würde Ihnen sehr guttun, sich Ihres Wertes stärker bewusst zu sein. Dabei gilt, Ihre Selbstakzeptanz ganz bewusst von Ansprüchen und Bedingungen zu entkoppeln sowie negative Überzeugungen in Bezug auf sich selbst konstruktiv zu verändern. Dies wird dann auch den Stress vermindern, den Sie aufgrund Ihrer strengen Maßstäbe an sich selbst und das eigene Verhalten oft erleben. Hinweise und Tipps dazu finden Sie im Kapitel »6 Impulse für mehr Selbstwertschätzung«.

Bis 10 Punkte

Selbstwertschätzung ist etwas, was Sie wahrscheinlich nur vom Hörensagen kennen, denn Sie sind es gewohnt, sich aus einer abwertenden Haltung heraus zu betrachten und sich kaum eine positive Sichtweise zuzugestehen. Seien es frühkindliche Prägungen, in der Vergangenheit begangene Fehler oder schlechte Erfahrungen, die dazu geführt haben, dass Sie geringschätzig über sich selbst denken: Das muss nicht so bleiben. Sie können viel dafür tun, Ihr Bild von sich selbst positiv zu verändern und damit Ihre Selbstakzeptanz zu stärken. Hier wäre auch zu überlegen, vielleicht zusätzlich die professionelle Unterstützung durch einen Coach oder eine Therapie zu nutzen, um ein freundlicheres Verhältnis zu sich selbst zu entwickeln.

Auswertung Aspekt 2:
Selbstwertschätzung, was Aussehen und Attraktivität betrifft

Das körperliche Erscheinungsbild ist das Erste, was jemand, dem wir begegnen, wahrnimmt. Mit einem Blick wird erfasst: weiblich/männlich, jung/alt, schlank/dick, attraktiv/nicht attraktiv. Unser eigener Blick in den Spiegel wird von dem mitbestimmt, was die Kultur, in der wir leben, als Normen für Attraktivität definiert hat. Wie Sie sich in Bezug darauf selbst einschätzen, erfahren Sie hier:

Ab 30 Punkte
Sie schauen gerne in den Spiegel und können auch Komplimente von anderen unbefangen wertschätzen. Sofern Sie an sich körperliche Eigenheiten wahrnehmen, die nicht den gängigen Normen entsprechen, dann haben Sie sich damit versöhnt und finden sich trotzdem attraktiv. Ihre gute Meinung über Ihr Aussehen ist ein wichtiger Bestandteil Ihrer Selbstwertschätzung.

21 bis 29 Punkte

Sie sind im Großen und Ganzen mit Ihrem Erscheinungsbild zufrieden, doch gibt es auch einiges, das Sie als Makel empfinden und gerne anders hätten. Widmen Sie sich noch einmal den Einschätzungen, wo Sie niedrige Punktzahlen erzielt haben, und überlegen Sie, was es Ihnen erleichtern könnte, auch diese Gegebenheiten als Bestandteil Ihres Erscheinungsbildes anzunehmen. Mehr dazu im Kapitel »6 Impulse für mehr Selbstwertschätzung«/Unterkapitel »1. Alles darf sein: Die Selbstakzeptanz stärken«.

11 bis 20 Punkte

Sie haben so einiges an Ihrem Erscheinungsbild auszusetzen. Überlegen Sie, was es Ihnen erleichtern könnte, Ansprüche, wie Sie aussehen »sollten«, loszulassen und stattdessen ja zu Ihrem Äußeren zu sagen. Beginnen Sie damit, das, was Sie noch am ehesten an sich schön finden, Ihre »Schokoladenseiten«, stärker zu würdigen – beispielsweise Ihre Augen, Ihr Haar usw., und dehnen Sie diese Wertschätzung dann schrittweise auf andere Bereiche aus. Hinweise und Tipps dazu finden Sie im Kapitel »6 Impulse für mehr Selbstwertschätzung«/Unterkapitel »1. Alles darf sein: Die Selbstakzeptanz stärken«.

Bis 10 Punkte

Sie haben sehr viel an Ihrem Äußeren auszusetzen und hadern mit Ihrem Erscheinungsbild. Am liebsten würden Sie ganz anders aussehen, als es der Fall ist. Diese Selbstablehnung kostet Sie viel Energie und trübt Ihre Stimmung. Und sie verhindert auch, dass Sie jenseits bestimmter Eigenheiten Ihres Aussehens eine selbstbewusste Ausstrahlung entwickeln. Betrachten Sie einmal ganz bewusst Menschen, die nicht den gängigen Schönheitsidealen entsprechen und trotzdem mit ihrem Auftreten punkten, und lernen Sie von ihnen.

Auswertung Aspekt 3:
Selbstwertschätzung hinsichtlich Ihrer Stärken und Leistungen

Die Wertschätzung der eigenen Stärken und Leistungen ist mit einem stabilen Selbstvertrauen gekoppelt. Nur wer den Mut hat, sich einer Herausforderung zu stellen, kann die Chance nutzen, sie zu meistern. Das bedingt, Vertrauen in sich selbst zu haben, in die eigenen Kräfte und Fähigkeiten, und über die Zuversicht zu verfügen, eigene, selbstgesteckte Ziele – trotz mancher Hindernisse, die sich vielleicht in den Weg stellen – letztlich zu erreichen. Was Sie in dieser Hinsicht von sich denken, erfahren Sie hier:

Ab 30 Punkte

Sie haben klare Vorstellungen davon, was Sie erreichen wollen, und wissen, was Sie dafür tun können, Erfolg zu haben mit dem, was Sie anstreben. Sie sind entscheidungsfreudig, nutzen Ihre Stärken und setzen klug und überlegt eigene Prioritäten. Dabei beweisen Sie Selbstvertrauen und Durchhaltevermögen. Ihr Ehrgeiz und Ihre Leistungsbereitschaft sind eng mit Ihrer Selbstwertschätzung verknüpft.

21 bis 29 Punkte

Im Allgemeinen blicken Sie zuversichtlich in die Zukunft und trauen es sich zu, das, was Sie sich vornehmen, auch in die Tat umzusetzen. Sie wissen, dass Sie auf Ihre Stärken und Fähigkeiten bauen können. Hin und wieder werden Sie von Selbstzweifeln geplagt, aber diese halten selten lange an und werden bald wieder vom lösungsorientierten Denken abgelöst. Mehr dazu im Kapitel »6 Impulse für mehr Selbstwertschätzung«/Unterkapitel »5. Sich von selbstentwertenden Überzeugungen befreien«.

11 bis 20 Punkte Y

Zwei Schritte vorwärts, einen zurück … kennen Sie das? Wahrscheinlich, denn oft ist es so, dass Sie sich zwar ein Ziel setzen und auch die Umsetzung planen, dann aber durch innere Einwände ins Stocken kommen und sich die ganze Sache nicht mehr so richtig zutrauen. Auch Stolpersteine auf Ihrem Weg bringen Sie aus dem Konzept, so dass Sie das, was Sie wollen, grundsätzlich in Frage stellen. Kann ich das? Darf ich das? Will ich das wirklich? Fragen wie diese drängen sich dann in den Vordergrund. Denken Sie öfter mal an die Dinge, die Sie erfolgreich durchgeführt und abgeschlossen haben. Einige der Kompetenzen, die Sie dabei erworben haben, können Sie wahrscheinlich auch bei aktuellen Herausforderungen gut einsetzen. Im Kapitel »6 Impulse für mehr Selbstwertschätzung«/Unterkapitel »5. Sich von selbstentwertenden Überzeugungen befreien« erfahren Sie, was Sie darüber hinaus tun können, um Ihr Selbstvertrauen zu stärken.

Bis 10 Punkte

Sie trauen sich nur wenig zu und sind besonders dann schnell entmutigt, wenn bei einem Vorhaben Schwierigkeiten auftauchen. Unsicherheit im Hinblick auf die eigenen Stärken und Fähigkeiten lässt Sie rasch daran zweifeln, für die Umsetzung dieses oder jenes Vorhabens tatsächlich geeignet zu sein. Es führt auch dazu, dass Sie vor Entscheidungen zurückscheuen und sich ungern festlegen. Für Sie ist es wichtig, das Vertrauen in Ihre Kompetenzen schrittweise zu festigen, indem Sie sich immer wieder Aufgaben stellen und es trainieren, sie zu bewältigen. Mehr dazu erfahren Sie im Kapitel »6 Impulse für mehr Selbstwertschätzung«/Unterkapitel »5. Sich von selbstentwertenden Überzeugungen befreien«.

Auswertung Aspekt 4:
Selbstwertschätzung im Verhältnis zu anderen

Sich selbst wertzuschätzen im Verhältnis zu anderen heißt nicht, sich als überlegen zu betrachten, sondern es bedeutet, sich ebenbürtig zu fühlen. »Ich bin okay – du bist okay«, so wie die Transaktionsanalyse es einfach und treffend postuliert, ist die Haltung, um die es geht. Das bedeutet, sich in Gegenwart anderer wohl, sicher und angenommen zu fühlen. Dazu gehört jedoch auch, sich unpassenden Kontakten oder vereinnahmenden Ansinnen gegenüber abgrenzen und eigene Wünsche und Vorstellungen formulieren zu können. Wie es hier um Sie bestellt ist, zeigen die folgenden Ergebnisse:

Ab 30 Punkte

Sie kommen sehr gut mit anderen aus, finden schnell Kontakt und können andere Menschen gut einschätzen. Die Beziehungen zu den meisten Ihrer Mitmenschen sind locker und zwanglos, und Sie fühlen sich zuallermeist zusammen mit anderen wohl. Es fällt Ihnen leicht, sich abzugrenzen, wenn dies erforderlich ist, und Sie gestehen jedem das Recht zu, Dinge anders als Sie selbst zu sehen. Ihre Selbstwertschätzung im Kontakt mit anderen ist gut. Wenn jemand Sie kritisiert, sind Sie in der Lage zu erkennen, ob diese Kritik berechtigt ist und ggf. auch hilfreich für Sie ist oder ob sie in erster Linie etwas mit Ihrem Gegenüber und dessen Befindlichkeit zu tun hat.

21 bis 29 Punkte

Zu den meisten Menschen in Ihrer Umgebung haben Sie ein gutes Verhältnis und fühlen sich anerkannt und respektiert. Sie sind gerne mit anderen zusammen und genießen es, sich mit dem Partner, mit Freunden und Kollegen auszutauschen und Dinge gemeinsam zu unternehmen. Ihr Selbstwertgefühl ist, von Ihren speziellen empfindlichen Punkten abgesehen, gut. In manchen Situationen nehmen Sie sich »um des lieben Friedens willen« zurück und halten mit Ihren Ansichten, Wünschen und Vorstellungen hinter dem Berg, doch in anderen Situationen wiederum können Sie sehr klar zu dem stehen, was Sie denken und fühlen.

11 bis 20 Punkte

Im Kontakt mit anderen fühlen Sie sich schnell in Frage gestellt. Sie möchten gerne anerkannt und geschätzt werden und sind bereit, viel dafür zu tun, um von den Menschen in Ihrer Umgebung gemocht und respektiert zu werden. Da es Ihnen schwerfällt, Ansinnen anderer abzulehnen und ein klares »Nein« zu formulieren, laden Sie sich oft zu viel auf. Sie fühlen sich gekränkt, wenn Sie den Eindruck haben, dass Ihr Gegenüber Sie nicht wirklich akzeptiert. Wenn jemand Sie kritisiert, überlegen Sie automatisch, womit Sie ihn beschwichtigen könnten. In dem Maße, wie Sie Ihre Selbstwertschätzung zu stärken vermögen, wird es Ihnen auch gelingen, sich unabhängiger von der Einschätzung anderer zu machen und sich in Gesellschaft lockerer und entspannter zu fühlen. Dabei helfen Ihnen die Übungen im Kapitel »6 Impulse für mehr Selbstwertschätzung«.

Bis 10 Punkte

Im Kontakt mit anderen Menschen sind Sie schüchtern und zurückhaltend, befürchten oft ganz automatisch, etwas falsch zu machen und Kritik auf sich zu ziehen. Besonders unsicher fühlen Sie sich in ungewohnten Situationen und in solchen, in denen es darum geht, eine Entscheidung zu treffen. Da richten Sie sich lieber nach anderen, als selbst initiativ zu werden. Es fällt Ihnen schwer, auf einer eigenen Meinung zu beharren. Besonders dann, wenn Ihr Gegenüber überzeugend und dominant auftritt, geben

Sie lieber klein bei und passen sich an, statt sich auf eine Auseinandersetzung einzulassen. Wenn jemand Sie verletzt hat, begehren Sie nicht auf, sondern ziehen sich – mehr oder weniger gekränkt – stillschweigend zurück und meiden diese Person künftig. Dem zugrunde liegt – bewusst oder unbewusst – die verinnerlichte Überzeugung, dass andere von Hause aus klüger, kompetenter oder erfahrener sind als Sie selbst. Ihre Selbstwertschätzung systematisch zu verbessern wird Ihnen dabei helfen, sich in Gegenwart anderer wohler und sicherer zu fühlen. Wo Sie ansetzen und was Sie tun können, erfahren Sie im Kapitel »6 Impulse für mehr Selbstwertschätzung«.

Was Selbstwertschätzung bedeutet

Eine Begriffsbestimmung

Beim Selbst*wert* geht es um die rationale sowie auch die emotionale Zuschreibung eines *Wertes* für die eigene Person. Die Selbst*wertschätzung* bezeichnet eine wohlwollende, freundliche und mitfühlende Haltung sich selbst gegenüber. Wer sich selbst wertschätzt, ist einverstanden mit der eigenen Person und der eigenen Entwicklung. Dazu gehört nicht nur, die persönlichen Stärken zu würdigen, sondern auch, mit den eigenen Schwächen verständnisvoll umzugehen. Interessant dabei: Wer sich selbst wertschätzt, wird meist auch von anderen eher respektiert als jemand, der häufig von Selbstzweifeln geplagt wird.

Selbstwertschätzung bedeutet also, sich selbst ganz grundsätzlich als wertvoller Mensch zu fühlen – mit der Gewissheit, so, wie man ist, einen Platz in der Welt zu haben. Insofern ist Selbstwertschätzung etwas anderes, als sich selbst anzuerkennen oder zu loben. Anerkannt werden Leistungen, Vorzüge, Tugenden, und auch Lob bezieht sich in der Regel auf bestimmte Eigenschaften und Verhaltensweisen.

Selbstwertschätzung hingegen betrifft das Da-Sein, ist umfassend: *So, wie ich bin, bin ich liebenswert.* Der Wert, den Sie in Bezug auf sich selbst als Person *empfinden,* ist natürlich grundsätzlich subjektiv. Er orientiert sich weniger am Wissen als vielmehr am Gefühl. Und doch kommt das Wort »Wert« im Begriff Selbst*wert*schätzung nicht von ungefähr, denn eigene Wertvorstellungen fließen entscheidend in die Selbstbewertung und Selbstwertschätzung ein und rufen entsprechende Gefühle hervor. Den Selbstwert bestimmt also mit, in welchem Umfang Sie zu der Art, wie Sie leben, wie Sie aussehen, was Sie denken, fühlen und tun, »Ja« sagen können. Ob Sie hinter dem stehen, wie Sie Ihr Leben gestalten, ob Sie Ihr Verhalten als gut und richtig ansehen können. Insofern hat Selbstwert sehr viel mit dem Verwirklichen eigener Werte im Alltag zu tun. Indem Sie dem, was Sie für sich als gut und richtig erkannt haben, Raum in Ihrem Leben geben, erleben und bestätigen Sie Ihren gefühlten Wert als Person immer wieder von neuem.

Wenn Sie von Ihrem Leben sagen können, dass Sie es im Großen und Ganzen nach den Werten ausgerichtet haben, die Ihnen innerlich Glück und Zufriedenheit bescheren und die Sie vor Ihren eigenen Maßstäben bestehen lassen, erleben Sie eine tief empfundene und nachhaltige Selbstwertschätzung.

Innen und außen: das Selbstwert-Dilemma

Die Art und Weise, wie wir uns selbst wahrnehmen und als wie »wertig« wir uns empfinden, hängt auch vom Wechselspiel zwischen »innen« und »außen« ab, von der Übereinstimmung mit Ihren zentralen Werten zum einen und den Bewertungen durch Menschen in Ihrer Umgebung zum anderen.

Ein Großteil der Konflikte, die wir erleben, sind Werte-Konflikte. Dabei ist uns oftmals kaum bewusst, an welchen Werten wir uns orientieren. Liebe, Ehrlichkeit, Erfolg, Attraktivität, Zuverlässigkeit, Zugehörigkeit, Wissen, Genuss, Harmonie, Reichtum, Leistung …? »Was soll ich wie tun?«, »Was ist mir wichtig?«, »Wie erreiche ich, dass mich andere wertschätzen?« Und: »Was erwarten andere im Gegenzug von mir, damit ich von ihnen akzeptiert und geschätzt werde?«

Ist es nicht oft so, dass wir, um der positiven Bewertung durch andere willen, uns an deren Erwartungen und Werten orientieren, auch wenn wir innerlich nicht wirklich damit übereinstimmen?

Mit dem Strom schwimmen erscheint einfacher, als es zu riskieren, ausgeschlossen zu werden. Doch dann kann es leicht passieren, dass wir uns hinterher mies fühlen, weil wir unsere eigenen Werte verleugnet haben, und die Selbstwertschätzung kriegt eine Delle ab. Wenn wir uns hingegen als »Abweichler« präsentieren, reagieren andere vielleicht mit Kritik und Ablehnung – manchmal bis hin zur Ausgrenzung. Was nicht leicht zu ertragen ist und wiederum auch deutlichen Einfluss auf die Selbstwertschätzung haben kann (siehe dazu auch das Kapitel »Warum Kränkungen so gefährlich sind«/Unterkapitel »Ausgeschlossen sein schmerzt«). Ein Dilemma, das immer wieder von neuem ausgefochten werden muss.

Eines jedoch ist sicher: Je stabiler Ihre Selbstwertschätzung ist, desto einfacher wird es für Sie sein, mit einem negativen Feedback – sei es zu Ihrer Person, Ihrem Aussehen, Ihren Ansichten oder Ihrer Leistung – zurechtzukommen und konstruktiv damit umzugehen. »In diesem Bereich erlebe ich häufig Konflikte«, sagt Doris, eine 35-jährige Verwaltungsangestellte, »es gibt einiges, womit ich bei meiner Arbeit unzufrieden bin. Ich schaffe es aber nur selten, dann auch den Mund aufzumachen und Klartext zu reden. Ich weiß, dass ich etwas kann und meinen Job gut mache, das ist nicht das Problem. Aber das Risiko, mir Ärger einzuhandeln und dann vielleicht als Querulantin dazustehen, ist mir meistens zu hoch. Dann ziehe ich lieber den Kopf ein und tue so, als wäre nichts. Hinterher aber ärgere ich mich über mich selbst, weil ich weiß, dass sich so nichts ändern wird.« Elena sieht das anders. »Wenn ich Kritik habe, dann muss die einfach raus, sonst geht mir das stundenlang im Kopf rum.« Sie ist 30, arbeitet als Bibliothekarin in einer kleinen Stadtteilbibliothek und hat zwei Kollegen, mit denen sie sich nicht sonderlich gut versteht. »Aber wenn dann von den Jungs eine Retourkutsche kommt, macht mir das viel aus, vor allem, wenn mich einer wieder mal wegen meiner Figur schräg anredet.« Elena ist 1,80 m groß und wiegt 90 Kilo. Sie wäre gerne leicht und zierlich wie eine Elfe, wie sie mal gesagt hat. Es fällt ihr schwer, sich als stattliche Frau anzunehmen, und es vergeht kein Tag, an dem sie sich nicht anders wünscht.

Sich akzeptieren – voll und ganz

Sich selbst rundum zu akzeptieren – unabhängig vom Erscheinungsbild, von bestimmten Eigenschaften, Alter, Intelligenz, Leistung und Kompetenzen oder anderen »Vorbedingungen« – fällt oft nicht leicht. Sich mit einem Erfolg, einem Kompliment oder einer Anerkennung von anderen zu identifizieren ist dabei in der Regel immer noch einfacher, als auch diejenigen persönlichen Eigenheiten, die als Schwäche gewertet werden, wohlwollend in das eigene Selbstbild einzufügen und eben auch dazu »Ja« zu sagen.

Fragen nach dem Selbstwert spielen eine zentrale Rolle im Leben. Wir möchten positiv über uns selbst und unser Leben denken, und da erscheint es doch angebracht, eigene Unzulänglichkeiten bekämpfen oder verleugnen zu wollen, oder? Umfassende Selbstwertschätzung kann sich jedoch nur entwickeln, wenn wir auch die eigenen Unvollkommenheiten wohlwollend annehmen können. Dass wir es akzeptieren können, wenn wir traurig sind, wütend sind, uns schämen oder an einer Herausforderung scheitern. Dass wir auch ertragen können, wenn wir uns unsicher fühlen oder uns vor etwas fürchten, uns als feige oder unbeherrscht wahrnehmen, uns einsam oder unzulänglich fühlen oder von etwas ausgeschlossen sind.

Je besser wir verstehen und annehmen können, dass solche Empfindungen eben auch zu uns gehören und wir trotzdem okay sind, desto schneller finden wir aus negativen Gefühlslagen auch wieder heraus. Je intoleranter wir aber uns selbst gegenüber sind und das, was wir als Schwäche interpretieren, bekämpfen wollen, desto zäher bleiben uns gerade diese Dinge erhalten.

»Wahrscheinlich ist da was dran«, sagt Gerd, ein freiberuflich arbeitender Grafikdesigner, »ich weiß, dass es mir schwerfällt, Arbeiten zu präsentieren. Ich fühle mich da jedes Mal, als stünde ich am Pranger. Habe schon vorher Lampenfieber, Entspannungstechniken fruchten nichts, ich bin völlig überdreht. Wenn ich dann dastehe und anfange, kriege ich nicht die richtigen Worte heraus, es ist ein elendes Gestammel, und wenn's besonders schlimm ist, dann bricht auch das Stottern wieder durch, unter dem ich als Kind so zu leiden hatte. Ich hasse das. Und ich hasse auch mich in dem Moment, fühle mich schrecklich. Es kann doch nicht sein, dass das nach all den Jahren immer noch so ist, ich kann das nicht akzeptieren.«

So wie Gerd geht es vielen von uns. Manche gehen den kritischen Situationen dann grundsätzlich aus dem Weg, andere suchen immer neue Wege, das zu bekämpfen, was sie an sich nicht haben wollen. Doch Stärken wie Schwächen gehören zu jedem von uns, und beides ist in Ordnung. Selbstannahme und Selbstwertschätzung gehören zusammen und sind gleichzeitig auch die Voraussetzung für inneren Frieden. Wer in Einklang mit sich selbst lebt, gewinnt an Selbstsicherheit, Gelassenheit und Wohlbefinden. Dann steigt auch die Wahrscheinlichkeit, dass unter dem Vorzeichen der inneren Versöhnung die entsprechende Schwäche auf einmal an Bedeutung verliert, dass sie nicht mehr zu ängstlichen Befürchtungen führt oder dass sie weniger wird.

Wer bin ich? Bin ich liebenswert so, wie ich bin? Was kann ich? Was macht mich aus? Was ist mir wichtig? Was lehne ich ab? Was ist mein Beitrag zum Ganzen? Bin ich zufrieden mit mir, oder möchte ich eigentlich anders sein? Wie reagiere ich, wenn ich kritisiert oder gelobt werde? Wer Fragen wie diese selbstwertschätzend beantworten kann, verspürt ein Gefühl der inneren Sicherheit. Dies ist noch kein Garant für Lebenszufriedenheit, Gesundheit und Erfolg, aber es ebnet den Weg dahin.

Umgekehrt führen ein Übermaß an Selbstkritik und eine negative Sicht auf die eigene Person zu einem schwachen, instabilen Selbstwertgefühl. Dies wiederum kann Lebenschancen verbauen, die Kommunikation mit anderen erschweren und letztlich auch die Gesundheit beeinträchtigen. Mangelnde Selbstwertschätzung macht mut- und antriebslos. Ist der Mangel groß, fühlen wir uns unansehnlich, schwerfällig und inkompetent. Dann gehen wir Herausforderungen aus dem Weg und empfinden gleichzeitig Scham deswegen, schlagen uns mit Schuldgefühlen herum, werten uns noch weiter ab und erleben unser Leben als mühsam und sinnentleert.

Eine liebevolle, wertschätzende Einstellung sich selbst gegenüber ist also ein wichtiger Bestandteil psychischen Wohlbefindens, während ein Mangel an Selbstwertschätzung unzufrieden macht und die Lebensfreude beeinträchtigt.

Das Selbstwertgefühl prägt unsere Haltung, unsere Mimik und Gestik, unsere Reaktionen, unsere Entscheidungen und viele Aspekte unseres Verhaltens – so oder so. Wer seine Selbstwertschätzung stärkt und eben auch die eigenen Schwächen als Bestandteil der eigenen Persönlichkeit akzeptiert, empfindet mehr inneren Frieden und verändert positiv seine Ausstrahlung auf andere. Er wird als selbstsicher und authentisch wahrgenommen.

Aspekte der Selbstwertschätzung

Unsere Selbstwertquellen

Wenn Sie Ihre Testergebnisse unter dem Blickwinkel der vier verschiedenen Aspekte betrachten, wird klar, dass der Aspekt »Selbstwertschätzung – ganz grundsätzlich« im Zentrum steht und die anderen drei Aspekte – Attraktivität, Leistung und soziales Selbstverständnis – in dieses Grundgefühl des »Ich bin okay, so wie ich bin« als spezielle Gesichtspunkte mit einfließen. Das Bewusstsein, ganz grundsätzlich ein wertvoller Mensch zu sein, der seinen Platz in der Welt hat, wird also weiter gefestigt durch:

- die Wertschätzung des eigenen Erscheinungsbildes,
- die Erfahrung, sich auf die eigenen Fähigkeiten und Fertigkeiten verlassen zu können und etwas im Leben bewirken zu können,
- das Empfinden, in befriedigende soziale Beziehungen eingebunden zu sein.

Je breiter die Basis ist, auf der sich unsere Selbstwertschätzung gründet, desto belastbarer ist sie auch. Sich selbst mögen, attraktiv finden, die eigenen Talente und Fähigkeiten würdigen und sich in seinen sozialen Beziehungen wohl fühlen stärkt innerlich und gibt ein Gefühl des »Am-richtigen-Platz-Seins«. In dieser Wertschätzung ist aber auch die Fähigkeit zur Selbstkritik enthalten. Selbstwertschätzung heißt eben nicht, alles an sich immerzu toll zu finden oder sich die Dinge schönzureden, sondern es bedeutet, die eigenen Schwächen ehrlich wahrzunehmen und sie auch als solche zu begreifen – sie jedoch als Bestandteil der Persönlichkeit zu akzeptieren. Dies hilft dabei, objektiver mit Kritik anderer umgehen zu können und von deren positiver Bewertung weniger abhängig zu sein.

Frauen und Männer setzen unterschiedliche Schwerpunkte

Frauen bauen hinsichtlich der Stärkung ihres Selbstwertempfindens viel auf ihre sozialen Beziehungen und ihre soziale Kompetenz, während Männer mehr auf persönliche Fähigkeiten und Erfolge setzen. Auch sind für mehr Frauen als Männer der Körper und das Wahrnehmen der eigenen Attraktivität bedeutsame Selbstwertquellen – andererseits leiden sie wiederum auch häufiger als Männer unter einem niedrigen Selbstwertgefühl. Vom Streben vieler Frauen, einem optischen Idealbild nachzueifern, lebt die Kosmetik-, Fitness- und Schönheitsindustrie ganz hervorragend, und die Schönheitschirurgie hat weiter hohe Zuwachsraten. Die Wichtigkeit eines »perfekten« Aussehens wird nicht nur in der Werbung ständig wiederholt, sondern es existieren mittlerweile auch etliche Studien, die belegen, dass gutes Aussehen auch gut für die Karriere ist. So werden heute verstärkt Kosmetik-, Schönheits- und Pflegeprodukte auch für Männer beworben, doch ist es nach wie vor Frauen wichtiger, ob sie den dominierenden optischen Leitbildern entsprechen. Das »perfekte Aussehen«: schön, schlank, sexy, fit und ewig jung wird durch entsprechende Darstellungen in Fernsehen, Printmedien und Internet immer wieder von neuem reproduziert, so dass fast schon automatisch das eigene Erscheinungsbild daran gemessen wird (siehe auch das Kapitel »Wertschätzung als grundlegendes Bedürfnis«/Unterkapitel »Wertschätzung und Selbstwertschätzung«). »Das ist genau mein Thema«, findet Sheila, die Inhaberin einer kleinen Modeboutique ist, »ich habe schon als kleines Mädchen viel Komplimente wegen meines Aussehens erhalten. Mein Spitzname war ›Puppa‹, also Puppe. Ich fühlte mich als etwas ganz Besonderes, und das blieb auch so. Ich war stets stolz darauf, die Schönste in meiner Klasse zu sein, und tat auch später alles, um möglichst makellos auszusehen. Und es ist heute noch so, wo ich doch nun schon auf die 50 zugehe. Obwohl ich weiß, dass es belanglos ist, ob ich eine Falte mehr oder weniger habe oder ein Kilo mehr oder weniger auf die Waage bringe, ist das Aussehen nach wie vor meine fixe Idee. An Tagen, wo ich mich selbst unattraktiv finde, bin ich schlecht gelaunt und würde am liebsten gar nicht aus dem Haus gehen. Ich weiß, dass das unsinnig ist und ich mich damit nur selbst stresse und dass ich mich als 50-Jährige bei allem Styling und allem Kraft-Ausdauer-Training nicht mit einer 20- oder 30-Jährigen messen kann. Trotzdem. Innerlich bleibt für mich die Schönheit das Maß aller Dinge.«

Viele Frauen zweifeln nicht nur wegen eines »unperfekten« Aussehens schnell an sich selbst, sondern sie haben häufig auch Schuldgefühle, wenn sie ihre eigenen Interessen vertreten. Es fällt ihnen im Durchschnitt betrachtet schwerer als Männern, die eigene Leistung angemessen zu präsentieren. Nicht alle Frauen sind so, und es gibt natürlich auch zweifelnde Männer. Tendenziell haben Männer jedoch eher als Frauen das Bestreben, sich mit anderen zu messen und ihren Selbstwert dadurch zu stärken, dass sie, verglichen mit Konkurrenten, ganz vorn dran sind.

So auch Oliver. Er geht wie Sheila auf die 50 zu und ist Mitinhaber einer Werbeagentur. »Die Nase vorn haben, darum ist es bei mir seit jeher gegangen. In der Schule, im Studium, im Job. Besser als andere sein. Schneller. Perfekter. Mein Partner ist genauso drauf. Wenn wir einen Wettbewerb gewonnen und einen dicken Auftrag an Land gezogen haben, fühlen wir uns wie die Könige. Aber letztes Jahr bin ich knapp an einem Infarkt vorbeigeschlittert, das hat mir dann doch zu denken gegeben. Was wird sein, wenn ich mich wirklich mal nicht mehr so reinhängen kann ins Geschäft?«

Sowohl die schönheitsbezogenen Vergleiche als auch Bewunderung, Lob und Anerkennung im Beruf sind Veränderungen unterworfen und nicht für alle Zeiten verfügbar. So mancher Selbstwert wird schwer beeinträchtigt, wenn die bisherigen Quellen versiegen. Wer beispielsweise seinen Selbstwert daraus bezieht, gut auszusehen und fit zu sein, wird spätestens dann, wenn die Schönheit schwindet, ein Problem haben. Oder dann, wenn der Alterungsprozess sichtbar wird – etwa wenn sich Falten eingraben und Körperpartien erschlaffen und absacken oder die Beweglichkeit nachlässt.

Wer nur auf die Anerkennung von außen gebaut hat – vonseiten des Chefs, von Kollegen und Geschäftspartnern –, der stellt sich schnell selbst in Frage, wenn jemand anders das Rennen um einen begehrten Aufstieg macht oder er einen Misserfolg zu verkraften hat. Für die meisten Menschen dient die Arbeit nicht nur dem Zweck des Broterwerbs, sondern bietet auch die Möglichkeit, sich engagiert und zielgerichtet einzubringen und selbst zu erfahren – sie ist somit eine wichtige Selbstwertquelle. Fällt diese Grundlage weg, etwa weil man entlassen wurde oder als Selbständiger mit einer schlechten Auftragslage zu kämpfen hat, dann beeinträchtigt das in aller Regel auch das Selbstwertgefühl.

Als ähnlich instabil können sich zwischenmenschliche Beziehungen erweisen. Wer sich nur dann selbst wertschätzen kann, wenn er von anderen gemocht wird und beliebt ist, macht sich von dieser Form der Zuneigung abhängig. Zerbricht dann eine Ehe oder Partnerschaft, wenden sich Freunde ab oder kommt es zu Konflikten in der Familie, aus welchen Gründen auch immer, dann ist automatisch auch der gefühlte Selbstwert in Frage gestellt. Wer kein ausgeprägtes Gefühl für die eigene Identität, Kompetenz und seinen Selbstwert hat, der hat in schwierigen Lebenslagen schlechte Karten. So ging es auch Sabine, einer 55-jährigen Fachverkäuferin. »Zu erkennen, dass mein Mann über Jahre hinweg eine Freundin hatte, das war ein Schock. Ich fühlte mich glücklich in meiner Ehe und hatte das Gefühl, das große Los gezogen zu haben. Rainer war liebevoll, aufmerksam und zeigte mir auf vielerlei Weise, dass er mich liebte. Wir waren ein Herz und eine Seele und stritten uns kaum je um irgendetwas. Nie wäre ich auf die Idee gekommen, dass es neben mir noch eine andere Frau geben könnte. Dann ging alles sehr schnell. Rainer gestand mir, dass es da eine Britta gebe, dass sie ein Kind von ihm erwartete und dass er sich scheiden lassen wolle. Ich fiel aus allen Wolken, konnte das nicht verstehen und nicht akzeptieren. Und dachte auch: Was bin ich für eine dumme Kuh, dass ich all die Zeit nichts gemerkt habe? Was bin ich überhaupt wert, dass man mich so mir nichts, dir nichts gegen ein anderes Modell eintauschen kann? Während des Trennungsjahrs und nach der Scheidung ist mir dann auch bewusst geworden, dass all die Freunde, mit denen wir viel unternommen hatten, seine Freunde und nicht meine Freunde waren. Das war bitter. Und so richtig wieder auf die Beine gekommen bin ich immer noch nicht. Ich denke oft, dass ich niemand mehr vertrauen kann, auch mir selbst nicht.«

Je nachdem ... Wie das Gefühl für den eigenen Wert schwanken kann

Bei Menschen mit einem starken und stabilen Selbstwertgefühl steht der Aspekt »Selbstwertschätzung – ganz grundsätzlich« im Vordergrund, und den anderen Aspekten – Attraktivität, Leistung und soziales Selbstverständnis – wird, gemessen daran, weniger Bedeutung beigemessen. Sie akzeptieren sich so, wie sie sind, ohne dies von Lob und Anerkennung oder von persönlichen Erfolgen abhängig zu machen.

Dennoch ist die Selbstwertschätzung nichts Unverrückbares, das ein für alle Mal festgefügt ist. Vielmehr pendelt sie sich immer wieder neu ein und wird auch durch die Lebensumstände und die jeweilige Umgebung mit beeinflusst. Auch ganz aktuelle Ereignisse können auf das Selbstwertgefühl einwirken.

Man kann sagen, dass der Grad der Selbstwertschätzung die Summe unserer Lebenserfahrung plus der jeweiligen Tagesform ist. Und all das zusammen

- beeinflusst unser Verhalten ständig,
- wirkt sich auf große und kleine Entscheidungen aus,
- bestimmt die Art und Weise, wie wir auf Menschen zugehen, mit ihnen reden und Konflikte lösen,
- steuert unseren Leistungswillen und die Leistungsfähigkeit,
- nimmt Einfluss auf unsere Interessen, Neigungen und Hobbys und
- bestimmt letztlich auch maßgeblich, wie wir mit unserem Körper und mit uns selbst umgehen.

Die Selbstwertschätzung stärkt das psychische Wohlbefinden und ist eng mit der allgemeinen Lebenszufriedenheit verbunden. In Phasen, in denen wir über eine hohe Selbstwertschätzung verfügen, fühlen wir uns wohl in unserer Haut und sind gelassen und guter Stimmung. In Phasen des Selbstzweifels sind wir eher ängstlich oder deprimiert bzw. auch aggressiv und reizbar. Auch durchläuft unsere Selbstwertschätzung im Laufe unseres Lebens verschiedene Phasen.

Selbstwert und Lebensalter

Wie aus entsprechenden Studien hervorgeht, ist der Selbstwert am niedrigsten unter jungen Erwachsenen und steigt dann – immer im Durchschnitt betrachtet – im Laufe des Erwachsenenalters bis etwa zum Alter von 60 Jahren kontinuierlich an. Der Psychologe Ulrich Orth spricht von einem »umgekehrt U-förmigen Verlauf«. Die Gründe dafür werden in den Selbstwertquellen Attraktivität, Leistung und soziales Selbstverständnis gesehen. Wer als attraktiv gilt, berufstätig ist, in seiner Arbeit Bestätigung erfährt und in einer Beziehung lebt, ist sich seines Werts stärker bewusst als jemand, der gefordert ist, mit den zusehends stärker werdenden Beeinträchtigungen des hohen Erwachsenenalters zurechtzukommen. Interessant dabei ist, dass Frauen und Männer mit höherem Bildungsniveau in jedem Lebensalter eine höhere Selbstwertschätzung aufweisen als jene mit niedrigeren Bildungsabschlüssen. Als mitbestimmend für das Selbstwertgefühl älterer Menschen gelten des Weiteren Einkommen, Gesundheit und Beschäftigungsstatus, besonders auch im fortgeschrittenen Alter. Auch zeigte sich, dass Hochaltrige tendenziell dann mit sich zufrieden sind, wenn sie den Eindruck haben, noch genügend Gestaltungsmöglichkeit für das eigene Leben zu haben und über ausreichend Kontrolle zu verfügen, das heißt, nicht von anderen Menschen abhängig zu sein.

Wenn sich das Erscheinungsbild gravierend verändert, die körperlichen Kräfte schwinden und auch der Mobilitätsradius sich verkleinert, wenn soziale Kontakte weniger werden oder auch der

Verlust nahestehender Menschen zu verkraften ist, fällt es vielen schwer, sich des Wertes der eigenen Person zu versichern. Das Alter stellt uns alle hier vor große Herausforderungen, die es zu bewältigen gilt.

Anja ist 72 und lebt alleine mit Kater Tim in einem kleinen Häuschen in einem idyllischen Dörfchen im Landkreis Barnim. Ihr Mann ist schon vor zehn Jahren gestorben, und sie meint, dass sie ihren Frieden damit gemacht hat. »Aber manchmal plagen mich schon Ängste«, sagt sie, »ich nenne das immer das Morgen-Grauen, weil sie meist zwischen vier und fünf Uhr am Morgen auftauchen. Dann grüble ich über das nach, was ich alles hätte anders machen können in meinem Leben, was wäre, wenn Klaus noch leben würde, wie schön wir es hier zusammen hätten, und ich fange an, mich vor der Zukunft zu fürchten. Was, wenn ich in ein Heim muss? Was wird aus Tim, wenn ich irgendwann einfach umfalle und tot bin? Wer würde mich überhaupt groß vermissen, außer Tim und den Rosen im Garten? Meine Tochter lebt in Australien, mein Sohn in Norwegen. Alles weit weg. Ob's mich gibt oder nicht, was macht das für einen Unterschied? Aber sobald ich aufgestanden bin und mir einen Kaffee aufgebrüht habe, ist auch der ganze Trübsinn weg und ich freu mich einfach wieder an dem, was ist. Dass mir gesundheitlich außer einem leicht erhöhten Blutdruck nichts fehlt, dass die Landschaft so schön ist, dass Tim so schön schnurrt und dass ab und an eine E-Mail von den Kindern kommt. Und ich bin stolz darauf, vor zwei Jahren in die Computerei eingestiegen zu sein, auch wenn die Internetverbindungen hier auf dem Land ja nicht so dolle sind. Aber irgendwas geht immer.« Letzteres ist eine Art Lebensmotto für Anja: »Irgendwas geht immer.«

Wie aus einer Studie des Psychologen Richard W. Robbins, University of California, hervorgeht, ist auch das Geschlecht ein Einflussfaktor für den Selbstwert bei alten Menschen. Seinen Untersuchungen zufolge liegt der Selbstwert bei Frauen über weite Teile des Lebens niedriger als bei Männern, erst mit 80 Jahren ziehen die Frauen gleich.

Robbins, der die Lebens*mitte* als eine Zeit hoher Selbstwert-Stabilität wertet, was die Arbeit, die Familie und auch Liebesbeziehungen betrifft, sieht demzufolge hier bei älteren Menschen eine sich ausbreitende Leere. Statt im Kreis der Familie zu leben, ein »leeres Nest«, statt sich mit Erfolg durch Leistung den eigenen Wert bestätigen, nun erkennen zu müssen, dass die Fähigkeiten und Kompetenzen, die man hat, nicht mehr benötigt werden. Dazu kommen noch die stetig deutlicher sich zeigenden Einschränkungen durch altersbedingte Gesundheitsprobleme.

Doch nicht nur das Alter ist eine Herausforderung für die Selbstwertschätzung, sie kann ebenso erhebliche Einbußen erleiden, wenn beim Realisieren von Lebenszielen unerwartete Probleme auftreten, beispielsweise durch die Folgen einer Trennung oder Scheidung, den Verlust von Vermögen durch falsch angelegtes Geld oder eine schwere Erkrankung.

Was unserem Selbstwertgefühl nicht guttut

- Perfektionismus, häufige Selbstkritik.
- Sich vom Partner/der Partnerin unverstanden fühlen.
- Sich übersehen und übergangen fühlen.
- In die »zweite Reihe« verwiesen werden.
- In Konkurrenz zu anderen versagen.
- Durch Krankheit in seiner Handlungsfähigkeit eingeschränkt sein.

- Als unansehnlich oder hässlich gelten.
- Vom Partner/der Partnerin gehänselt werden.
- Von anderen verachtet oder diskriminiert werden.
- Mobbing.
- Ungerechtfertigt kritisiert werden.
- Verlassen werden.
- Weniger Einkommen als andere haben.
- Geld verlieren.
- An den eigenen Maßstäben scheitern.
- An den Maßstäben anderer scheitern.
- In der Leistungsfähigkeit nachlassen.
- Von anderen übervorteilt werden.
- Vor anderen abgewertet und bloßgestellt werden.
- Sich einem Problem gegenüber hilflos fühlen.
- Einen Sachverhalt nicht begreifen, den alle anderen verstehen.

Krankheit, Schicksalsschläge und besonders auch die Folgen eigener Fehlentscheidungen können der Selbstwertschätzung sehr zusetzen. Solche Ereignisse wirken sich dann besonders drastisch aus, wenn sie diejenige Selbstwertquelle betreffen, von der wir bislang hauptsächlich unseren Wert hergeleitet haben. »Wer bin ich jetzt noch?«, fragt sich eine Pianistin, die in ihrem Klavierspiel Erfüllung fand und nun durch einen Autounfall zwei Finger verloren hat. Auch die Standing Ovations, die sie nach jedem Konzert auf der Bühne erlebte, waren ihr wichtig, um sich ihres eigenen Wertes zu versichern. Und nun? »Wie konnte ich nur?«, fragt sich eine selbständige Designerin, die ihrem Beziehungspartner auf Vertrauensbasis ein privates Darlehen gewährt hatte und dann weder den Mann noch ihr Geld jemals wiedersah. Es dauerte lange, bis sie dieses Erlebnis verschmerzt hatte. Mehr noch als das verlorene Geld schmerzte sie ihre eigene Naivität. »Ich habe mir das sehr übel genommen und mich nur noch als dumme Tussi gesehen.«

Es macht einen großen Unterschied, in welchem Maße es uns gelingt, auch in schwierigen Situationen besonnen zu bleiben und auf das Gefühl für den eigenen Selbstwert zu vertrauen bzw. nach einer Selbstwertkrise wieder auf die Beine zu kommen. Haben wir jedoch die Krise bewältigt, gehen wir gestärkt aus ihr hervor. Wahrscheinlich ist das einer der Gründe, warum viele Menschen, die an sich selbst arbeiten, im Laufe des Lebens an innerer Stabilität gewinnen, auch wenn ihre Startbedingungen ursprünglich eher ungünstig waren.

Ideales Selbst und reales Selbst

Während Menschen, die über viel Selbstwertschätzung verfügen, davon überzeugt sind, ganz selbstverständlich einen Platz in der Welt einnehmen zu dürfen, glauben Menschen mit wenig Selbstwertschätzung, nur dann eine Daseinsberechtigung zu haben, wenn sie sich durch besondere Eigenschaften oder Leistungen hervortun, was so viel heißt wie: wenn sie die (vermuteten) Erwartungen anderer erfüllen und/oder ihren eigenen, auf Perfektion ausgerichteten Ansprüchen an sich selbst genügen.

Doch weshalb denken Menschen so unterschiedlich über sich selbst? Warum unterscheidet sich – jenseits aller Talente und allen Könnens – ihre Selbstwertschätzung so gravierend?

Bereits 1890 hat der Psychologe und Philosoph William James erkannt, dass derjenige über eine gute Selbstwertschätzung verfügt, bei dem der Abstand zwischen dem Selbstbild (»So bin ich«) und dem Idealbild (»So wäre ich gern«) gering ist. Demnach ist es nach James für das Selbstwertgefühl ganz entscheidend, in welchem Verhältnis unsere Erwartungen an uns selbst und unsere Erfolge zueinander stehen. Wer nur geringe Ansprüche an sich stellt, wird sich von dürftigen Erfolgen nicht die Stimmung verderben lassen. Umgekehrt können selbst herausragende Leistungen jemandem mit extrem hohen Erwartungen schlaflose Nächte bereiten. Er oder sie wird immer ein Haar in der Suppe finden und sich Vorwürfe machen, nicht noch besser gewesen zu sein. Nicht nur der objektive Erfolg, sondern mehr noch die eigene, subjektive Sichtweise beeinflussen das Selbstwertgefühl.

Ob wir eine gute oder eine schlechte Meinung von uns haben, steht also auch in Beziehung dazu, wie wir uns hinsichtlich unserer Ansprüche an uns selbst in den drei Aspekten Attraktivität, Leistung und soziale Kompetenz beurteilen:

- Ich kann etwas/ich kann nichts;
- ich bin attraktiv/ich bin unattraktiv;
- ich fühle mich akzeptiert/ich fühle mich abgelehnt.

Bei Menschen mit niedriger Selbstwertschätzung klaffen das reale Selbst und das ideale Selbst stark auseinander. Das führt dazu, sich ständig in Frage zu stellen, zu Unzufriedenheit und zu permanenten Selbstzweifeln.

Aber wenn dem so ist, braucht man doch nur damit aufzuhören, sich zu vergleichen, und dann stellen sich automatisch Selbstwertschätzung und Gelassenheit ein, oder? Könnten wir nicht einfach »wertungsfrei« denken, fühlen und handeln? Das ist leider reines Wunschdenken, denn Soll-Ist-Vergleiche laufen automatisch ab – dies dient, von der Evolution her betrachtet, unserer Orientierung. Im Gehirn wird in einem ebenso komplexen wie unbewussten Vorgang sofort alles bewertet, was in uns und um uns herum geschieht. Wenn die Dinge so sind, wie sie »sein sollen«, beruhigt dies. Besteht eine Diskrepanz zwischen diesem Soll und dem, was ist, beunruhigt dies und fordert zum Handeln heraus. Das erklärt viel von dem Stress, den gerade Menschen mit hohen Ansprüchen sich oft machen. Das Vergleichen hat aber auch eine positive Seite, indem von der Idealvorstellung auch Entwicklungsimpulse ausgehen können. Der Ehrgeiz, das »aktuelle Selbst« mit dem »idealen Selbst« deckungsgleich machen zu wollen, kann dann auch zu überragenden eigenen Leistungen führen, so wie der Agenturinhaber Oliver das beschrieben hat.

Es geht also nicht darum, sich Vergleiche grundsätzlich abzugewöhnen, oder darum, dass Zufriedenheit immer gut ist und Unzufriedenheit immer schlecht. Vielmehr ist es für die eigene Entwicklung förderlich zu erkennen, ob die Balance zwischen Zufriedenheit und dem Drang zur Veränderung stimmig ist, und dabei dem aktuellen Selbst innerlich immer wieder Akzeptanz und Wertschätzung zu vermitteln (»So wie ich bin, bin ich okay«) – gerade auch dann, wenn die eigenen Ansprüche mal wieder nicht mit den aktuellen Möglichkeiten deckungsgleich sind.

Wie sich Selbstwertschätzung zeigt

Menschen, die sich selbst wertschätzen, …

- ⚙ haben eine gute Meinung von sich selbst.
- ⚙ fühlen sich Herausforderungen im Leben gewachsen.
- ⚙ sind überzeugt, liebenswert und wertvoll zu sein.
- ⚙ können Schwächen und Fehler an sich akzeptieren.
- ⚙ scheuen sich nicht, Entscheidungen zu treffen.

- vergeben sich, wenn sie eine falsche Entscheidung getroffen haben.
- gehen lösungsorientiert an Probleme heran.
- gehen ebenso lösungsorientiert auch mit Rückschlägen um.
- zweifeln nicht von vorneherein an ihren Fähigkeiten.
- erkennen und respektieren ihre eigenen Grenzen.
- äußern ihre Bedürfnisse und Wünsche.
- haben wenig Abstand zwischen »So bin ich« und »So möchte ich sein«.
- sind weitgehend zufrieden mit ihrem Leben.
- lassen sich von Kritik nicht in ihrem Selbstwert erschüttern.
- vertreten selbstbewusst ihre Überzeugungen, lassen aber auch andere Einstellungen und Meinungen gelten.

Prägende Einflüsse

Was wir genetisch mitbringen

Verschiedene Einflüsse wirken mit, wenn sich das Selbstwertgefühl entwickelt. Dies beginnt, wie man heute weiß, bereits vor der Geburt. Zu fast 50 Prozent beeinflussen es die Gene mit, ob sich das Gefühl für den eigenen Wert gut ausprägen oder eher schwächeln wird. Kinder kommen also schon mit unterschiedlichen charakterlichen Veranlagungen auf die Welt. Das eine bringt einen höheren Angstlevel mit, das andere einen niedrigeren; ein Kind eine stärkere, ein anderes eine schwächere psychische Widerstandskraft. Ein von Geburt an eher zurückhaltendes Kind wird wahrscheinlich weniger Neugier auf Neues und weniger Kontaktfreude entwickeln als ein temperamentvolleres, extravertiertes Kind. Doch daraus kann nun nicht geschlossen werden, dass aufgrund dieser erblichen Disposition aus einem schüchternen Kind ein selbstwertschwacher Erwachsener werden müsste. Ebenso kann umgekehrt auch ein »von Haus aus« selbstwertstarkes Kind durch entsprechende Erfahrungen entmutigt werden und an sich zu zweifeln beginnen. Wie ein Kind sich entwickelt, hängt nicht allein von seiner genetischen Ausstattung ab, sondern wird ganz wesentlich vom Verhalten seiner wichtigsten Bezugspersonen mit bestimmt, insbesondere in den ersten Lebensjahren.

Die Rolle der frühesten Erfahrungen

Wie Daniel Stern, einer der bekanntesten Baby- und Kleinkindforscher, herausfand, entwickelt sich das Selbstwertgefühl in den ersten beiden Lebensjahren. Ein Baby kommt mit einer Vielzahl von schlummernden Eigenschaften, Gefühlen und Fähigkeiten auf die

Welt, die sich dann in den folgenden Wochen, Monaten und Jahren langsam entfalten. Um diese entwickeln und ausprägen zu können, braucht das Baby ein zugewandtes, liebevolles Gegenüber, das anregt, ermutigt, positiv reagiert, fördert. Bereits die ersten liebevollen Blicke sind Sprache ohne Sprechen. Das Gefühl des Erwünscht-Seins, das dadurch vermittelt wird, wird im »atmosphärischen Gedächtnis« des kleinen Menschen gespeichert. Insbesondere im ersten Lebensjahr ist das Baby absolut abhängig davon, von der Mutter oder einer anderen engen Bezugsperson nicht nur versorgt, sondern auch als Person erkannt und wertgeschätzt zu werden.

Neben körperlichen Bedürfnissen wie Atmen, Essen, Trinken, Schlafen usw. ist das Bedürfnis nach Beachtung und Wertschätzung von Anfang an Teil der jedem Menschen innewohnenden emotionalen und sozialen Bedürfnisse: Liebe, Geborgenheit, Sicherheit und Zugehörigkeit.

Dieses frühe Beachtet- und aufgrund der bloßen Existenz Wertgeschätztwerden bildet die Basis für die Entwicklung der Selbstwertschätzung.

Je stärker ein Kind sich abgelehnt fühlt und je mehr es sich mit widersprüchlichen Erwartungen seiner wichtigsten Bezugspersonen konfrontiert sieht, desto stärker wird es verunsichert und desto mehr wird sein Selbstwertgefühl in Frage gestellt. Je mehr es sich akzeptiert und angenommen fühlt, desto besser ist dies für die Entwicklung einer soliden Selbstwertschätzung.

Jedem Kind wird sehr früh vermittelt, was es tun und was es lassen muss, um Liebe und Zuwendung zu erfahren. Es lernt beispielsweise über das Lächeln oder auch die Freude in den Augen der Mutter oder des Vaters: Das war jetzt gut. Stirnrunzeln teilt ihm mit: Das war wohl daneben. Eine laute, wütende Stimme oder zornige Gesten lehren: Das sollte ich besser nicht noch mal machen. Wenn die Mutter bzw. der Vater den Zorn rasch wieder loslassen kann, lernt das Kind: Es geht vorbei. Wird jedoch der Ärger »konserviert« und sich über Stunden hinweg gereizt und wütend gebärdet, fühlt sich das Kind bedroht. Es wird dann vermeiden, Ärger und Wut zu provozieren, um die lebensnotwendige Zuneigung und Anerkennung seiner Eltern nicht aufs Spiel zu setzen. Oft geschieht es, dass das Kind beginnt, sich selbst abzulehnen, weil es infolge der Identifikation mit seinen Eltern sich selbst als nicht genügend »brav«, »gehorsam«, »fleißig« oder »ordentlich« empfindet. Viele Erwachsene haben noch lange Zeit in ihrem Leben mit verinnerlichten elterlichen Wertmaßstäben zu ringen.

Doris' Eltern haben sehr viel gestritten, und Doris hat früh gelernt, dass es am besten für sie war, nicht zwischen die Fronten zu geraten, sondern sich möglichst »unsichtbar« zu machen. Elena hat gelernt, dass sie immer dann, wenn sie sich möglichst laut bemerkbar macht, eine Chance hat, wahrgenommen zu werden. »Zwar wurde ich dann zurechtgewiesen und ausgeschimpft, aber das war besser, als keine Aufmerksamkeit abzukriegen.«

Wenn ein Kind nicht genügend Wertschätzung um seiner selbst willen erfahren hat, wird es nicht nur damit Schwierigkeiten haben, ein stabiles Selbstwertgefühl zu entwickeln, sondern auch damit, andere zu achten, anzuerkennen, sie zu mögen und zu lieben. Ein Kind wächst dann zu einem selbstwertsicheren Menschen heran, wenn seine frühe Erfahrung ihm zu der Überzeugung verholfen hat, dass es geliebt wird, so wie es ist. Zu dieser inneren Gewissheit kann es nur gelangen, wenn seine Eltern ihre Zuneigung eben nicht an Bedingungen knüpfen. Wer sich als Kind gewollt, geliebt, akzeptiert und geschätzt fühlt und auf seinem Lebensweg von den wichtigsten Bezugspersonen viel Wohlwollen und Anerkennung erfährt, entwickelt sich eher zu einer selbstwertstarken Persönlichkeit als jemand, der sich Zuneigung und Wertschätzung immer erst »verdienen« muss. »Ich hatte das Gefühl, egal was ich tue, egal wie ich mich anstrenge, es ist nie gut genug«, sagt Gerd, und Sheila meint, dass sie sich schon wertgeschätzt gefühlt hat, aber »vor allem, weil ich so hübsch und niedlich war«.

Frühkindliche Prägungen haben zwar meist eine besonders nachhaltige Wirkung, aber sie sind natürlich ebenso wenig unverrückbar für immer und ewig eingraviert, wie wir einzig von unserer genetischen Ausstattung gelenkt werden. Die erblichen Dispositionen, die wir mitbringen, werden durch die persönlichen Erfahrungen in unserer sozialen Umwelt entweder weiter verfestigt oder abgeschwächt – von der Babyzeit und frühen Kindheit über die Pubertät bis ins hohe Erwachsenenalter hinein.

Spätere Einflüsse

Die Fähigkeit zum Nachdenken über sich selbst und auch die, kritischen Abstand zu sich selbst nehmen zu können, entwickelt sich in der Pubertät und kreist vorrangig um diese Fragen:

⊙ Wie bin ich? Und: Wie wäre ich gerne?
⊙ Für wen halten mich andere?

Mit ihnen beschäftigen wir uns über unsere gesamte Lebenszeit hinweg immer wieder von neuem. In der stetigen Auseinandersetzung mit uns selbst und mit unserer Umwelt vollzieht sich die Entwicklung unserer Persönlichkeit. Es ist nie »nur« das Innen und nie »nur« der Einfluss von außen, sondern immer das Zusammenwirken von beiden Aspekten. Dabei bestimmt unser Selbstverständnis die Art und Weise, wie wir unsere Umwelt wahrnehmen und auf sie reagieren. Wie andere auf unsere Reaktionen reagieren, hat wiederum Auswirkungen auf unser Selbstverständnis, insbesondere auf die Selbstwertschätzung. Und so weiter. Sheila konnte als Heranwachsende mit ihrem guten Aussehen punkten. »Ich kriegte viel Bestätigung und sonnte mich darin, die Schönste zu sein, war umschwärmt und beneidet. Heute frage ich mich, ob mir das wirklich gutgetan hat. Ich glaube, ich war damals sehr zickig.« Sabine empfand sich als eher unscheinbar, aber: »Ich war akzeptiert in meiner Clique, gehörte einfach mit dazu, ohne eine besondere Rolle zu spielen, und ich war zufrieden damit.« Oliver gefiel sich darin, den anderen zu sagen, wo's langgeht. »Ich war immer vorne dran. Klassensprecher, Schulsprecher und später auch Studentenvertreter. Irgendwie ergab sich das fast automatisch, dass andere fanden, ich solle das machen, und ich bezog da viel Bestätigung daraus.« Anjas Kindheit und Jugend waren von den Entbehrungen der Nachkriegszeit und dem Wiederaufbau des Landes geprägt. »Ich musste früh mit ran: auf den kleinen Bruder aufpassen, nähen, kochen, Feldarbeit. Die Devise war immer: Aus wenig mehr machen. Na ja, war eine Schinderei manchmal, aber ich habe mir die Anerkennung der anderen verdient. Die haben mich geachtet, weil ich gute Ideen hatte und auch noch aus dem letzten Stofffetzen etwas machen konnte. Aus 'ner Pferdedecke einen Mantel, so was eben.«

Enge Bezugspersonen, Liebesverhältnisse, der Freundeskreis, Schule, Ausbildung, Studium sowie der Einstieg ins Berufsleben üben dabei besonders viel Einfluss auf unser Selbstverständnis aus.

Auf diese Weise kommen Verstärkungsprozesse in Gang, die dazu führen können, dass bestimmte Eigenschaften und auch die Selbsteinschätzung so selbstverständlich werden, dass wir sie irgendwann nicht mehr hinterfragen. Je älter wir werden, desto mehr verfestigen sich unsere Erfahrungen zu stabilen Selbstkonzepten und Selbstgewissheiten. Die Werte, die dabei »mit transportiert« werden, können bis ins hohe Erwachsenenalter nachwirken und unser Denken, Fühlen und Handeln steuern.

Ebenso kann aber auch eine veränderte Wahrnehmung von sich selbst und der Umwelt dazu führen, dass bisherige Wertungen entkräftet werden und neue an deren Stelle treten, so dass wir anders über uns selbst und die Menschen um uns herum denken, andere Gefühle haben und anders handeln, als wir es bisher gewohnt waren. Dies hat auch Gerd so erlebt. »Schon in der Grundschule sagte man mir, dass ich gut zeichnen könne und ein Händchen für Farbgestaltung hätte. Im Gymnasium hat mich dann insbesondere ein Lehrer, Herr Riemann, sehr gefördert und bestärkt, ihm bin ich heute noch dankbar. Während ich ja meinen Eltern nie etwas recht machen konnte, gab er mir das Gefühl, etwas richtig gut zu können. Auch in anderen Fächern hatte ich überdurchschnittliche Leistungen, das hat die Art, über mich selbst zu denken, deutlich verändert. In schriftlichen Prüfungen konnte ich glänzen, nur im Mündlichen kam ich nie so wirklich auf einen grünen Zweig. Die Bestärkung durch Herrn Riemann hat mir Mut gemacht, meinen Studienwunsch Grafikdesign gegen die Vorstellungen meiner Eltern durchzufechten.«

Das Selbstwertgefühl pendelt sich im Kontakt mit unserer Umgebung immer wieder neu ein – da lässt sich auch in späteren Jahren vieles zum Besseren wenden.

Geringe Selbstwertschätzung – ein Defizit mit Folgen

Wie Defizite sich fortpflanzen

Wer in seiner Kindheit zu wenig Liebe und Wertschätzung erfahren hat, lehnt sich später oft selbst ab und fühlt sich auch von anderen häufig abgewertet. Wenn man dagegen schon als Kind den eigenen Wert schätzen lernt, ist vieles im Leben leichter.

Viele Menschen leiden zeitlebens darunter, in ihren frühen Jahren nicht ausreichend wahrgenommen und wertgeschätzt worden zu sein. Leider verfügen auch nicht alle Mütter und Väter über eine gut ausgeprägte Selbstwertschätzung. Dies bewirkt dann, dass die Eltern selbst auf Bestätigung angewiesen bleiben und nicht in der Lage sind, ihren Kindern die Beachtung und Wertschätzung zu vermitteln, die sie für ihre Entwicklung brauchen. Sie behandeln dann ihre Kinder – ebenso wie auch die Menschen in ihrer Umgebung und sich selbst – so, wie sie selbst behandelt worden sind, als sie noch klein waren. Der Mangel wird damit von einer Generation an die nächste weitergegeben.

Zu den belastenden Erfahrungen des Mangels an Beachtung und Wertschätzung gehören Erfahrungen wie:

- nicht gehört werden,
- sich selbst überlassen bleiben,
- alleingelassen werden,
- vernachlässigt werden,
- übergangen werden,

- zurückgewiesen werden,
- nicht dabei sein dürfen,
- getäuscht werden,
- verspottet werden,
- körperliche Gewalt erfahren,
- bedroht werden.

Kindliche Bewältigungsstrategien

Fühlt ein Kind sich öfters abgelehnt, übergangen oder gedemütigt, kann dies dazu führen, dass es sich zurückzieht, und dazu, dass es entweder den negativen Blick auf sich selbst verinnerlicht und sich in der Folge selbst abwertet oder selbst die »starke« Position einnehmen will und anderen das zufügt, was es selbst erleiden musste.

Zudem wird ein Kind auch dadurch verunsichert, wenn es erlebt, dass die Eltern etwas von ihm fordern, aber sich selbst nicht entsprechend verhalten. Es entsteht ein Konflikt: Soll sich das Kind an dem ausrichten, was ihm gesagt wurde, oder an dem – im Widerspruch dazu stehenden – elterlichen Verhalten? Doris kennt das nur allzu gut. »Meine Eltern waren sich zum einen ständig uneins über Geld, Anschaffungen, Freunde, darüber, was man tut und was man nicht tut, und wie blöd sich der andere schon wieder verhalten hat. Sie beschimpften sich und blafften einander an. Zum anderen mahnten sie dann bei mir gute Umgangsformen an: leise sprechen, immer freundlich sein und so. Außerdem verlangten sie von mir, stets wie aus dem Ei gepellt zur Schule zu gehen, und betonten, wie wichtig das sei, sich ›anständig‹ zu präsentieren, obwohl sie selbst nur in legeren Alltagsklamotten herumliefen. Ich wurde in der Schule wegen meiner ›feinen‹ Kleider oft gehänselt und empfand mich als Außenseiterin.«

Manche Kinder versuchen, ihre Gefühle zu verbergen und sich so zu verhalten, dass sie möglichst wenig auffallen, um so zu vermeiden, den Unmut anderer auf sich zu ziehen. In vorauseilendem Gehorsam bemühen sie sich darum, möglichst schnell zu erkennen, was der andere von ihnen erwartet, um sich dem dann nahtlos anzupassen. Andere Kinder rächen sich für die Missachtung mit Trotz und Aggressionen. »Ich war als Kind schon ziemlich unangepasst«, sagt Elena, »ich war die Größte und Kräftigste in der Klasse und hab mir absolut nichts gefallen lassen. Auch wenn zu befürchten war, dass mein Vater wieder mal mit dem Zollstock auf mich losgehen oder ein Lehrer mir einen Verweis geben könnte, ich dachte immer: Bloß nicht klein beigeben. Ich glaube, vor allem daraus habe ich meine Selbstachtung bezogen: dass ich mich einfach nicht unterordnete, komme, was da wolle. Dass ich da öfter über das Ziel hinausgeschossen bin und mir selbst geschadet habe, ist mir erst viel später bewusst geworden.«

Wie Kinder sich Wertschätzung zu sichern versuchen

Das ängstliche Kind richtet sein Verhalten danach aus, Lob und Anerkennung zu erhalten, und vermeidet alles, womit es Ablehnung hervorrufen könnte. Durch die Zustimmung fühlt es sich sicher und bestätigt. Anstatt selbstbestimmt zu werden, wird es angepasst.

Das schüchterne Kind vermeidet Kontakt zu anderen. Wenn es schon keine Wertschätzung erfährt, so gibt es anderen zumindest keine Gelegenheit zu Kritik, Herabsetzungen, Kränkungen oder Hänseleien.

Das aufbegehrende Kind zeigt oft Verhaltensweisen, die auf

Ablehnung stoßen. Dadurch erzwingt es die Aufmerksamkeit der anderen und nötigt sie, sich mit ihm zu beschäftigen.

Das ehrgeizige Kind konzentriert sich darauf, neue Fähigkeiten zu erlangen und auszubauen. Es will möglichst gut sein in dem, was es tut, und hofft, dadurch Lob, Anerkennung und Bewunderung zu erlangen. Daraus bezieht es seine Bestätigung.

Das machtbewusste Kind strebt nach Dominanz über andere. Es fühlt sich durch die Angst bestätigt, die es in anderen hervorrufen kann.

Die Art und Weise, wie ein Kind auf Abwertung durch andere reagiert, verfestigt sich in der Entwicklung hin zum Erwachsenwerden. Doch gleich, worin die jeweilige Strategie besteht – ob das Kind mit Rückzug, Anpassung, Auflehnung, Ehrgeiz oder Dominanzstreben reagiert –, die vom Umfeld versagte Wertschätzung führt in der Regel dazu, trotzdem ein Selbstbild mit negativen Zügen zu entwickeln. Man glaubt dann auch als erwachsener Mann, als erwachsene Frau, weniger wert zu sein als andere Menschen, weniger kompetent zu sein und ganz zu Recht weniger zu verdienen.

Gerd könnte finanziell erfolgreicher sein, wenn er sich darauf verstünde, seine Arbeiten besser zu verkaufen. Doch Honorarverhandlungen sind ihm genauso ein Greuel wie Präsentationen. »Wenn's darum geht, ein Angebot zu machen, habe ich so eine Art Bremse im Kopf. Ich traue mich einfach nicht zu verlangen, was meine Kollegen für die gleiche Leistung fordern. Es ist so ein Gefühl, als stünde mir das nicht zu.«

In der frühen Kindheit erfahrene Botschaften vonseiten der Eltern wie: »*Weil es dich gibt, muss ich auf vieles verzichten*« oder

»*Eigentlich hätte ich mir einen Jungen/ein Mädchen gewünscht, aber
…*« oder »*Wenn du nur nicht so … wärst, dann könnte ich dich ja auch
gernhaben*« schüren Verunsicherung, Selbstzweifel und die Tendenz, sich selbst abzulehnen bzw. Teile der eigenen Persönlichkeit
nicht zu akzeptieren, sie sozusagen aus der eigenen Wahrnehmung
»abzuspalten«.

Auch wenn Eltern das Kind mit überhöhten Erwartungen be-
drängen, tun sie der kindlichen Selbstwertschätzung nichts Gutes,
denn das Kind erlebt sich dann verstärkt als unzulänglich und an
den Ansprüchen der Eltern scheiternd. Es empfindet die Enttäu-
schung, die es seinen Eltern bereitet, indem es den Erwartungen
nicht entspricht, als beschämend. Sich immer wieder mit dem
Gefühl herumschlagen zu müssen: »Egal wie ich mich anstrenge,
es ist immer zu wenig!«, beeinträchtigt das Selbstwertgefühl. Dieses »Ich bin nicht gut genug« füttert das unerfüllte Bedürfnis nach
Wertschätzung immer wieder von neuem – bis in das Erwachsenenalter hinein und oft ein Leben lang. Es hat weitreichende Folgen für die spätere Berufswahl, die Karriere, die Partnerwahl und
die Lebensgestaltung ganz generell.

Interessanterweise steht das Gefühl der Unzulänglichkeit im
Einklang mit den Werten und Normen der modernen Leistungs-
gesellschaft: Wer nicht genug leistet und nicht perfekt ist, ist nicht
so viel »wert«.

Die Folge: Man legt sich umso mehr ins Zeug, um den anderen
zu beweisen, dass sie unrecht haben und man es ihnen schon zeigen
würde. Faktoren wie Erfolg, eine Beförderung, eine Gehaltserhö-
hung oder ein Karrieresprung werden zum Maß aller Dinge. Wer
sich jedoch dauerhaft verausgabt, um sich selbst und anderen etwas
beweisen zu wollen, übersieht oder ignoriert Warnzeichen wie
Müdigkeit oder sich anbahnende Gesundheitsprobleme – ein
Weg, der zu Burn-out, Depressionen oder einem Schlaganfall führen kann. Zu einer soliden Selbstwertschätzung führt er nicht. In

diesem Sinne sortiert auch Oliver seine Werte neu. Der Beinahe-Infarkt hat ihn nachdenklich werden lassen. Ihm ist bewusst geworden, wie viel er eigentlich dafür »bezahlt« hat, den Job über alles zu stellen. Nicht nur mit dem Raubbau an seiner Gesundheit, sondern auch mit dem Scheitern von Liebesbeziehungen, die alle nicht mit Olivers chronischem Zeitmangel kompatibel waren, mit dem ewigen Aufschieben von Urlaub, Erholung und Entspannung und dem steten Schrumpfen seines Freundeskreises. »Irgendwas müsste sich ändern«, sagt Oliver, »aber ich weiß nicht, was.«

Während für diese Form der Kompensation mittels Selbstausbeutung überwiegend Männer anfällig sind, ist es vorrangig eine Domäne von Frauen, auf Attraktivität zu setzen und andere auf diesem Weg ausstechen zu wollen. Viele beklagen einen zunehmenden alltäglichen Narzissmus und den Hunger nach Bewunderung, der dazu antreibt, jemand ganz Besonderes sein zu wollen, koste es, was es wolle. Menschen mit übertriebener Selbstbezogenheit sind oft belastend für Familie, Freunde und Kollegen.

Mangelnde Selbstwertschätzung: Die langfristigen Folgen

Wer sich selbst nicht wertschätzt, …

- bleibt abhängig davon, Bestätigung, Anerkennung und Wertschätzung durch andere zu erfahren.
- empfindet häufig Angst davor, abgelehnt oder missachtet zu werden.
- setzt sich oft unter Druck, anderen gefallen zu wollen.

- befürchtet generell, Fehler zu machen und falsche Entscheidungen zu treffen.
- neigt zum Grübeln und zu Selbstzweifeln.
- vermeidet es, sich festzulegen und für die eigene Position einzustehen.
- hat einen überstrengen »inneren Kritiker«, der schnell mit Vorwürfen zur Stelle ist.
- empfindet oft diffuse Schuldgefühle.
- will alles perfekt machen, um nicht angreifbar zu sein.
- hat oft Angst vor dem Versagen.
- ist leicht zu kränken und kann schwer vergeben.
- unterschätzt die eigenen Stärken und gibt Schwächen ein zu großes Gewicht.
- betreibt einen hohen Aufwand, um Fehler zu vermeiden und keinen Anlass zur Kritik zu bieten.
- investiert viel Zeit darin, mögliche Reaktionen anderer auf das eigene Verhalten einzuschätzen.
- nimmt sein Gegenüber meist ganz automatisch als überlegen wahr.
- achtet nicht auf eigene Grenzen und überfordert sich, wagt es nicht, »Nein« zu sagen.

Sich selbst erfüllende Prophezeiungen

Wenn wir die Art und Weise, wie wir über uns selbst denken, nicht hinterfragen und relativieren und mit neuen Denk- und Verhaltensweisen experimentieren, werden wir also ganz automatisch immer mehr zu dem, was wir einst über uns gesagt bekommen haben. Doris' Eltern, die sich im andauernden Ehekrieg befanden und stundenlang miteinander streiten konnten, machten ihrer Tochter damit nicht nur Angst, sondern signalisierten ihr auch, eigentlich überflüssig zu sein. Zumindest kam dies bei Doris so an. Sie war und blieb bestrebt, alles richtig zu machen und Streit nach Möglichkeit aus dem Weg zu gehen.

Wem beigebracht worden ist, sich als Versager anzusehen, wird mit wenig Selbstvertrauen und viel Skepsis an das Meistern einer Herausforderung herangehen. Setzt sich die Person dann wegen ihrer Vorbehalte nur halbherzig für die Sache ein, vergrößert sie damit auch das Risiko ihres Scheiterns. Setzt sie das Projekt dann tatsächlich in den Sand, ist das für sie dann die Bestätigung ihrer Überzeugung, ein Versager zu sein.

Hat jemand hingegen gelernt, sich als wertvollen Menschen zu betrachten, dann werden auch seine Werte, seine Entscheidungen und sein Umgang mit Herausforderungen davon geprägt sein. Für ihn ist ein Ja ein Ja und ein Nein ein Nein. Wenn er beschlossen hat, sich für etwas einzusetzen, dann wird er sich dafür voll und ganz engagieren und damit die Aussicht auf Erfolg steigern. Tritt der Erfolg dann ein, fühlt er sich bestätigt. Tritt er nicht ein, glaubt er an widrige Umstände und wechselt seine Strategie oder stellt gegebenenfalls auch die ursprüngliche Intention in Frage.

Wer also gelernt hat, sich selbst zu vertrauen, seine Stärken und Schwächen einzuschätzen und auch mit Fehlschlägen zurechtzukommen, probiert mehr aus und erhöht alleine schon dadurch seine Chancen auf Erfolg. Wer es dagegen gewohnt ist, an sich zu zweifeln, und es vermeidet, die Aufmerksamkeit anderer auf sich zu lenken, wird weniger beachtet und hat dadurch natürlich auch seltener Erfolgserlebnisse zu verzeichnen. Dadurch wird er in seiner Auffassung bestärkt, dass sein eigener Beitrag zur Gemeinschaft unwichtig ist.

Wer sich seiner selbst sicher ist, hat keine Scheu davor, anderen seine Ideen vorzustellen und sich Feedbacks dazu einzuholen. Zum einen erfährt er dadurch Resonanz für das, was ihm wichtig ist – sei es Zustimmung oder Kritik –, zum anderen erhält er dadurch Impulse, wie sich die eigenen Ideen weiterentwickeln ließen.

Die Gedanken, die wir uns tagtäglich machen, insbesondere die Gedanken über uns selbst, entscheiden über unser seelisches und körperliches Wohlbefinden, unser Verhältnis zu anderen und all unsere Entscheidungen. Denken wir schlecht von uns und machen wir uns klein (»Ich kann nichts«, »Ich bin nicht gut genug«), dann fühlen wir uns auch »klein« und minderwertig, sind verzweifelt und mutlos – und andere reagieren auf die Weise, wie wir uns präsentieren, und bestätigen dadurch unser negatives Bild von uns selbst.

Sowohl Gerd als auch Doris haben viel Erfahrung mit selbstentwertenden Gedanken. Gerd weiß, dass er sich mit seiner Scheu davor, selbstbestimmt und wertbewusst zu präsentieren, was er kann, und einen guten Preis dafür auszuhandeln, oft selbst im Weg steht. Indem seine Auftraggeber und Verhandlungspartner ihm diese Zweifel am eigenen Können anmerken, können sie ihn leicht noch weiter verunsichern und dadurch ihre eigene Position stärken. Doris gilt zwar als kompetente und zuverlässige Arbeitskraft in der Stadtverwaltung. Dennoch sind etliche ihrer Kollegen, die zur gleichen Zeit wie sie ihren Dienst angetreten hatten, mittlerweile aufgestiegen, während sie selbst immer noch auf einer niedriger bewerteten Gehaltsstufe festhängt. »Natürlich habe ich mich innerhalb der Verwaltung schon mal auf eine bessere Position beworben, aber das hat mich so unruhig gemacht, dass ich am liebsten wieder zurückgezogen hätte und richtig froh war, die Stelle nicht zu kriegen. Das ist doch irgendwie paradox. Denn eigentlich will ich mich doch verbessern …«

Wer häufig an sich zweifelt und sich bescheiden im Hintergrund hält, erfährt weniger Aufmerksamkeit und hat seltener Erfolgserlebnisse durch positive Feedbacks anderer. Und da bestätigende Zuwendung fehlt, wird das Gefühl, wenig herzumachen, immer weiter verstärkt.

Der amerikanische Psychotherapeut Nathaniel Branden hat die Bedeutung fehlender Selbstwertschätzung wie folgt formuliert: »Abgesehen von Störungen, deren Wurzeln biologischer Natur sind, fällt mir kein einziges psychologisches Problem ein, das sich nicht – und sei es zumindest teilweise – auf das Problem eines mangelhaften Selbstwertgefühls zurückführen lässt.«

Das zeigt, wie wichtig es ist, destruktive Kreisläufe aufzubrechen und die entsprechenden selbsterfüllenden Prophezeiungen ins Positive zu wenden. Der Hebel dazu ist, das eigene Selbstverständnis konstruktiv zu verändern (siehe das Kapitel »6 Impulse für mehr Selbstwertschätzung«).

Selbstwertschätzung und Leistung

Teufelskreis von negativer Selbstbewertung und Leistungsproblemen:

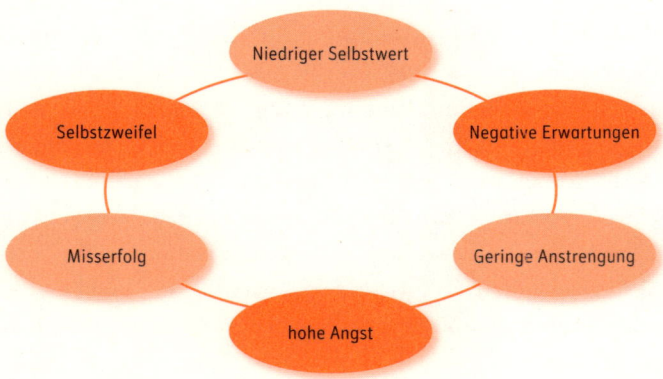

Menschen mit niedriger Selbstwertschätzung haben negative Erwartungen hinsichtlich ihrer Leistungen, strengen sich entsprechend nicht genug an und haben zugleich Angst. Das führt zu tatsächlichem Misserfolg, was wiederum als Bestätigung des niedrigen Selbstwertes erlebt wird.

Nachhaltige Auswirkungen

Ein Mangel an Selbstwertschätzung hat zahlreiche Auswirkungen im ganz normalen Alltag, wobei vielen Betroffenen gar nicht bewusst ist, dass für so manche Probleme, mit denen sie es täglich zu tun haben, ein niedriges Selbstwertempfinden die Ursache ist. Menschen, deren Selbstwertschätzung sich in der Kindheit nicht hat entwickeln können, schlagen sich manchmal ein Leben lang mit den emotionalen Nachwirkungen herum, meint Matthew McKay, Psychologe und klinischer Leiter des Haight Ashbury Psychological Service. »Sie behalten bewusste und unbewusste Erinnerungen an all die Situationen zurück, in denen sie sich ›nicht richtig‹ oder schlecht gefühlt haben.«

Die Verunsicherungen, die das Selbstwertgefühl früh erschüttert haben, werden nur oberflächlich verdeckt. Wenn Kritik geäußert wird, Fehler passieren, man einen Misserfolg zu verkraften hat oder von jemandem verlassen wird, tauchen diese frühen Gefühle der Unzulänglichkeit dann sofort wieder auf, und die alte Prägung »Du bist nicht gut genug« kann sich ungehindert Bahn brechen.

Dementsprechend fühlen sich Menschen mit niedriger Selbstwertschätzung schnell gekränkt, haben wenig Vertrauen in ihre Fähigkeiten und ihre Kompetenz. Sie sind bestrebt, unbedingt alles richtig zu machen, und haben große Angst davor, es könnte ihnen ein Fehler unterlaufen. Sie wollen, wie Doris, Gerd und Sabine, von den Menschen in ihrem Umfeld als nett, freundlich und sympathisch wahrgenommen werden. »Bloß nicht unangenehm auffallen« heißt daher ihr Wahlspruch. Durch diesen Zwiespalt zwischen eigenem Anspruch und Zögerlichkeit in der Umsetzung bleiben sie oft weit unter ihren Möglichkeiten oder sie arbeiten sich auf und verausgaben sich aus Pflichtgefühl – manchmal bis hin zum Burn-out. Nur, um die ersehnte Anerkennung zu erlangen.

Ein Mangel an Selbstwertschätzung entmutigt und nimmt den Antrieb, denn wer wenig von sich selbst hält, fühlt sich unattraktiv und inkompetent, meidet Herausforderungen, schämt sich für seine Unzulänglichkeit und sieht das Leben eher als einen Kampf und eine Last denn als einen Ort der Freude und der Erfüllung an.

Ein Mangel an Selbstwertschätzung kann auch dazu führen, stets das Allerschlimmste zu erwarten, und zwar dann, wenn das eigene gefühlte Defizit auf andere projiziert wird. Weil wir uns selbst nichts zutrauen, trauen wir dann auch dem Gegenüber nicht über den Weg, wähnen uns häufig von anderen vernachlässigt, missachtet oder hintergangen. Um uns keine Blöße zu geben, wahren wir die Distanz und lassen niemand wirklich an uns herankommen.

Wer starke Selbstzweifel hat, ist in Beziehungen auf permanente Bestätigung angewiesen, was Lebenspartner, Familienmitglieder und Freunde oft als sehr belastend empfinden (siehe auch im Kapitel »Selbstüberschätzung kontra Selbstwertschätzung« das Unterkapitel »Abhängig von Bestätigung«). Ein Mangel an Selbstwertschätzung kann so auch die Qualität unserer Liebesbeziehungen beeinträchtigen, dann etwa, wenn wir uns allzu häufig der Liebe und Wertschätzung vonseiten des Partners/der Partnerin versichern wollen. Ständige Fragen wie »Liebst du mich wirklich?« oder »Findest du mich gut (mein Aussehen/meine Arbeit/mein Verhalten …)?« setzen den Partner/die Partnerin unter (Bestätigungs-) Druck – und können von ihm/ihr auch als Mangel an Wertschätzung und Empathie unsererseits empfunden werden. Dabei stecken Menschen mit schwachem Selbstwert oft in folgendem Dilemma:

⊙ Da ist einerseits: der Hunger nach Bestätigung.
⊙ Und da ist andererseits das Nicht-annehmen-Können: Kommt die ersehnte Bestätigung, wird das positive Feedback nicht geglaubt oder es hat nur eine kurze »Halbwertszeit«.

Also wird sich schon nach kurzer Zeit erneut rückversichert. Dies erfordert vom Partner/von der Partnerin viel Geduld, führt aber auf Dauer oft dazu, dass er/sie die eingeforderte Wertschätzung nur noch mit genervtem Unterton gibt – was wiederum die Ängste verstärkt. Wenn bestätigende Zuwendung dann nicht mehr von Herzen kommt oder ganz ausbleibt, erlebt der Selbstwertschwache das als Bestätigung seiner schlechten Meinung über sich (siehe auch das Kapitel »Geringe Selbstwertschätzung – ein Defizit mit Folgen«/Unterkapitel »Sich selbst erfüllende Prophezeiungen«).

Der Schlüssel zum Ausstieg aus dieser Negativ-Spirale liegt nicht darin, den »idealen« Partner zu finden, der einem all das gibt, was einem früher gefehlt hat und noch immer fehlt.

Auch der Versuch, ein negatives Selbstbild etwa durch Vermeidung, innerliche Abhärtung oder Selbstoptimierung usw. zu kompensieren, scheint zunächst zwar Linderung zu verschaffen, hat aber meist nur eine kurzfristige Wirkung und »heilt« das Problem nicht wirklich.

Kompensationsversuche

Selbstoptimierung

Dies ist ein weit verbreiteter gesellschaftlicher Trend, der zum Ziel hat, sich an einem Idealbild auszurichten. Perfektion als Lösung, um mit einem schwankenden Selbstwertgefühl besser zurechtzukommen. Sich unangreifbar machen, um möglicher Kritik oder Entwertung zu entgehen. Seien es Schönheits-OPs, Kurse für optimale Körpersprache, Rhetorik, Schlagfertigkeits- oder auch Smalltalk-Training, Stilberatung, Bodystyling, Diät-Coaching, Anti-Aging-Kuren etc. etc. Damit kann man viel Zeit verbringen – und auch viel Geld investieren. Typisch dafür ist die innere Haltung »Erst wenn ich …, dann kann ich …«. All diese Formen der Selbstoptimierung bleiben aber letztlich unzureichende Versuche, in der Folge mehr Selbstwertschätzung zu spüren. Für Sheila und Oliver spielt Selbstoptimierung eine große Rolle. Während Sheila sich viele Gedanken um ihr Aussehen macht und auch bereit ist, einiges für Schönheit, Stil und Eleganz auszugeben, will Oliver in seinem Metier der Beste sein und bleiben und investiert in Fortbildungen und den Besuch von Fachmessen, achtet aber auch auf Status- und Netzwerkpflege, um immer den nötigen Informationsvorsprung zu haben, wenn es um die Vergabe von Aufträgen geht.

Innere Abhärtung

Darunter ist der Versuch zu verstehen, den Mangel an Wertschätzung durch sich selbst wie auch durch andere als im Grunde belanglos darzustellen (»Das hab ich doch gar nicht nötig«, »Ist doch völlig egal«) und sich innerlich abzuschotten, um keine weiteren

Selbstzweifel oder Verletzungen zu erfahren und sich nicht unzulänglich, verwundbar oder abgelehnt fühlen zu müssen.

Mangelnde Selbstwertschätzung kann so leicht auch zu einem mangelnden Einfühlungsvermögen für andere führen. Man ist nicht nur hart mit sich selbst, sondern geht mit anderen ebenso um. Typisch für diese Haltung sind Überzeugungen wie »Der soll sich nicht so anstellen«, »Das Leben ist ein Kampf«, »Jeder ist sich selbst der Nächste«, »Die ist doch selber schuld.« Und selbstverständlich gehen »Abgehärtete« auch mit Fieber ins Büro und schonen sich nicht, wenn es darum geht, Überstunden zu machen oder auf Erholung zu verzichten. Das ist die Strategie, zu der Elena besonders im Kontakt mit ihren Kollegen gerne greift.

Vermeidung

Wer ein negatives Selbstbild hat und »empfindlich« ist, sich also schnell auch von anderen abgewertet fühlt, will oft Situationen aus dem Weg gehen, wo Gefühle von Scham und Unzulänglichkeit wieder hochkommen könnten. Wertgeschätzt zu werden ist zwar wichtig, aber wer Vermeidung zu seiner Strategie macht, dem ist es weit wichtiger, sich nicht der Kritik auszusetzen oder sich eine Ablehnung einzuhandeln. Man zieht sich zurück, sagt wenig, bleibt im Hintergrund, um sich nicht (erneut) zur Zielscheibe von Abwertungen zu machen. Lieber klein beigeben und sich anpassen, als sich der Gefahr einer Blamage auszusetzen. Und so verzichtet man darauf, sich zu wehren, ebenso wie auf das Durchsetzen berechtigter Ansprüche. Man könnte ja unterliegen, und das würde die Gefühle, die man niederhalten will, wieder aufrufen. Mit der Vermeidung verbundene Überzeugungen sind beispielsweise »Der Klügere gibt nach«, »Das lohnt sich doch nicht (etwas zu sagen, etwas Bestimmtes zu tun)«, »Ich will nur meine Ruhe haben«. Hier finden sich Doris, Gerd und Sabine wieder.

Kompensationsversuche wie diese können leicht neue Probleme heraufbeschwören. Erfolgversprechender ist es, sich mit sich selbst anzufreunden und die innere Haltung zu den eigenen Stärken und Schwächen positiv zu verändern. Auch die vielfach praktizierte Strategie, andere abzuwerten, um selbst besser dazustehen, beschert nur kurzfristig positive Gefühle.

Anja sagt, dass sie zwar alle drei Strategien nachvollziehen kann, aber wenig auf sie zurückgreift. »Vielleicht, weil ich doch jetzt schon ziemlich viel erlebt habe und es mir nicht mehr so wichtig ist, wie ich bei anderen ankomme. Früher war mir das viel wichtiger, da habe ich mich oft gefragt, was werden die Leute sagen, wenn ich dies oder das tue. Heute ist das nicht mehr so. Ich vertrage mich gut mit meinen Nachbarn, helfe gern, wenn mich einer um etwas bittet, und frage auch selber nach, wenn ich was brauche, aber an sich habe ich nicht so ein großes Kontaktbedürfnis. Meine Bestätigung hab ich mir immer darüber geholt, etwas Nützliches zu tun, und das mach ich auch heute noch so. Dass ich mit 70 gelernt habe, mit einem Computer umzugehen, das macht mich schon stolz.«

Selbstüberschätzung kontra Selbstwertschätzung

Der Narzisst als »Mängelwesen«

Kann man eigentlich auch des Guten zu viel tun? Gibt es ein Maß dafür, wann Selbstwertschätzung schädlich für einen selbst und andere werden kann? Ich meine: nein. Wer ein authentisches und sicheres Gefühl für den eigenen Wert hat, strahlt das aus – er oder sie wirkt lebensfroh, gelassen und zufrieden. Das hat nichts mit Überheblichkeit oder Arroganz zu tun.

Menschen hingegen, die sich andauernd überschätzen und nur die starken Seiten an sich selbst sehen, die sich immer und überall in Szene setzen wollen und immun gegen Kritik sind, demonstrieren damit eben gerade nicht Selbstwertschätzung, sondern kompensieren ganz im Gegenteil damit ein Defizit. Sie treten mit dieser Image-Inszenierung sozusagen die Flucht nach vorn an, was ihnen oft aber gar nicht bewusst ist, da sie sich scheuen, ihr Verhalten zu reflektieren. Es könnte bei tieferem Nachdenken ja auch zutage treten, dass sie nicht die Supertypen oder Powerfrauen sind, als die sie sich anderen gegenüber gerne darstellen.

Überschätzung führt meist auch dazu, dass einem das Umfeld vermittelt, man sei »nicht ganz so brillant«, wie man sich selber sieht. Kritik wird aber nicht geprüft, sondern reflexartig sofort dementiert, denn die Fähigkeit zur Selbstkritik ist bei Egozentrikern nur in Fragmenten vorhanden, ebenso wenig wie die Qualitäten Empathie, Mitgefühl, Rücksichtnahme auf andere oder gar Bescheidenheit.

Da sie sich für das Maß aller Dinge halten, fehlt es an der Fähigkeit, andere Menschen wirklich wahrzunehmen und auf deren

Bedürfnisse einzugehen. In erster Linie konzentrieren sie sich auf ihre eigenen Wünsche und schenken anderen nur wenig Beachtung – es sei denn als Publikum für die eigene Selbstinszenierung. Der Eigennutz ist ihnen wichtiger als das Gemeinwohl, und wenn sie eine Beziehung eingehen, dann in erster Linie, um selber geliebt zu werden. Daraus wird klar, dass Dünkel und Überheblichkeit keineswegs Ausdrucksformen von Selbstwertschätzung sind. Vielmehr steckt die Angst dahinter, »klein gemacht«, gekränkt, abgewiesen oder übergangen zu werden. Die immer im Hintergrund lauernde Angst vor Herabsetzung oder Anfeindung zwängt Egozentriker in eine starre Abwehrhaltung hinein.

Abhängig von Bestätigung

Der Drang zur Ich-Überhöhung zeigt sich oft in Machthunger und Geldgier. Zu einer – wie auch immer definierten – Elite gehören zu wollen, materiellen Reichtum anzuhäufen, das eigene Ich mit Statussymbolen aufzupeppen, sich in den Mittelpunkt der Aufmerksamkeit zu stellen sind in unserer Gesellschaft häufig vorkommende Kompensationsstrategien, von denen ganze Wirtschaftszweige ihr lukratives Auskommen haben. Das Gefühl unantastbarer Größe und Einzigartigkeit ist es, was Egozentriker suchen und schätzen, die Darstellung der eigenen Überlegenheit und die Lorbeeren, die sie durch Erfolge ernten können.

Wer sich und anderen ständig seine Überlegenheit »beweisen« will, um sich wertvoll fühlen zu können, muss viel Aufwand betreiben. Obwohl sie es nie zugeben würden, sind Egozentriker ebenso wie andere Selbstwertschwache auf ständige Bestätigung von außen angewiesen. Gerne werden zu diesem Zweck auch andere Menschen und deren Leistungen und Vorzüge abgewertet, um den eigenen Stern noch heller strahlen zu lassen. Das macht den Umgang mit Egozentrikern schwierig und anstrengend. Sowohl

Sheila als auch Oliver haben narzisstische Züge in ihrem Denken, Fühlen und Verhalten gefunden. Beide ziehen viel Bestätigung daraus, sich »besser als andere« zu fühlen. Sheila misst ihr Aussehen fast ständig an dem anderer Frauen, und Oliver fühlt sich nur dann wohl, wenn er bzw. seine Agentur im Wettbewerb »gesiegt« hat. Zweiter zu sein ist kein Grund zur Zufriedenheit, auch dann nicht, wenn er Zweiter unter hundert Bewerbern wäre. Für ihn zählt nur der Sieg. Hat er »verloren«, kann er genauso deprimiert sein wie Sheila, die immer dann schlecht drauf ist, wenn sie den Eindruck hat, »alt und hässlich« zu sein.

Indizien für egozentrische Selbstaufwertung

Wer seinen Mangel an Selbstwertschätzung durch narzisstische Selbstüberhöhung zu kompensieren versucht, ...

- stellt sich gerne in den Mittelpunkt und gibt an, übertreibt dabei auch eigene Qualitäten und Leistungen.
- will sich selbst auf Kosten anderer in ein strahlendes Licht setzen.
- streitet ab, Schwächen zu haben.
- glaubt sich stets im Recht.
- gibt eigene Fehler nicht zu, sondern verteidigt »automatisch« eigenes Handeln: Schuld haben immer die anderen.
- wehrt reflexartig Kritik ab: »Angriff ist die beste Verteidigung.«
- betrachtet die Ansichten anderer als irrelevant.

- will sich nicht in andere Menschen hineindenken; hat kein Interesse daran, mitzufühlen oder mitzuleiden.
- urteilt gerne über andere, bevorzugt negativ.
- gibt sich gern als jemand, der völlig unabhängig von der Meinung anderer ist – ohne es tatsächlich zu sein.

Egozentrische Selbstaufwertung gepaart mit leichter Kränkbarkeit ist oft Auslöser für Neid, Eifersucht, Hass und Rachegedanken, Gewalt und Grausamkeiten. Sie ist ein Nährboden, auf dem Konflikte und Intrigen gut gedeihen – bis hin zu Feindschaften, körperlichen Auseinandersetzungen und Straftaten.

Selbstwertschätzung: das A und O für ein gutes Miteinander

Wer sich selbst wertschätzt, kann ein Lob, ein Kompliment oder eine Würdigung der eigenen Leistung durch andere unbefangen und gelassen entgegennehmen, sich einfach nur daran freuen. Er oder sie ist nicht auf das positive Feedback des Partners/der Partnerin, des Chefs oder der Freunde und Kollegen angewiesen, um sich als wertvoller Mensch zu fühlen. Ebenso ist für ihn oder sie Kritik kein Auslöser dafür, sich selbst in Frage zu stellen.

Konstruktive Kritik wird als Entwicklungsimpuls verstanden, destruktive Kritik als etwas gewertet, was mit dem Gegenüber und nicht mit einem selbst zu tun hat. Diese Haltung verhilft dazu, gelassen zu bleiben und nach vorn zu denken.

Wer hingegen Sein oder Nichtsein von Lob oder Tadel abhängig macht, muss immer wieder von neuem um seine Wertschätzung als Person und die Anerkennung seines Tuns durch das Umfeld kämpfen.

Aus einer Haltung der Selbstwertschätzung heraus fällt es viel leichter, auch anderen Wertschätzung entgegenzubringen, da man selbst nicht so bedürftig ist, unbedingt anerkannt und gemocht zu werden. Einem Menschen, dessen Selbstwertgefühl empfindlich ist, der sich leicht gekränkt und abgewertet fühlt, fällt dies verständlicherweise schwerer als Menschen mit einer stabilen Selbstwertschätzung, die sich und andere auf Augenhöhe wahrnehmen. Die Transaktionsanalyse hat diese sich selbst und andere wertschätzende Grundhaltung in schlichte Worte gefasst: Ich bin okay – du bist okay.

Wertschätzung und die Theorie der vier Lebensanschauungen

- Ich bin okay – du bist okay: Wertschätzung und Selbstwertschätzung, Begegnung auf Augenhöhe.
- Ich bin nicht okay – du bist okay: mangelnde Selbstwertschätzung, Überschätzung anderer.
- Ich bin okay – du bist nicht okay: egozentrische Selbstaufwertung, Abwertung anderer.
- Ich bin nicht okay – du bist nicht okay: mangelnde Selbstwertschätzung, Abwertung anderer.

Wenn also Selbstwertschätzung die gute Basis dafür ist, auch andere im Sinne eines »Ich bin okay – du bist okay« angemessen respektieren zu können, was können wir tun, um unsere Selbstachtung zu verbessern und unser Selbstbild positiver zu gestalten? Wo setzen wir an?

6 Impulse für mehr Selbstwertschätzung

Die folgenden sechs Impulse unterstützen Sie dabei, Ihre Selbstwertschätzung zu stärken. Indem Sie Ihre ganz persönlichen Erfahrungen damit machen, schaffen Sie eine gute Basis dafür, sich selbst immer besser kennen und verstehen zu lernen. Und Sie lenken damit auch Ihre Aufmerksamkeit in eine konstruktive Richtung: hin zu persönlichem Wachstum und zu mehr Lebenszufriedenheit. Legen Sie sich ein schönes Notizbuch zu, in dem Sie Ihre Erfahrungen schriftlich festhalten, oder legen Sie einen entsprechenden Ordner im Computer an. Halten Sie dort Ihre Gefühle, Gedanken und Erfahrungen beim Experimentieren mit den sechs Impulsen fest. Ihr Notizbuch begleitet Sie auf dem Weg zu (noch) mehr Selbstwertschätzung. Dabei müssen Sie sich nicht an die Reihenfolge der im Folgenden vorgestellten Übungen halten, sondern können sich an dem orientieren, was Sie anspricht, und damit beginnen. Führen Sie jedoch auch Übungen durch, mit denen Sie beim ersten Blick darauf nicht so viel am Hut haben. Manchmal ergeben sich gerade durch diese überraschende Einsichten.

Ganz wichtig dabei: Gestehen Sie sich Zeit zu. Neue Denk- und Handlungsweisen wollen einfach wieder und wieder eingeübt werden, bis sie zur Gewohnheit werden können. Wer von vielen Selbstzweifeln geplagt ist, wird nicht durch Einsicht mittels Lesen oder das einmalige Durchführen einer Übung davon »erlöst«.

Machen Sie also unbedingt praktische Erfahrungen und bleiben Sie dran. Vertiefen Sie diejenigen Übungen, die Sie als wohltuend und bestärkend empfinden, indem Sie sie zum Bestandteil Ihres Alltags machen. Auch wenn immer mal wieder ein Hindernis auftaucht, etwas nicht so klappt wie erwartet oder Sie den Eindruck haben, auf der Stelle zu treten: Bleiben Sie dran und freuen Sie sich über jede positive Veränderung, und sei sie noch so klein. Das Durchhalten wird schließlich zum Erfolg führen. Denken Sie an eine Klavierspielerin, einen Sänger oder eine Eisläuferin: Viel Übung ist notwendig, bis etwas so verinnerlicht ist, dass es dann »wie von selbst« funktioniert.

1. Alles darf sein: Die Selbstakzeptanz stärken

Jeder von uns besteht aus sehr vielen Facetten. Etliche davon sind uns vertraut, andere wiederum wenig oder gar nicht bewusst. Bei diesem Impuls geht es darum, sich selbst als Persönlichkeit »mit allem Drum und Dran« besser zu verstehen und stärker wertzuschätzen als bisher.

Stärken und Schwächen

Beginnen Sie die Einträge in Ihr Logbuch damit, dass Sie sich darauf konzentrieren, was Sie als Ihre starken und was Sie als Ihre schwachen Seiten empfinden.

Übung 1

Die Liste meiner Stärken und Schwächen

Nehmen Sie sich dazu eine Viertelstunde Zeit und sorgen Sie dafür, dass Sie ungestört sind.
Legen Sie eine Liste mit zwei Spalten an und überschreiben Sie die eine mit »Stärken« und die andere mit »Schwächen«, oder

verwenden Sie zwei verschiedene Blätter. Beziehen Sie bei Ihrer Reflexion alle Ihre Eigenschaften, Talente, Fähigkeiten, Kompetenzen, Verhaltensweisen usw. mit ein. Was finden Sie an sich liebenswert? Was mögen Sie nicht an sich? Gibt es Vorzüge, die Ihnen ganz besonders an sich selbst gefallen? Gibt es irgendetwas, was Ihnen besonders unangenehm oder peinlich ist?

Konzentrieren Sie sich darauf, wie Sie Ihre Stärken und Schwächen im Moment sehen, denken Sie eher an das, was in Ihrem Leben persönlich und beruflich gerade aktuell ist, als an Vergangenes. Wie sehen Sie sich heute?

Schreiben Sie das, was Sie für Ihre Pluspunkte und was Sie für Ihre Minuspunkte halten, so auf, wie es Ihnen in den Sinn kommt.

Wenn die Viertelstunde vorbei ist, dann hören Sie auf – zunächst.

Nehmen Sie in den nächsten zwei Tagen Ihre Notizen immer mal wieder zur Hand und ergänzen Sie nach und nach beide Spalten, machen sich dabei immer mehr Ihre starken und schwachen Seiten bewusst.

Alles ist Teil von Ihnen, Positives wie Negatives und darüber hinaus noch vieles, was Ihnen nicht bewusst ist und was Sie vielleicht erst dann entdecken, wenn jemand anderer Sie darauf anspricht.

Elena, die neben ihrer Tätigkeit in der Bibliothek auch hin und wieder als Übersetzerin arbeitet, sah sich selbst stets als »kreativ untalentiert« an. Dass sie gut mit Sprache umgehen kann, ist ihr natürlich bewusst – aber nicht ihr dichterisches Talent, das dann zufällig im Rahmen des Jahrestreffens ihres Übersetzerverbands entdeckt wurde, als sie aus dem Stand heraus einen Beitrag zum

Abendprogramm lieferte. Die positiven Feedbacks bestärkten sie darin, diese Fähigkeit als Stärke zu sehen und weiter auszubauen.

Sie können also gerne auch Menschen Ihres Vertrauens befragen, was diese an Ihnen als Fähigkeit ansehen und was als Schwäche. Und bitte: Betrachten Sie es nicht als »Vernichtungsurteil«, wenn jemand Sie daraufhin nicht nur lobt, sondern auch kritisiert, denn: Was wären wir alle ohne unsere Schwächen? Zumindest langweilig, wenn nicht sogar unsympathisch. Wer mag schon gerne mit jemandem zu tun haben, der jederzeit rundum makellos und perfekt ist? Unsere kleinen und größeren Schwächen machen uns für andere interessant und liebenswert und geben uns Kontur. Betrachten Sie die Auflistung Ihrer starken und schwachen Seiten auch unter diesem Aspekt.

Übung 2

Integrieren I

Nehmen Sie sich für diese Übung etwa zehn Minuten ungestörte Zeit.

- ☺ Nehmen Sie Ihre beiden Listen zur Hand und setzen oder stellen Sie sich vor einen Spiegel.
- ☺ Wählen Sie jeweils eine Stärke und eine Schwäche aus.
- ☺ Schauen Sie sich selbst in die Augen und lächeln Sie sich an.
- ☺ Formulieren Sie laut einen Satz wie: »Ich bin … *(Ihr Name)*, und ich bin … *(hier setzen Sie die Stärke ein)*, und ich bin … *(hier setzen Sie die Schwäche ein)*. Und das ist völlig in Ordnung so.« Oder: »Ich bin … *(Ihr Name)*, und ich kann gut

(hier setzen Sie die Stärke ein), und ich bin nicht gut darin *(hier setzen Sie die Schwäche ein)*. Und das ist völlig in Ordnung so.« Nicken Sie sich selbst dabei im Spiegel zu.

ⓖ Wählen Sie weitere Stärken-und-Schwächen-Paare und wiederholen Sie die Übung wieder mit den entsprechenden formelhaften Sätzen.

ⓖ Nehmen Sie sich in den folgenden Tagen immer mal wieder zehn Minuten Zeit und experimentieren Sie weiter mit Ihren Stärken-und-Schwächen-Paaren. Kombinieren Sie immer neue Paare miteinander.

ⓖ Führen Sie die Übung vor allem auch dann durch, wenn Sie sich dabei ertappen, sich akut wegen einer Schwäche oder eines Fehlers verurteilen zu wollen.

Die Übung ist vielleicht anfangs ein wenig gewöhnungsbedürftig, doch haken Sie sie trotzdem nicht einfach ab. Das Akzeptieren Ihrer starken und weniger starken Seiten, verbunden mit einem bestärkenden Lächeln und einem Nicken, hat eine ausgesprochen versöhnlich stimmende Wirkung. Gerade weil Stärken und Schwächen in einem Atemzug miteinander akzeptiert werden – einträchtig nebeneinander wie die Pferde, die eine Kutsche ziehen.

»Das hat mich am Anfang ziemlich befremdet«, bekennt Oliver. »Ich war ja gewohnt zu denken: ›Stärke deine Stärken und lass die Schwächen beiseite.‹ Dass ich die Schwächen nun benennen und genauso wie die Stärken akzeptieren sollte, das kam mir vor wie eine Einladung an die Schwächen, noch stärker zu werden.« Auf meine Nachfrage: »Und, ist das eingetreten?«, gibt er zu, dass dies keineswegs so gewesen sei. »Vielmehr empfinde ich mehr und mehr ein Gefühl von Frieden in mir«, sagt er, »Schwächen ignorieren oder zu tolerieren ist etwas anderes, als sie bewusst zu akzeptieren, das spüre ich. Und vor allem: Wenn jetzt jemand eine Schwäche von mir zum Thema macht, kann ich viel gelassener reagieren.«

Eine Variante der obigen Übung, die noch stärker das Sehen und Wertschätzen auch der Fehler und Schwächen zum Thema hat, ist die folgende:

Übung 3

Integrieren II

Nehmen Sie sich etwa fünf Minuten Zeit und sorgen Sie dafür, dass Sie ungestört sind. Widmen Sie sich nun ausschließlich Ihrer Schwächen-Liste und setzen wieder den Spiegel ein.

- Wählen Sie eine Ihrer Schwächen aus und schätzen Sie intuitiv auf einer gedachten Skala zwischen 1 und 10 ein, wie stark Sie sich von dieser Schwäche beeinträchtigt fühlen bzw. wie unangenehm Ihnen diese ist (von 1 = finde ich gar nicht schlimm bis 10 = das belastet mich sehr stark).
- Lächeln Sie sich selbst im Spiegel an und formulieren Sie sinngemäß einen Satz wie: »Obwohl ich ... *(hier formulieren Sie Ihre Schwäche),* liebe und akzeptiere ich mich voll und ganz.«
- Lächeln Sie sich dabei weiter an und nicken Sie sich zu.
- Wiederholen Sie den Satz ein paarmal, immer mit dem Lächeln und dem Nicken verbunden.
- »Messen« Sie die Schwäche anschließend wieder auf der gedachten Skala. Was hat sich verändert?

Meistens ist der Wert auf der Skala um einen oder mehrere Punkte gesunken. Falls dies nicht der Fall sein sollte, überlegen Sie sich, was es Ihnen leichter machen könnte, die Schwäche anzunehmen.

Die eigenen Schwächen zu akzeptieren und sich mit ihnen als ganze Person wertzuschätzen bedeutet nicht, dass Sie Ihre schwachen Seiten damit zementieren. Wenn Sie etwas verändern wollen, beispielsweise etwas für mehr Fitness tun, Ihre Kenntnisse der englischen Sprache verbessern oder eine Typ- und Stilberatung besuchen möchten, um sich vorteilhafter zu präsentieren, können Sie das jederzeit tun. Es geht hier darum, sich mit Eigenschaften, Fähigkeiten und Verhaltensweisen, die Sie an sich bislang nicht gut fanden oder sogar bekämpft haben, zu versöhnen und sie anzunehmen und sich nicht länger unzulänglich oder »falsch« deswegen zu fühlen.

Bedenken Sie auch, dass viele der Eigenschaften und Verhaltensweisen, die wir aus Gewohnheit als persönliche Schwächen werten, uns bei genauerem Hinsehen auch als Stärken nützlich sein können. Oft ist es nur eine Frage der Interpretation, wie wir eine bestimmte Eigenschaft oder ein bestimmtes Verhalten in unser Weltbild einfügen. So betrachten manche, so wie Sheila, ihren ausgeprägten Perfektionismus als Stärke: »Mir unterläuft kaum je ein Fehler, denn ich prüfe alles ganz genau«, während andere, so wie Gerd, im Hang zur Perfektion eine Schwäche sehen. »Wenn ich bloß nicht so pedantisch wäre. Ich brauche zu allem und jedem ewig lange. Könnte ich doch bloß ein wenig lockerer sein.« Recht haben sie beide – jeder auf seine Weise. Denn: Es kommt auf die jeweiligen Umstände an.

In manchen Situationen ist es eine herausragende Qualität, genau zu sein und keinen Fehler zu dulden – in anderen Situationen ist es völlig unangebracht und hält nur auf. Doris, die in ihrer Konfliktscheu eine Schwäche sieht, erkennt beispielsweise, dass dieses Verhalten ihr andererseits auch einige Scherereien erspart. Bei vielen Meinungsverschiedenheiten lohnt es nicht, sich deswegen zu zoffen, weil es im Grunde um nichts Wichtiges geht. In diesen Situationen ist Doris' Gewohnheit, sich herauszuhalten, goldrichtig. In anderen Situationen hingegen wäre es vorteilhaft für sie, sich einzumischen und die eigene Position darzulegen. Ob eine Eigenschaft oder ein Verhalten eine Stärke oder eine Schwäche ist, hängt also sehr davon ab, wo und wie wir diese Qualität zeigen.

Übung 4

Schwächen neu beleuchten

Für diese Übung brauchen Sie etwa eine Viertelstunde Zeit. Nehmen Sie wieder Ihr Logbuch zur Hand und wählen Sie aus Ihrer Schwächen-Liste eine aus. Fragen Sie sich dann: Ist dieses von mir wahrgenommene Defizit tatsächlich immer ein Mangel? Oder gibt es nicht auch Situationen, in denen es mir nützlich sein kann? Notieren Sie, was Ihnen einfällt.
Unterziehen Sie in den nächsten Tagen alle Schwächen auf Ihrer Liste dieser Untersuchung und Neubewertung.

Vielleicht regt sich etwas in Ihnen, was Sie vor einer zu optimistischen Sicht der Dinge warnen will, weil Sie in der Vergangenheit durch Gutgläubigkeit oder blindes Vertrauen Schaden erlitten haben. In diese Lage wollen Sie natürlich nie wieder geraten.

Manche Fehler, die wir machen, sind harmlos, andere wiederum haben schwerwiegende Folgen, und diese nehmen wir uns meist besonders übel. An Situationen, in denen wir uns blamiert haben oder mit einem Vorhaben gescheitert sind, denken wir äußerst ungern zurück, denn dies wird in der Regel von Scham- und Schuldgefühlen begleitet. Und da diese schwer zu ertragen sind, versuchen wir die schmerzhafte Erinnerung oftmals zu verdrängen.

Doch im Sinne einer besseren Selbstwertschätzung lohnt es sich durchaus, trotz der damit verbundenen unangenehmen Gefühle das Vorgefallene zu reflektieren – und es neu zu bewerten.

Übung 5

Fehlschläge in neuem Licht sehen

Nehmen Sie sich wieder eine Viertelstunde störungsfreie Zeit. Erinnern Sie sich jetzt ganz bewusst an persönliche Fehlschläge und wählen Sie dann eine Erinnerung aus, die Ihnen innerlich noch immer zu schaffen macht. Notieren Sie dazu in Ihrem Logbuch:

- wie es dazu kam und
- die Konsequenzen, die es hatte.

Dann denken Sie daran, wie es danach weitergegangen ist, vor allem was Sie in der Folgezeit unternommen haben, um mit der entstandenen Situation zurechtzukommen. Notieren Sie dann Antworten auf die folgenden beiden Fragen:

- Was habe ich daraus gelernt?
- Welche neuen Stärken sind mir in der Folgezeit aus dem Geschehenen und meinem Umgang damit erwachsen?

Wenn Sie Fehlschläge auf diese Weise betrachten, dann fügt sich das Bild, das Sie bisher davon hatten, neu zusammen. Sie sind in der Lage, das Ganze zu sehen, nicht nur den Ausschnitt, der die schmerzlichen Gefühle des Scheiterns beinhaltet. Das erleichtert es, auch Fehlschläge, ebenso wie zuvor Ihre Schwächen, in Ihre Selbstwertschätzung mit einzubeziehen.

Sabine hat diese Übung sehr zu schaffen gemacht. »Ich weiß bis heute nicht, was ich falsch gemacht habe oder ob es überhaupt an mir lag, dass mein Mann sich eine andere gesucht hat. Gelernt habe ich, jetzt nicht mehr über diese ›Schuldfrage‹ nachzugrübeln, sondern mir zu sagen, egal was die Gründe gewesen sein mögen, es gibt Dinge, die können jedem zu jeder Zeit passieren. Das war für mich ein großer Schritt. Und eines haben Trennung und Scheidung auf jeden Fall mit sich gebracht: Ich bin viel selbständiger geworden. Vieles von dem, was ich immer meinem Mann überlassen hatte, habe ich mir jetzt selbst angeeignet, zum Beispiel auch handwerkliche Arbeiten im Haus oder das Programmieren elektrischer Geräte, und das ist gut für mein Selbstwertgefühl.«

Der letzte Aspekt, den es einzubeziehen gilt, bezieht sich auf die Dinge, die Sie nicht können. Fähigkeiten, die Ihnen fehlen, Kenntnisse, über die Sie nicht verfügen, Eigenschaften, die Sie nicht haben.

Wir wissen – oder glauben zu wissen –, was uns nicht liegt und was wir nicht können. Vielleicht haben wir diese Annahmen als Vorurteile von anderen übernommen (»In unserer Familie sind alle unsportlich«, »Frauen verstehen nichts von Technik« etc.) oder vielleicht haben wir negative Erfahrungen in bestimmten Bereichen gemacht.

Manches probieren wir gar nicht erst aus, weil wir schon im Vorfeld zu wissen glauben, dass wir im Falle eines Versuchs ohnehin bloß auf die Nase fallen. Zu vermeiden, was wir nicht (zu) können (glauben), müsste uns eigentlich gar nicht weiter beschäftigen, denn wer kann schon überall glänzen? Oft aber nehmen wir gerade diese Dinge besonders wichtig, und das kann zum einen den Blick auf unsere Stärken verstellen und zum anderen auch unsere Selbstwertschätzung beeinträchtigen. Es lohnt sich also, sich genauer mit unseren entsprechenden Annahmen zu befassen und uns wieder ein paar Fragen zu stellen.

Übung 6

Umgehen mit dem, was fehlt

Was glauben Sie, dass Sie gar nicht können? Welche wünschenswerten Eigenschaften und Verhaltensweisen Sie gar nicht haben? Wozu Sie nur wenig oder gar kein Talent mitbringen? Nehmen Sie sich wieder eine Viertelstunde störungsfreie Zeit und durchforsten Sie zunächst Ihre Liste der Schwächen, fügen Sie gegebenenfalls weitere Punkte dazu – das kann sich auf alles Mögliche beziehen: Sei es, dass Sie sich als zu groß, zu klein, zu dick, zu dünn betrachten, ein schlechtes Gedächtnis für Gesichter oder zwei linke Füße beim Tanzen haben, lange zum Begreifen brauchen, Angst vor Hunden haben etc.

Danach lassen Sie die Liste erst einmal ein paar Tage liegen, und wenn Ihnen in dieser Zeit weitere »Unzulänglichkeiten« einfallen, dann schreiben Sie sie dazu. Führen Sie mit den ergänzten Punkten in dieser Zeit auch wieder die Integrations-Übungen 2 und 3 durch.

Dann stellen Sie sich die nachfolgenden drei Fragen und notieren die Antworten:

1. Mit welchen dieser »Unzulänglichkeiten« kann ich leben, ohne dass es mich im alltäglichen Leben stark behindert?
2. Welche der »Unzulänglichkeiten« spielen im alltäglichen Leben tatsächlich eine so maßgebliche Rolle, dass ich ganz gravierende Nachteile davon habe?
3. Was alles kann mir dabei helfen, mit den »Unzulänglichkeiten«, die mich tatsächlich im Alltag belasten, besser zurechtzukommen?

Nachdem Sie sich nun so ausgiebig mit den Eigenschaften und Verhaltensweisen beschäftigt haben, die Ihnen an sich selbst problematisch erscheinen, wenden Sie sich nun den Aspekten Ihrer Persönlichkeit zu, die Sie an sich schätzen. Vielleicht ist während der Lektüre dieses Buches und beim Experimentieren mit den Übungen das Bewusstsein für Ihre Talente, Fähigkeiten und persönlichen Stärken gewachsen. So ist es zum Beispiel auch eine Stärke, sich mit Unzulänglichkeiten als Teil Ihrer selbst zu versöhnen und diese in Ihre Selbstwertschätzung einzubeziehen, statt sie weiterhin als Makel zu betrachten.

Übung 7

Ich mag mich, weil ...

Ziehen Sie sich an einen Ort zurück, wo Sie eine Viertelstunde lang ungestört sein können. Es sollte wieder ein Raum sein, in dem sich ein Spiegel befindet.

- Nehmen Sie Ihr Logbuch zur Hand und betrachten Sie noch einmal Ihre Liste der starken Seiten aus Übung 1.
- Ergänzen Sie sie um jene positiven Eigenschaften, Fähigkeiten und Verhaltensweisen, die Sie zwischenzeitlich an sich selbst entdeckt haben.
- Bilden Sie nun Sätze mit Ihren starken Seiten und benutzen Sie dazu Satzanfänge wie beispielsweise: »Ja, ich mag mich, weil ...«, »Ja, ich mag an mir besonders ...«, »Ja, ich kann gut ...«
- Sprechen Sie diese Sätze laut aus und nicken Sie sich dabei wieder lächelnd im Spiegel zu; das »Ja« steht dabei für Ihre grundsätzliche Selbstwertschätzung.

Schreiben Sie im Anschluss auf, welche Gefühle die Übung in Ihnen hervorgerufen hat.

Gerd hebt bei dieser Übung natürlich seine Kreativität hervor, sein Vorstellungsvermögen und sein gutes Händchen für Farbe, das fällt ihm leicht. Jedoch hat er in seine Wertung mit einbezogen, dass er gewillt ist, das, was er kann und tut, besser nach außen zu vertreten und sich dabei, auch wenn es vielleicht nicht so rasch vorangeht, nicht entmutigen zu lassen, sondern stetig zu üben und dazuzulernen. Die Stärke, die er darin sieht, ist Durchhaltevermögen.

2. Außen spiegelt innen: Nehmen Sie Haltung an

Die Körperhaltung ist Ausdruck unserer Persönlichkeit und spiegelt unsere Einstellungen, Gefühle und Erfahrungen. Es kommt nicht von ungefähr, dass der Begriff »Haltung« sowohl die Körperhaltung als auch die innere Haltung, also die gedankliche oder auch die emotionale Einstellung bezeichnet. Zwischen beidem besteht eine enge Wechselwirkung. Jede Haltung drückt etwas aus. Intuitiv ist uns das klar, doch denken wir im Alltag normalerweise nicht viel über diese wechselseitige Beziehung nach. Dabei ist unsere Sprache von einer Vielzahl von Metaphern geprägt, die widerspiegeln, wie eng Körpersprache und innere Haltung miteinander verbunden sind, beispielsweise in Ausdrücken wie: Haltung annehmen, Haltung bewahren, zu seiner Meinung stehen, einen Standpunkt einnehmen, etwas durchhalten, sich gut oder nicht gut halten, aufrichtig sein, der aufrechte Gang – aber auch: gramgebeugt, vor jemandem buckeln … Selbstwertschätzung ist gekoppelt mit dem »aufrechten Gang« – und ebenso natürlich auch mit aufrechtem Stehen oder Sitzen.

Die Einstellung zu uns selbst, zu den Menschen in unserer Umgebung und zu dem, was um uns herum geschieht, spiegelt nicht nur unsere Gedankenwelt, sondern beeinflusst auch die Gefühle, unsere Körpersprache und das, was im Organismus geschieht: welche Hormone und Botenstoffe ausgesandt werden und welche nicht, ob die Muskulatur sich eher anspannt oder entspannt – bis hin zur Arbeit der Organe.

Wie wir zu uns selbst stehen und wie wir das, was wir gerade wahrnehmen, beurteilen, beeinflusst unser Befinden, prägt unsere Körpersprache und damit die nonverbale Kommunikation – und auch das Bild, das sich jemand anders von uns macht. Diese Wirkung auf unser Gegenüber beeinflusst wiederum dessen »Antwort«, also wie er oder sie auf uns reagiert. Dies ruft dann wieder in uns eine »Antwort« hervor usw. usw.

Unsere Körperhaltung verändert sich allein aus der inneren Einstellung in einer Situation heraus – sei es bei einem Streitgespräch, beim Flirten oder beim Smalltalk. Unsere Gefühle wirken dabei direkt auf die Muskelspannung im Körper sowie auf Gestik, Mimik und Stimmklang. Die innere Haltung erzeugt die entsprechende äußere Haltung. Dies geschieht meist ganz unmittelbar und läuft so unterschwellig ab, dass wir es kaum bemerken.

Übung 8

Ich nehme mich wahr

Bleiben Sie in der Haltung, in der Sie sich grade befinden, und schließen Sie einige Momente lang die Augen.

- Nehmen Sie wahr, welche Gedanken auftauchen, sobald Sie sich nicht mehr mit diesem Buch beschäftigen.
- Spüren Sie in sich hinein, wie es Ihnen gerade geht, ob Sie sich eher optimistisch oder eher niedergedrückt, eher fröhlich oder eher traurig, eher ärgerlich oder eher gelassen fühlen.
- Nehmen Sie dann Ihren Körper wahr. Fühlen Sie sich eher angespannt oder eher entspannt?
- Wie fühlen sich Gesicht und überhaupt der Kopf an, wie Schultern, Brustbereich, Bauch usw.? Machen Sie eine kleine Bewusstheitsreise durch Ihren Körper. Gibt es irgendwo Schmerz oder ein besonderes Wohlgefühl?
- Dann öffnen Sie die Augen wieder.

Inwieweit empfanden Sie die eben wahrgenommenen Gedanken, Gefühle und Körperhaltung als typisch für Sie, inwieweit war etwas anders als sonst? Notieren Sie Ihre Eindrücke dazu in Ihr Logbuch.

Unser Körper drückt aus, wer wir sind und wie es uns geht. Die Haltung bildet unser Verhältnis zur Welt ab. Genauso beeinflusst jedoch die Veränderung der äußeren Haltung und Körpersprache die innere Haltung und das Selbstverständnis. Erhobenen Hauptes nehmen wir die Welt ganz anders wahr, als wenn wir zu Boden blicken. Wenn wir den Blick in die Ferne richten, haben wir andere Gedanken, als wenn wir einen Stapel anstehender Aufgaben mustern.

Übung 9

Paradox

Nehmen Sie sich wieder etwa zehn Minuten Zeit, in denen Sie ganz für sich sein können. Machen Sie nun die folgenden beiden Experimente:

- Stellen Sie sich mit einer eher schlaffen Körperhaltung hin und lassen den Kopf hängen.
- Ziehen Sie Ihre Mundwinkel nach unten und lassen die Schultern noch weiter nach vorne sacken.
- Sagen Sie nun laut: »Ich bin motiviert und voller Power« und legen Sie möglichst viel Überzeugungskraft in Ihre Stimme.
- Beobachten Sie, wie sich das anfühlt. Können Sie sich selbst glauben? Würde jemand anders Ihnen das abnehmen? Was meinen Sie?
- Richten Sie sich dann wieder zu Ihrer normalen Haltung auf, drehen Sie sich um die eigene Achse, schütteln Sie Arme und Beine aus, nehmen Sie ein paar tiefe Atemzüge und stellen Sie sich wieder ruhig hin.

- ⊙ Diesmal nehmen Sie eine Siegerpose ein, so, als wären Sie gerade in einem Wettbewerb als Erster durchs Ziel gegangen.
- ⊙ Richten Sie den Oberkörper stolz auf und heben Sie die Arme triumphierend in die Höhe.
- ⊙ Sagen Sie dann laut: »Mir geht's so richtig mies. Alles ist bescheuert und doof.«
- ⊙ Beobachten Sie wieder, wie es Ihnen dabei geht. Können Sie glauben, was Sie da sagen? Können Sie sich vorstellen, jemand anderen von Ihren Worten zu überzeugen?
- ⊙ Nehmen Sie nun wieder Ihre normale Haltung ein und entspannen Sie sich.
- ⊙ Vergleichen Sie Ihre Wahrnehmung der beiden Experimente. Wahrscheinlich hat beides nicht gut funktioniert und sich alles andere als authentisch angefühlt.
- ⊙ Was war jeweils »stärker«? Die gesprochene Botschaft oder die Körperhaltung?
- ⊙ Halten Sie Ihre Ideen dazu wieder in Ihrem Logbuch fest.

Die Kunst, als authentisch wahrgenommen zu werden, besteht darin, eine Übereinstimmung zwischen der inneren und der Körperhaltung herzustellen. Die Körpersprache ist urgeschichtlich die ältere Sprache – wesentlich älter als die Lautsprache und noch viel älter als die Schrift. Sie wird von uns selbst und auch von unserem jeweiligen Gegenüber stets als die »eigentliche« Botschaft wahrgenommen. Sobald wir eine Diskrepanz spüren zwischen dem, was jemand sagt, und dem, was sein Körper signalisiert, gehen wir ganz unwillkürlich davon aus, dass es der Körper ist, dem wir glauben können.

Die Körperhaltung ändern –
und die innere Haltung wird folgen

In Situationen, in denen wir uns unsicher, mutlos oder niedergeschlagen fühlen, ist es gut, sich die Körperhaltung, die wir gerade einnehmen, zu vergegenwärtigen. Sehr wahrscheinlich ist der Rücken gebeugt und die Schultern sind nach vorne gesunken. Wahrscheinlich lassen wir dann auch den Kopf hängen, und die Mundwinkel zeigen nach unten.

Wenn wir gezielt die Körperhaltung verändern, uns aufrichten und die Schultern zurücknehmen, schaffen wir damit zwar nicht das, was uns quält, aus der Welt. Doch ist es wahrscheinlich, dass die gedrückte Stimmung sich aufhellt und wir uns zumindest wohler fühlen. Mit geraden Schultern können wir auch tiefere Atemzüge nehmen, als wenn wir nach vorn gebeugt dahinschlurfen. Dadurch wird der Körper besser mit Sauerstoff versorgt, was uns mehr Energie verschafft. Sowohl Körpersprache als auch Körperhaltung stehen stets in Wechselwirkung mit unserer mentalen Verfassung.

»Zunächst ist mir aufgefallen, wie oft ich buchstäblich ›den Kopf hängen lasse‹ und nach unten schaue«, sagt Doris, »vor allem wenn ich wo hingehe. Und: Ich habe tatsächlich grüblerische Gedanken dabei. Das war mir bisher nicht bewusst gewesen. Jetzt achte ich darauf, mit geraden Schultern zu gehen und den Blick auf Dinge in meiner Blickhöhe zu richten. Wenn ich das tue, fühle ich mich dabei tatsächlich optimistischer und tatkräftiger. Es kommt mir so vor, als ob auch einige meiner Kollegen mir jetzt anders begegnen: freundlicher, offener.«

Um den Körper intensiver wahrzunehmen und über ein gut ausgeprägtes »Selbst-Bewusstsein« die Selbstwertschätzung zu stärken, gibt es eine ganze Reihe von Ansatzpunkten, die Sie ausprobieren und für sich nutzen können. Nachfolgend einige, die sich mühelos in Ihre alltäglichen Abläufe einfügen lassen:

Ansatzpunkte für die innere und äußere Haltung

Das Körperbewusstsein stärken: Beobachten Sie tagsüber immer mal wieder, wie Sie gerade stehen, sitzen oder sich bewegen. Recken und strecken Sie sich dann, gähnen Sie, wenn Sie den Impuls dazu verspüren, und nehmen Sie dann ein paar tiefe Atemzüge. Lassen Sie den Körper einfach machen, wonach ihm gerade ist. Gehen Sie dann wieder in Ihre ursprüngliche Haltung zurück und reflektieren Sie, ob sich etwas verändert hat.

Schultern und Atem: Stellen Sie sich aufrecht mit geraden Schultern hin, die Füße etwa schulterbreit auseinander, und richten Sie den Blick geradeaus. Ziehen Sie Ihre Schultern etwas zurück; dadurch geben Sie Ihrem Atem mehr Raum. Atmen Sie nun bewusst so, dass Sie spüren können, wie Ihr Atem Ihre Schultern hebt und senkt. Lassen Sie bei jedem Ausatmen die Schultern ein wenig entspannter sinken. Wichtig dabei: Gerade bleiben, Schultern nicht nach vorn fallen lassen.

Fersen und Atem: Stellen Sie sich aufrecht und locker hin. Stehen Sie bewusst auf Ihren Fersen. Wenn Sie mögen, schließen Sie die Augen, während Sie sich vorstellen, dass der Strom Ihres Atems durch den Körper bis hinein in Ihre Fersen fließt. Verlängern Sie dann in Ihrer Vorstellung Ihre Fersen weiter in die Erde. Lassen Sie sie ganz entspannt mit jedem Ausatmen weiter in den Boden hineinsinken. Nehmen Sie wahr, wie sich das wiederum auf Ihren Atem auswirkt.

Betontes Ausatmen: Setzen oder stellen Sie sich mit aufrechtem Rücken locker hin und folgen Sie mit Ihrer Aufmerksamkeit dem Fluss Ihres Atems. Nehmen Sie wahr, wie lang Ihr Ein- und Ihr Ausatmen ist. Experimentieren Sie dann damit, die Dauer Ihres Ausatmens zu verlängern, indem Sie bewusst langsam und tief ausatmen. Das Einatmen hingegen lassen Sie einfach, dem entsprechenden Impuls folgend, kommen, ganz so, als ob Sie sich einatmen *lassen* würden. Nehmen Sie dann wahr, wie Sie sich fühlen. Was ist jetzt anders als vorher?

Atem, Gewahrsein und Gefühle: Setzen oder stellen Sie sich locker hin. Spüren Sie in Ihren Körper hinein und nehmen Sie wahr, wo sich verspannte Körperstellen befinden. Streichen Sie mit der Hand diese Stellen aus, immer in Richtung des Bodens. Nehmen Sie wahr, welches Gefühl im Körper entsteht, wenn Sie mit der Hand darüberstreichen. Verbinden Sie dann die ausstreichende Bewegung mit der Vorstellung, damit auch alles, was Sie innerlich verspannt und bedrückt, wegzustreichen. Führen Sie dies so lange durch, bis Sie den Eindruck haben, dass die Verspannung gewichen ist. Spüren Sie anschließend nach, wie Sie sich jetzt fühlen. Was ist anders im Verhältnis zu vorher?

Achtsamkeitsmeditation: Gönnen Sie sich wieder etwa zehn Minuten Zeit, in denen Sie ungestört sind. Setzen Sie sich auf einen Stuhl, der gut mit Ihrer Körpergröße harmoniert.

⊙ Nehmen Sie eine aufrechte Haltung mit geradem Rücken ein, ohne sich anzulehnen. Die Unterschenkel sind gerade, im 90-Grad-Winkel zu den Oberschenkeln, und die Füße stehen nebeneinander fest auf dem Boden.

- Konzentrieren Sie sich auf Ihren Atem, aber forcieren Sie nichts. Lassen Sie die Luft einfach nur ein- und ausströmen.
- Lassen Sie die Gedanken, die in Ihnen aufsteigen, zu und nehmen Sie dabei eine beobachtende Haltung ein. Betrachten Sie sie, ohne einzugreifen. Versuchen Sie nicht, bewusst an etwas anderes zu denken, und bewerten Sie die Gedanken nicht. Lassen Sie sie einfach kommen und gehen.
- Kehren Sie mit Ihrer Aufmerksamkeit immer wieder zum Atem zurück.

Ganz ruhig so zu sitzen, »unerschütterlich wie ein Berg«, und einfach dem steten Ein und Aus des Atems zu folgen, während Gedanken wie Winde, Regen oder Sturm auf uns einwirken, stärkt unsere Selbstakzeptanz und unser Selbstvertrauen.

Übungen wie diese verstärken nicht nur die Aufmerksamkeit für das, was in uns vorgeht, sondern auch unser Verständnis für uns selbst – als einem Lebewesen inmitten eines weitläufigen Kosmos, der voller Lebewesen ist, die alle lebendig sind und atmen und mit denen Sie viele Ihrer Bedürfnisse teilen.

Selbstwertschätzung hat viel damit zu tun, wie wir mit dem, was in unserem Organismus gerade geschieht, umgehen. Ob wir uns dessen bewusst sind und unsere Bedürfnisse achten oder ob wir ein eher technisches Verständnis für körperliche Abläufe haben, also nur gut »funktionieren« wollen und verärgert reagieren, wenn der Körper nicht so mitmacht, wie wir uns das vorstellen.

Wählen Sie aus den obigen Übungen eine aus, die Ihnen besonders gut gefällt, und machen Sie sie während der nächsten Wochen zum Bestandteil Ihres Alltags. Jede der Übungen ist so beschaffen, dass sie umso wirksamer ist, je häufiger sie angewendet wird. Der

Körper »merkt« sich den Ablauf und ruft den zugehörigen Effekt immer schneller auf.

3. Bewegung steigert das Selbstvertrauen

Bei den ersten beiden Impulsen stehen die Selbstakzeptanz und das Entwickeln einer wohlwollenden Haltung im Vordergrund. Hier geht es nun in erster Linie darum, das Vertrauen in das eigene Können – in Ihre Talente, Stärken und Fertigkeiten – zu vertiefen. Ganz allgemein versteht man unter Selbstvertrauen die Gewissheit, einer bevorstehenden Aufgabe gewachsen zu sein. Diese Gewissheit ist durch das Vertrauen in das eigene Wissen und Können gekennzeichnet. Im Prinzip eignet sich jede Tätigkeit, deren Ausführung sich steigern und vervollkommnen lässt, dafür, dieses Wissen und Können zu trainieren und damit das Vertrauen in das eigene Potenzial zu stärken – sei es nun Gitarre spielen, eine Sprache lernen, Bilder in Acryl malen oder technische Kenntnisse erweitern. Besonders gut eignen sich Tätigkeiten, die den Körper mit einbeziehen: Laufen, Tanzen, Schwimmen, Ballspiele, Trampolinspringen, Kraft- oder Geschicklichkeitstraining etc. Hierdurch erhöhen Sie Ihre körperliche Spannkraft, was Ihnen auch ganz automatisch auf der Ebene des Denkens und Fühlens zu einem besseren »Standing« verhelfen wird. Kraft und Ausdauer zu vergrößern hat darüber hinaus aber noch weitere Vorteile:

⊙ Das Körpergefühl wird intensiviert; Sie fühlen sich lebendiger und frischer.
⊙ Es hilft bei Stress und der Lösung von Problemen, denn es sorgt für einen freien Kopf, hat einen positiven Einfluss auf die Körperhaltung
⊙ die Durchblutung wird angeregt, das Gehirn und überhaupt die Körperzellen werden besser mit Sauerstoff versorgt.

Für den Zusammenhang zwischen sportlicher Betätigung und wachsendem Selbstvertrauen gibt es auch wissenschaftliche Belege. Während des Trainings werden vermehrt sogenannte »Glückshormone« ausgeschüttet, während hingegen die Spiegel von Stresshormonen wie Adrenalin, Kortisol und Noradrenalin sinken. Dies sorgt dafür, dass wir ruhiger und gelassener werden.

Wichtig ist dabei, dass Sie die für Sie stimmige Form finden, um Ihre Kraft und Ausdauer zu stärken. Wählen Sie also nach Ihren persönlichen Vorlieben aus, wie Sie in Bewegung kommen wollen. Egal ob es nun Laufen, Schwimmen, Tanzen oder Trampolinspringen ist: Wichtig ist, mit kleinen Trainingseinheiten anzufangen und diese möglichst regelmäßig durchzuführen. Legen Sie erst dann, wenn es mit der kleinen Einheit gut klappt, eins drauf. »Darauf wollte ich mich schon länger mal einlassen, gerade weil ich mich im Alltag viel zu wenig bewege«, sagt Sabine, »aber bisher war immer der innere Schweinehund stärker. Jetzt bin ich aber zufällig mit einer Nachbarin ins Gespräch gekommen, die vorhat, zweimal pro Woche zu joggen – falls jemand mitmacht. Alleine findet sie's öde. Und da bin ich jetzt mit dabei. Da wir beide außer Form sind, wollen wir mit einem ganz kleinen Pensum anfangen: 20 Minuten.«

Beispiel: Laufen – ein kleiner Leitfaden

Laufen ist einer der effektivsten Wege, um Sie mit einfachen Mitteln fit zu machen, Ihr Körpergefühl zu intensivieren und damit Ihr Selbstvertrauen und auch Ihre Selbstwertschätzung zu stärken. Sie brauchen – außer geeigneten Laufschuhen und zweckmäßiger Kleidung – keinerlei Hilfsmittel, können jederzeit starten und fast zu jeder Zeit und an vielen Orten trainieren – sei es auf dem Laufband im Fitnessstudio oder draußen in freier Natur. Der nachfolgende kleine Leitfaden unterstützt Sie dabei, einen guten Einstieg zu finden.

Was Sie an Vorbereitung und Know-how brauchen:

⊙ Legen Sie sich ein Paar Laufschuhe zu, die komfortabel sind und dem Fuß Halt geben. Angesichts der Vielfalt des Angebots macht es Sinn, sich dabei in einem Sportfachgeschäft beraten zu lassen. Natürlich gibt es auch spezielle Laufkleidung wie Funktionsfaserhemden und -hosen, aber diese sind nicht unbedingt notwendig; der Witterung angepasste und bequeme Kleidung wie beispielsweise eine Jogginghose plus T-Shirt oder Sweatshirt sind genauso tauglich.

⊙ Entscheiden Sie sich, ob Sie in freier Natur oder drinnen auf einem Laufband trainieren wollen. Draußen zu trainieren hat viele Vorteile: frische Luft, die Möglichkeit verschiedener Laufrouten, körperliche Abhärtung durch wechselnde Wetterlagen, Abwechslung in der Umgebung, intensive Wahrnehmung der Jahreszeiten. Meiden Sie asphaltierte Straßen, da sie Knie und Schienbeine stärker belasten. Besser sind unbefestigte Wege oder Rasen. Demgegenüber ist das Training auf dem Laufband eher eintönig, besonders bei längerem Laufen. Dazu müssen Sie entweder Geld in ein eigenes Laufband investieren oder Gebühren für ein Fitnessstudio bezahlen. Trotzdem kann es eine Alternative sein, wenn Sie ansonsten nur asphaltierte Bürgersteige neben abgasverschmutzten Straßen zur Verfügung hätten.

⊙ Legen Sie Ihre ganz persönlichen Laufziele fest: den Zeitaufwand, den Sie investieren wollen, wann und wie oft Sie laufen wollen. Egal ob nur einmal wöchentlich, mehrmals pro Woche oder täglich: Starten Sie Ihr Training mit geringem Einsatz und erhöhen Sie Intensität und Dauer dann mit der Zeit. Beginnen Sie jedes Lauftraining langsam und steigern Sie Ihr Tempo während des Laufs allmählich. Legen Sie immer dann etwas mehr Tempo vor, wenn Sie merken, dass Sie die aktuelle Geschwindigkeit ganz ohne Probleme halten können. Auf diese Weise wird Ihr Training anspruchsvoller, und mit zunehmender Kraft und Ausdauer wächst auch Ihr Selbstvertrauen.

⊙ Dehnen Sie sich vor dem Laufen und auch hinterher, um Verletzungen zu vermeiden. Konzentrieren Sie sich vor allem auf die für das Laufen besonders wichtigen Muskelgruppen – die Arme, Ober- und Unterschenkel, den Po.

⊙ Wenn Sie draußen laufen: Nehmen Sie beim Laufen aufmerksam Ihre Umgebung wahr – wie sie sich bei jedem Schritt ändert. Genießen Sie, was Ihre Sinne Ihnen mitteilen: was Sie sehen, hören, riechen, spüren. Erleben Sie sich als Teil dieser Umgebung.

⊙ Trotz der Vorteile, die das Laufen beschert, fällt es vielleicht oft nicht leicht, sich dazu aufzuraffen. Gründe gibt es immer: Mal ist es der Regen, mal ist es windig, mal zu heiß, mal zu kalt … Hilfreich ist hier, sich mit jemand anderem zusammenzutun oder sich einer Laufgruppe anzuschließen. Das schafft mehr Verbindlichkeit.

Dieser Leitfaden lässt sich beispielhaft auf viele andere Sportarten übertragen. Ganz wichtig: nehmen Sie es sich nicht übel, wenn der Einstieg nicht so klappt, wie Sie es sich vorgenommen haben. Beglückwünschen Sie sich für Ihren Versuch und machen Sie unverdrossen einen neuen Anlauf.

4. So tun, als ob

So wie der Körper mittels der ihm eigenen Sprache inneres Geschehen ausdrückt, so können wir auch aktiv auf unsere Gedanken, Gefühle und unser Selbstbild einwirken – nämlich indem wir gezielte Veränderungen unserer Körperhaltung vornehmen und dies mit bestimmten Vorstellungen verbinden. Im Lach-Yoga beispielsweise wird nach diesem Prinzip gearbeitet: zunächst körperlich etwas in Gang setzen (Lachen) und dies dann so lange fortführen, bis man dann tatsächlich in der entsprechenden Stimmung ist (»Fake it until you make it«).

Auf diese Weise können wir unsere Gedanken und Gefühle auch in Bezug auf unsere Selbstwertschätzung verändern – indem wir zunächst körperlich »darstellen«, was wir ausdrücken wollen, und dann Gedanken und Gefühle folgen lassen.

Übung 11

Vergangene Stärke – künftige Stärke

Sorgen Sie dafür, etwa eine Viertelstunde ungestört zu sein.

- ☺ Nehmen Sie eine gerade und entspannte Körperhaltung ein und ziehen Sie Ihre Schultern nach hinten, um Ihrem Atem mehr Raum zu geben.
- ☺ Beim Einatmen heben Sie Ihre Schultern, beim Ausatmen lassen Sie sie wieder sinken. Nehmen Sie jeden Atemzug bewusst und entspannt wahr.
- ☺ Erinnern Sie sich nun an eine Situation aus Ihrem Leben, in der Sie sich besonders selbstsicher gefühlt und ein starkes Selbstvertrauen hatten.
- ☺ Erleben Sie diese Situation im Geiste erneut. Was haben Sie damals gesehen? Was gehört? Was gefühlt? Spüren Sie genau nach. Erleben Sie das Gefühl der Selbstsicherheit und des Selbstvertrauens, das Sie damals hatten, so intensiv wie möglich und genießen Sie es.
- ☺ Sobald Sie dieses Gefühl der Selbstsicherheit und des Selbstvertrauens intensiv spüren, pressen Sie Daumen und Mittelfinger leicht zusammen und lösen sie dann wieder.

- Führen Sie dies einige Male durch, um die Verbindung zwischen dem Gefühl von Selbstsicherheit und Selbstvertrauen einerseits und dem speziellen Druck der Finger andererseits zu verstärken – bis es genügt, Daumen und Mittelfinger leicht zusammenzupressen, um das Gefühl von Selbstsicherheit und Selbstvertrauen ganz unmittelbar zu aktivieren.
- Nun denken Sie an eine zukünftige Situation, in der Sie sich gerne selbstsicher und voller Selbstvertrauen fühlen möchten.
- Stellen Sie sich vor, wie gut alles für Sie laufen wird, während Sie Mittelfinger und Daumen aneinanderpressen und damit das Gefühl von Selbstsicherheit und Selbstvertrauen wieder auslösen und halten, während Sie die Situation im Geiste erleben.
- Lösen Sie sich dann aus der Welt Ihrer Vorstellung, entspannen Sie Ihre Hände und kehren Sie gestärkt ins Hier und Jetzt zurück.

Jedes Mal, wenn Sie diese Übung durchführen, vermitteln Sie sich selbst die Botschaft, dass Sie in der Situation, um die es geht, künftig selbstsicherer sein und mehr Vertrauen in Ihr Wissen und Können haben werden.

Natürlich können wir uns ein positives Selbstwertgefühl nicht einfach so »machen«, indem wir so tun, als ob. Mit dem »So tun, als ob« ist auch nicht gemeint, sich zu verstellen oder anderen etwas vorzumachen. Vielmehr dient diese Methode dazu, die Experimentierfreude anzuregen und die eigenen Fähigkeiten und Möglichkeiten besser auszuloten. Selbstwertschätzung muss wachsen, und genau das wird geschehen, je mehr Zugang wir zur Vielfalt unserer Qualitäten finden und uns in uns selbst zu Hause fühlen. Das »So tun, als ob« hat, wie der Psychologe Paul Watzlawick es beschrieb, eine handlungsleitende Funktion, die ähnlich wirksam ist wie der Mechanismus der selbsterfüllenden Prophezeiung.

»Da habe ich dann gleich mal an die Erfahrungen mit der veränderten Haltung angeknüpft«, sagt Doris. »Ich habe mich an die Situation erinnert, als ich an der Verwaltungshochschule meinen Abschluss gemacht hatte und so richtig stolz darauf war, die Drittbeste meines Jahrgangs zu sein. Ich habe mir den Moment wieder vor Augen geführt, als ich die Urkunde entgegennahm. Das fühlte sich auch in der Erinnerung total toll an. Aber dieses Gefühl nun auf meinen stinknormalen Umgang mit den Kollegen übertragen? Am Anfang bin ich mir da ja schon bei der reinen Vorstellung ziemlich albern vorgekommen. Bei der nächsten Mitarbeiterversammlung habe ich das dann aber doch ausprobiert, betrat den Raum mit meinem Erfolgsgefühl. Es machte tatsächlich einen Unterschied. Ohne dass ich etwas gesagt hätte, hatte ich viel mehr Aufmerksamkeit als sonst. Und es gelang mir im Verlauf des Meetings diesmal tatsächlich, den Mund aufzumachen und einen Missstand anzusprechen. Und die Reaktion der anderen war gar nicht so, wie ich es sonst immer befürchtet hatte. Keiner sah mich als Querulantin an, zwei Kollegen pflichteten mir bei, die Sache wurde ins Protokoll aufgenommen mit dem Zusatz, dass es einen Prüfauftrag geben wird.«

Bei der selbsterfüllenden Prophezeiung verhalten wir uns Menschen gegenüber in Abhängigkeit von dem, wie wir sie bewerten und was wir ihnen zutrauen. Jemanden, den wir als intelligent, geistreich und liebenswürdig einstufen, behandeln wir automatisch anders als jemanden, den wir für dumm, rechthaberisch und mürrisch halten. Die Botschaft, die wir aussenden, kommt beim Gegenüber an und bestätigt das, was er von sich selbst und anderen glaubt.

Wenn wir jetzt beim »So tun, als ob« so tun, als ob wir bereits genau das Selbstbild hätten, das wir uns wünschen, und alles Erforderliche dazu schon gelernt hätten, denken und handeln wir anders als zuvor. Wenn wir so tun, als ob wir etwas bereits könnten, was wir gerne verändert haben würden, werden unsere Vorstellungskraft und Kreativität aktiviert. Und weil wir nun so denken und handeln, wie es dem neuen Bild von uns selbst entspricht, wird das, was wir Positives damit verbinden, mit einer gewissen Wahrscheinlichkeit auch eintreten – wie eine selbsterfüllende Prophezeiung.

Übung 12

Selbstwert zum Ausprobieren

Nehmen Sie sich für diese Übung etwa zehn Minuten Zeit und sorgen Sie dafür, dass Sie ungestört sind.

- Stellen oder setzen Sie sich so hin, dass Ihr Atem frei fließen kann. Lassen Sie den Atem einige Male ein- und ausströmen, ohne etwas forcieren zu wollen.
- Stellen Sie sich vor, Sie würden nun – nur für die Dauer dieser zehn Minuten – in die Rolle eines Menschen mit einer hohen Selbstwertschätzung schlüpfen. Tun Sie einfach so, als ob, und fühlen Sie sich intensiv in diese Rolle ein.
- Folgende Fragen können Sie dabei unterstützen:
  »Welche Haltung würde ich einnehmen, wenn ich über eine hohe Selbstwertschätzung verfügen würde?
  »Wie würde ich mich selbst wahrnehmen?«
  »Wie würde ich atmen?«

»Wie würde ich mich bewegen?«

»Was würde ich als jemand mit einer hohen Selbstwertschätzung über mich selbst denken?«

»Was würde ich als jemand mit einer hohen Selbstwertschätzung heute tun?«

»Wie würde ich mich den Menschen, die ich kenne, gegenüber verhalten?«

- ⚙ Bleiben Sie eine Weile in der Rolle des selbstwertstarken Menschen und lassen Sie in Ihrer Vorstellung verschiedene Situationen auftauchen, in denen Sie sich jetzt auf neue Weise erleben. Nehmen Sie wahr, wie Sie sich dabei fühlen.

- ⚙ Lösen Sie sich nach Ablauf der zehn Minuten von Ihrer Vorstellung und kehren Sie zurück ins Hier und Jetzt. Recken Sie sich, gähnen Sie, schütteln Sie Arme und Beine aus.

- ⚙ Notieren Sie die Erfahrungen, die Sie gemacht haben, in Ihrem Logbuch.

Durch das »So tun, als ob« stärken wir das Vertrauen in uns selbst. Wir erleben innerlich, wie schön die vorgestellte Veränderung für uns sein wird. Dies ist mit Freude, Zufriedenheit und Wohlgefühl verbunden.

Gleichzeitig werden die Zweifel an uns selbst weniger, denn wir verfügen nun »als Gegengewicht« über die Erfahrung der Vorfreude und des Reichtums an Energie, die uns die Vorstellung des verwirklichten Wunsches beschert.

5. Sich von selbstentwertenden Überzeugungen befreien

Wer erkennt, dass es um seine Selbstwertschätzung nicht gut bestellt ist, sieht hier in der Regel zwar einen Handlungsbedarf, hat jedoch meist nur eine diffuse Vorstellung davon, was der Mangel an Selbstwertschätzung in Bezug auf das eigene Denken, Fühlen und Verhalten ganz konkret nach sich zieht. Doch erst wenn wir den Einfluss einer unbewusst selbstwertschädigenden Einstellung und der daraus resultierenden Verhaltensweisen kennen, können wir Abstand zu diesen alten negativen psychischen Programmierungen gewinnen und sie loslassen.

Betrachten Sie unter diesem Gesichtspunkt die Aufzeichnungen in Ihrem Logbuch. Wahrscheinlich stehen hier bei den »Antworten« zu den Übungen bereits einige Erkenntnisse über positive und negative innere Einstellungen.

Diese Einstellungen, die wir im Lauf unseres Lebens entwickelt haben, repräsentieren bestimmte Denk- und Beurteilungsgewohnheiten, die sich auf unser Selbstverständnis, auf andere Menschen und auch auf die Welt an sich beziehen, genauso wie auf die Chancen und Möglichkeiten, die wir für uns sehen – oder eben auch nicht sehen.

Dieser Abschnitt des Buches vertieft die Reflexion der eigenen Denk- und Beurteilungsgewohnheiten und zeigt Wege auf, wie selbstentwertende Muster aufgedeckt, relativiert und schließlich bewusst entsorgt werden, damit selbstwertstärkende Gedanken und Verhaltensweisen an deren Stelle treten können.

Inneren Einstellungen auf die Spur kommen

Nehmen Sie sich etwa 20 Minuten Zeit für sich und betrachten Sie zunächst noch einmal Ihre Testergebnisse vom Anfang des Buches.

Jedes einzelne der 40 Statements, die hier aufgeführt sind, spiegelt innere Einstellungen und Überzeugungen wider.

☉ Konzentrieren Sie sich nun auf diejenigen Statements, wo Sie niedrige Werte verzeichneten, also entweder 1 = erlebe ich nur selten so oder 0 = erlebe ich gar nicht. Wenn Sie also beispielsweise das erste Statement »Ich denke, dass ich ein liebenswerter Mensch bin – mit allem Drum und Dran« mit 0 oder mit 1 bewertet hätten, hieße das, dass Sie überzeugt davon sind, nicht liebenswert zu sein, bzw. sich nur unter starken Einschränkungen liebenswert finden. Markieren Sie alle Statements, die Sie mit 0 oder mit 1 bewertet haben.

☉ Überlegen Sie sich bei jeder Ihrer Wertungen, was genau Sie davon abgehalten hat, hier intuitiv eine höhere Punktzahl zu wählen. Diese selbstentwertenden Überzeugungen notieren Sie sich jeweils in Ihr Logbuch.

☉ Machen Sie sich Ihre hauptsächlichen selbstentwertenden Einstellungen bewusst. Gehen Sie dazu Wertung für Wertung durch und schreiben Sie die inneren Einwände nieder, die jeweils bei der Vorstellung auftauchen, Sie wollten hier anstatt 0 oder 1 die vollen 4 Punkte vergeben.

Beispiele für solche inneren Einwände, die selbstentwertende Einstellungen repräsentieren, können sein:

- Ich habe viel mehr Schwächen als positive Seiten.
- Ich bin nur dann liebenswert, wenn ich …
- Mich zu blamieren ist unverzeihlich.
- Wenn mich jemand lobt, kann das nicht ehrlich gemeint sein.
- Wenn ich so aussehen würde wie …, dann könnte ich mich annehmen.
- Ich bin zu … (dick, mager, groß, klein …).
- Ich bin ungeschickt.
- Ich kann nicht … (reden, mich abgrenzen, mit Kritik umgehen …).

Viele unserer Einstellungen sind uns gar nicht bewusst. Die Gedanken, die von ihnen geprägt werden, erscheinen uns als so normal und selbstverständlich, dass wir uns keine Alternativen dazu vorstellen können.

So wie Gerd innerlich davon überzeugt ist, es stehe ihm nicht zu, für seine Arbeiten so viel zu verlangen wie seine Kollegen, glaubt Sheila, dass ihr Wert mit der »Qualität« ihres Erscheinungsbildes steht oder fällt. Während Oliver immer die Nummer eins sein muss, um sich gut fühlen zu können, ist für Doris Harmonie das oberste Gebot, für das sie auch Opfer zu bringen bereit ist.

Je deutlicher uns unsere »Programmierungen« bewusst werden, desto größer wird unser Entscheidungsspielraum. Will ich diese Einstellung weiter pflegen so wie all die Jahre oder Jahrzehnte vorher oder will ich hier und heute etwas ändern?

Innere Einstellungen verändern

Für diese Übung brauchen Sie ca. eine halbe Stunde Zeit. Sorgen Sie dafür, dass Sie ungestört bleiben.

- Wählen Sie nun exemplarisch eine der selbstentwertenden Einstellungen aus, die Sie in Übung 13 entdeckt haben, beispielsweise: »Ich bin nicht liebenswert«, »Erst wenn …, wäre ich liebenswert« bzw. »Ich bin nur dann liebenswert, wenn …« oder ähnlich.
- Schreiben Sie den entsprechenden Satz in Ihr Logbuch und halten Sie auch Ihre Gedanken zu folgenden Fragen schriftlich fest.
- Hinterfragen Sie zunächst die Allgemeingültigkeit dieser Einstellung: Ist das tatsächlich immer so? Gilt es für alle nur denkbaren Situationen? Welche Ausnahmen oder Gegenbeispiele gibt es? Wo war diese Einstellung außer Kraft gesetzt? Wo habe ich etwas völlig anderes erlebt?
- Woher kommt diese Einstellung? Denken Sie darüber nach, wo sie ihren Ursprung haben könnte. Wer hat ähnlich oder ebenso gedacht? Wie ist diese Quelle zu bewerten? Kann es sich dabei lediglich um eine subjektive Aussage von jemand anders handeln, die Sie damals unhinterfragt übernommen haben?
- Überlegen Sie, welche Auswirkungen diese Einstellung auf Ihre Lebensqualität hat. Wie beeinflusst sie Ihr Verhältnis zu sich selbst? Den Kontakt mit anderen? Ihren Job? Ihre Karriere? Denken Sie an unterschiedliche Situationen, in denen die Einstellung eine Rolle spielte.

- Welche Entscheidungen haben Sie aufgrund dieser Einstellung getroffen? Wie fühlen Sie sich heute angesichts der Konsequenzen dieser Entscheidungen?
- Gibt es Erfahrungen, die zu machen Ihnen aufgrund dieser Einstellung gar nicht möglich ist?
- Stellen Sie sich vor, was sich verändern könnte, wenn Sie sich von dieser selbstentwertenden Einstellung befreien könnten:
  Wenn Sie diese Überzeugung nicht hätten, wie würden Sie dann über sich denken? Wie würden Sie sich fühlen? Was wäre Ihnen dann zu tun möglich, was Sie jetzt nicht tun können?
- Und dann: Bei nächster Gelegenheit tun Sie so, als ob (vgl. Übung 12). Sie handeln ganz spielerisch so, als hätten Sie sich bereits von der selbstwertschädigenden Einstellung befreit. Suchen Sie sich dazu eine Situation aus, die mit nicht allzu viel Stress für Sie behaftet ist.
- Notieren Sie sich die Erfahrungen, die Sie gemacht haben, wiederholen Sie das Experiment und reflektieren wieder schriftlich.
- Entscheiden Sie dann, ob Sie die alte Einstellung behalten oder sich von ihr trennen wollen.
- Wenn Sie sich gegen Ihre alte Einstellung entscheiden: Finden Sie einen bestärkenden Satz für die neue, aufbauende Einstellung aus dem »So tun, als ob«. Im obigen Beispiel könnte das etwas sein wie: »Ich liebe und schätze mich, so wie ich bin«, »Ich bin gut so, wie ich bin« oder einfach das Statement aus dem Test: »Ich bin liebenswert.«

Indem Sie sich Ihre neue Überzeugung immer wieder vorsagen und durchlesen und sich dabei vorstellen, wie Sie entsprechend handeln, wird sie Ihnen immer selbstverständlicher. Wenn Sie Ihre Sichtweise und Ihren gedanklichen Fokus lange genug immer wieder in die neue, selbstbestärkende Richtung lenken, sie verstärken und trainieren, dann ziehen bald Ihre Gefühle nach.

Ganz automatisch werden Sie auch in Ihrer Umgebung positive Reaktionen auf Ihre neue Einstellung finden: Nehmen Sie Freundlichkeit, Bestätigung und Komplimente von anderen wahr, tun Sie sie nicht ab, sondern akzeptieren sie als ehrlich gemeint. Egal ob negative oder positive Einstellungen: Sie alle wirken – zum einen zurück auf uns selbst als eine Selbstbestätigung, und zum anderen strahlen wir das, was wir von uns glauben, eben auch auf andere aus.

Sie können selbst entscheiden, welche Einstellungen in Ihrem Leben wirksam sein sollen. Nehmen Sie sich daher nach und nach alle selbstwertschädigenden Überzeugungen vor, die Sie sich notiert haben, und bearbeiten Sie sie, wie in Übung 14 beschrieben.

6. Sich selbst Zeichen der Wertschätzung geben

Um neue, positive Einstellungen zu festigen, ist es wichtig, sich selbst immer wieder Zeichen der Wertschätzung zu geben. Dazu gehört beispielsweise, öfter mal am Tag innezuhalten und sich zu fragen, was Ihnen gerade jetzt guttäte. Natürlich bekommt niemand stets all seine Wünsche und Bedürfnisse erfüllt. Wenn Ihnen beispielsweise beim Innehalten in den Sinn kommt, dass Sie jetzt gerne am Meer wären und dem Schreien der Möwen zuhören würden, können Sie natürlich nicht sofort alles stehen und liegen lassen und losfahren. Vielmehr lohnt es sich zu fragen, was genau hinter diesem Wunsch stehen könnte. Das Bedürfnis nach Ruhe? Nach Abstand? Nach einer Mini-Auszeit? Nach unmittelbarer sinnlicher Erfahrung? Was könnten Sie tun, um Ihrem Wunsch auf andere Weise näherzukommen? Es sind vor allem auch die kleinen Dinge, die unser Glücksempfinden und unsere Zufriedenheit erheblich steigern können. Ein Spaziergang, einige Minuten Stille, ein Gespräch mit jemand, den wir mögen, einen Lieblingssong abspielen … und das alles im Bewusstsein, dass wir uns das wert sind. Werden Sie spürsam für die eigenen Bedürfnisse. Mit der Zeit erkennen Sie die Signale, die zeigen, was Ihnen jetzt guttäte, immer besser.

Übung 15

Kleine Wohltatenliste

Nehmen Sie sich für diese Übung etwa zehn Minuten Zeit und sorgen Sie dafür, dass Sie ungestört sind.

- Überlegen Sie, was Sie in Ihrem Alltag als wohltuend oder als kleinen Lichtblick erleben, und legen Sie in Ihrem Logbuch eine entsprechende Liste an.
- Fügen Sie zu den Dingen, von denen Sie bereits wissen, dass sie Ihnen guttun, dann auch solche dazu, von denen Sie sich vorstellen, dass sie Ihnen ebenfalls als kleine Zeichen der Selbstwertschätzung dienen könnten.
- Ergänzen Sie diese Liste um weitere schöne Dinge, sobald sie Ihnen einfallen.
- Setzen Sie öfter mal am Tag eine der Wohltaten in die Tat um. Im Gegensatz zu einer Belohnungs-Liste, wo Sie sich für eine erfolgreich durchgeführte Aufgabe z. B. etwas Gutes tun, tun Sie es hier einfach nur als Zeichen der Wertschätzung für sich selbst als Mensch.

Auf Anjas Liste findet sich viel Beschauliches, wie zum Beispiel auf der Gartenbank sitzen und einfach nur den Blick schweifen lassen, aber auch etliches, was sie gerne zusammen mit anderen unternehmen würde – obwohl sie ja eigentlich von sich denkt, nur wenig Kontaktbedürfnisse zu haben. »Das hat mich überrascht«, sagt sie, »aber ich stelle mir jetzt einen Nachmittagstee mit meiner Nachbarin schön vor oder auch, die Spaziergänge mit meiner Freundin Elisabeth wieder aufleben zu lassen.«

Wichtig ist, dass Sie sich durch diese kleinen Wohltaten selbst signalisieren, dass Sie sich mögen und schätzen. Dies ist hilfreich, um aus Gefühlen des Ungenügens herauszufinden.

Je mehr Sie das freundschaftliche Verhältnis zu sich selbst festigen, desto unabhängiger macht Sie das auch von der Bestätigung durch andere. Zudem: Wenn etwas schiefgeht, Sie einen Fehler gemacht haben oder etwas nicht geklappt hat, dann ist das nun kein Anlass mehr, sich selbst zu beschimpfen und zu verurteilen, sondern Sie werden in solchen Situationen immer mehr in der Lage sein, Mitgefühl mit sich zu empfinden und sich Mut und Zuversicht zuzusprechen.

Selbstwertschätzung stärkt Lebensfreude und Lebenszufriedenheit gleichermaßen. Diesen Prozess, sich immer mehr selbst anzunehmen – mit allem Drum und Dran –, können Sie durch die nachfolgenden beiden Übungen noch weiter unterstützen:

Übung 16

Selbst-Laudatio

Für diese Übung brauchen Sie eine halbe Stunde Zeit, in der Sie ganz für sich sein können.

- Nehmen Sie Ihr Logbuch zur Hand und versetzen Sie sich in die Rolle eines guten Freundes oder einer guten Freundin. Schlüpfen Sie sozusagen im Geiste in die Haut dieses wohlmeinenden Menschen.
- Verfassen Sie aus dem Blickwinkel dieses Menschen, der Sie gut kennt, heraus eine Lobrede auf sich selbst.
- Machen Sie zunächst eine Stoffsammlung, indem Sie stichpunktartig auflisten, was Sie liebenswert und besonders macht, und formulieren Sie dann in einem zweiten Schritt die Rede aus.
- Achtung: Diese Übung ist nicht zu verwechseln mit der Vorstellung eines idealen Ichs, wo Sie sich Wünschenswertes ausmalen, sondern es geht darum, tatsächlich vorhandene Stärken, Fähigkeiten und Eigenschaften zu benennen.
- Würdigen Sie dabei vor allem auch Schwierigkeiten, die Sie bewältigt haben, und formulieren Sie, welche Ihrer Stärken Ihnen dabei geholfen haben.
- Sprechen Sie sich die fertige Laudatio laut vor und klopfen Sie sich danach selbst auf die Schulter.
- Legen Sie die Laudatio griffbereit in eine Schublade und lesen Sie sie immer dann durch, wenn Selbstzweifel oder Zaghaftigkeit Sie plagen wollen.

Sich selbst zu vergegenwärtigen, was Sie alles draufhaben, und sich auf das zu konzentrieren, wofür Sie dankbar sind, macht Sie glücklicher und zufriedener und stärkt Ihre Selbstsicherheit. Einfache Übungen wie diese sind es, die – regelmäßig durchgeführt – einen großen Unterschied in unserer Selbstwahrnehmung machen können.

Teil 2

Wertschätzung – ganz alltäglich

Selbsttest

Wie gehe ich mit anderen um?

Der nachfolgende Test unterstützt Sie dabei, Ihre innere Haltung gegenüber Ihren Mitmenschen, Ihrer Umgebung und dem, was Ihnen im Alltag wichtig ist, zu reflektieren.

Markieren Sie bitte wieder, in welchem Umfang die Inhalte der nachfolgenden 24 Statements zur Wertschätzung im Alltag auf Sie selbst zutreffen. Kreuzen Sie dazu in der Tabelle jeweils eine Zahl zwischen 0 und 4 an, je nachdem, wie stark das jeweilige Statement sich mit Ihrer Selbstwahrnehmung deckt.

Sorgen Sie dafür, dass Sie etwa eine halbe Stunde ungestört sind, und konzentrieren Sie sich auf die einzelnen Aussagen. Folgen Sie bei Ihrer Bewertung vorrangig Ihrer Intuition, statt lange über eine »korrekte« Zuordnung zu grübeln. Wenn Ihnen die Entscheidung trotzdem schwerfällt, wählen Sie die Alternative aus, die Ihrer intuitiven Einschätzung am ehesten entspricht.

Die Zahlen bedeuten jeweils:

- 4 = ist ganz allgemein typisch für mich
- 3 = ist in vielen Situationen typisch für mich
- 2 = ist in speziellen Situationen typisch für mich
- 1 = erlebe ich nur selten so
- 0 = erlebe ich gar nicht

Zählen Sie die ermittelten Zahlen zusammen. Was Ihr Ergebnis im Einzelnen bedeutet, lesen Sie in der anschließenden Auswertung.

WERTSCHÄTZENDES VERHALTEN IM ALLTAG	0	1	2	3	4
Wenn mich jemand um Rat oder Hilfe bittet, bin ich für ihn da.					
Wenn ich einen meiner Kollegen treffe, grüße ich freundlich und sehe ihn dabei an.					
Ich kann anderen Menschen, die mich gekränkt oder ungerecht behandelt haben, vergeben.					
Ich höre meinem Gegenüber zu, ohne zu unterbrechen – auch wenn er andere Ansichten hat als ich selbst.					
Im Gespräch konzentriere ich mich auf das, was der andere sagt, statt eigenen Gedanken nachzuhängen.					
Höflichkeit halte ich nicht für »zopfig«, sondern für eine Tugend, die das Zusammenleben erleichtert.					
Es ist mir möglich, anderen Dinge zu gönnen, über die ich selbst nicht verfüge.					
Ich habe mir gemerkt, was mir nahestehenden Menschen wichtig ist, mache oft spontan ein Geschenk.					
Für mich ist es selbstverständlich, Verantwortung für die Umwelt zu zeigen und, wo immer es möglich ist, zum Schutz der Lebensgrundlagen beizutragen.					
Wenn jemand anders mich kritisiert, bin ich aufrichtig interessiert, statt das, was er sagt, abzuwerten.					

WERTSCHÄTZENDES VERHALTEN IM ALLTAG	0	1	2	3	4
Gute Umgangsformen, Höflichkeit und Freundlichkeit sind für mich selbstverständlich.					
Wenn ich mit jemandem rede, spreche ich mit der Person auf gleicher Augenhöhe – auch wenn ich mehr weiß oder kann als mein Gesprächspartner.					
Ich kann mich gut mit anderen über deren Erfolge freuen.					
Beim Telefonieren konzentriere ich mich auf das, was der andere sagt, statt nebenher anderes zu erledigen.					
Fairness ist für mich ein ganz zentraler Wert; ich achte darauf, andere stets fair zu behandeln.					
Nichts ist selbstverständlich: Wenn jemand etwas für mich tut, auch wenn es nur etwas Kleines ist, bedanke ich mich grundsätzlich.					
Ich bin mir bewusst, dass der Lebensstil in meinem Land, gemessen am durchschnittlichen Lebensstandard in der Welt, privilegiert ist.					
Ich begrüße grundsätzlich »weniger wichtige« Menschen genauso respektvoll wie »wichtige«.					
Ich bin überall pünktlich, egal wie »wichtig« die Verabredung ist. Falls sich mein Eintreffen verzögert, rufe ich an, um Bescheid zu sagen.					
Ich achte die Werte und Einstellungen von Menschen anderer Kulturen ebenso wie die Werte, mit denen ich aufgewachsen bin.					
Ich gebe anderen Menschen zunächst einen Vertrauensvorschuss.					
Wenn Kritik angebracht ist, kritisiere ich konkret das Verhalten und nicht den anderen als Person.					

WERTSCHÄTZENDES VERHALTEN IM ALLTAG	0	1	2	3	4
»Was du nicht willst, dass man dir tu, das füg auch keinem anderen zu« ist für mich ein guter Leitstern.					
Wenn es jemand anders schlechtgeht, versuche ich ihm beizustehen und seine Lage zu verbessern.					

Auswertung

Ab 85 Punkte

Eine wertschätzende Haltung zu Ihren Mitmenschen und Ihrer Umgebung ist für Sie selbstverständlich. Als offener, lebensbejahender Mensch gehen Sie gerne auf andere zu und haben kein Problem damit, Ansichten, die sich von Ihren unterscheiden, zu akzeptieren und Ihr Gegenüber als Person wertzuschätzen. Ihr Verhalten im Alltag zeugt von Mitdenken und Mitverantwortung.

60 bis 84 Punkte

In vielen alltäglichen Situationen ist die Wertschätzung anderer für Sie selbstverständlich. Sie gelten im Allgemeinen als offen und umgänglich. In manchen Bereichen machen Sie jedoch Abstriche. Schauen Sie sich Ihre Antworten im Test noch einmal an, insbesondere jene, wo Sie relativ niedrige Punktzahlen vergeben haben. Fragen Sie sich, was geschehen könnte, wenn Sie sich hier wertschätzender als bisher verhalten würden. Anregungen dazu finden Sie im nachfolgenden Kapitel.

36 bis 59 Punkte

Wertschätzung im Alltag ist für Sie bislang etwas, worum Sie sich wenig Gedanken machen. Betrachten Sie Ihre Antworten noch einmal, insbesondere diejenigen, wo Sie wenig Punkte oder überhaupt keinen vergeben haben. Rufen Sie sich auch die damit verbundenen Situationen noch einmal in Erinnerung. Wie waren die entsprechenden Feedbacks? Wenn diese eher frustrierend waren: Was könnten Sie an Ihrem Verhalten ändern, um künftig Feedbacks zu erhalten, die ihrerseits Wertschätzung ausdrücken? Hinweise und Tipps dazu finden Sie im Kapitel »Wertschätzungssignale im Alltag«.

Bis 35 Punkte

Was hindert Sie daran, Ihren Mitmenschen und der Umwelt Wertschätzung entgegenzubringen? Allgemeine Lebensunzufriedenheit? Achtlosigkeit? Schlechte Erfahrungen? Dass Sie dieses Buch lesen, bedeutet, dass Sie sich Gedanken über Ihr Verhältnis zu anderen und Ihrer Umgebung machen. Betrachten Sie noch einmal die Antworten zu den Testfragen. Überlegen Sie, welche positiven Wirkungen es für Sie selbst haben könnte, anderen offener und umgänglicher zu begegnen. Im nachfolgenden Kapitel finden Sie viele Anregungen und Tipps für ganz konkrete Verhaltensänderungen.

Wertschätzung als grundlegendes Bedürfnis

Warum Wertschätzung so wichtig ist

Nicht nur für Kinder ist der Wunsch, von anderen gesehen, geschätzt und gemocht zu werden, eines der grundlegenden Bedürfnisse. Einerseits ist es für die eigene Entwicklung wichtig, ein freundliches und liebevolles Verhältnis zu sich selbst zu pflegen und zu stärken (siehe Teil 1 des Buches) und sich unabhängig vom Urteil anderer zu machen; andererseits werden wir in einem gewissen Maße stets auf ein gutes Verhältnis zu anderen angewiesen sein. Menschen sind nun mal »Rudeltiere«, und das Gefühl der Zugehörigkeit zu anderen signalisiert zu bekommen, eine Bedeutung für andere zu haben, Aufmerksamkeit von ihnen zu erfahren und sich als Teil einer Gemeinschaft zu erleben gibt Bestätigung und wirkt positiv auf die Selbstwertschätzung zurück.

Wertschätzung für andere zeigen wir in der Regel dann ganz automatisch, wenn wir uns im Kontakt mit ihnen wohl fühlen. Fühlen wir uns mit einer Person jedoch angespannt, gelangweilt oder unverstanden, so signalisieren wir genauso unmittelbar und meist unbewusst, dass wir sie nicht wertschätzen. So oder so werden die Signale von unserem Gegenüber empfangen und rufen eine entsprechende Reaktion hervor.

Hinter wertschätzendem Verhalten steht eine entsprechende Grundhaltung, ein Welt- und Menschenbild, das geprägt ist von Freundlichkeit, Toleranz, Einfühlungsvermögen, Zugehörigkeitsgefühl und Dankbarkeit. Um anderen aufrichtige Wertschätzung entgegenbringen zu können, sind vor allem zwei Voraussetzungen vorteilhaft:

⚲ Eine gute Selbstwertschätzung, die eine realistische Sichtweise unserer Stärken und Schwächen einbezieht – dass wir um unseren Wert wissen und uns selbst als Person annehmen und mögen. Wenn wir uns selbst dagegen wertlos, »weniger als andere« fühlen oder ständig eine vermeintliche Überlegenheit herauskehren müssen, um uns okay fühlen zu können, gelingt die Wertschätzung anderer nur schwer.

⚲ Uns zugehörig fühlen, das heißt uns selbst als Teil unserer Umgebung – der Familie, des Freundeskreises, der Nachbarschaft, des Betriebes usw. – zu verstehen. Wenn wir anderen von Gleich zu Gleich begegnen – ohne großartige Erwartungen und ohne strenge Maßstäbe –, wird uns schnell klar, dass jeder auf seine Weise wahrgenommen, akzeptiert und wertgeschätzt werden will – dass wir auf dieser Ebene tatsächlich alle in einem Boot sitzen. Und wir erkennen dann auch, dass hinter manchem uns bizarr erscheinenden Verhalten anderer eben das Verlangen nach Beachtung und Wertschätzung steckt.

Ohne Wertschätzung kann ein verträgliches menschliches Miteinander auf Dauer nicht gelingen – weder in der Familie noch im Betrieb noch auf gesellschaftlicher Ebene. Über den gegenseitigen Austausch von Wertschätzung regulieren wir unser Selbstbild und unser Selbstwertgefühl.

Wertschätzung und Selbstwertschätzung

Welche Einstellung wir zu uns selbst haben, hat viele Auswirkungen darauf, wie wir uns anderen Menschen gegenüber verhalten. Wer eine schlechte Meinung von sich hat, hält oft andere für besser, attraktiver, klüger, erfolgreicher. Es kann aber auch sein, dass er von anderen ebenso wenig hält wie von sich selbst. Mit der guten Meinung von sich selbst verhält es sich ähnlich. Auch wenn es für das eigene Lebensgefühl sehr beflügelnd ist, über ein hohes Maß an Selbstwertschätzung zu verfügen und dies das Wertschätzen anderer viel müheloser machen kann, ist ein positiver Zusammenhang zwischen Wertschätzung für sich selbst und für andere nicht automatisch gegeben, denn:

- Dadurch, dass jemand mit hoher Selbstwertschätzung unabhängiger von Lob, Bestätigung und Anerkennung durch andere ist, schafft er gute Voraussetzungen, auch seine Mitmenschen in ihrem Sosein vorbehaltlos zu akzeptieren. Er verspürt dadurch aber nicht automatisch den Wunsch, mit anderen zusammen zu sein, und auch nicht, einen wertschätzenden Umgang zu pflegen.
- Eine gute Meinung von sich selbst kann auch bewirken, sich selbst für »besser« zu halten als das Gegenüber – für klüger, attraktiver, intelligenter usw. –, was in der Kommunikation mitschwingt und beim Gesprächspartner ungewollt auch als Arroganz und Abwertung rüberkommen kann (Ich bin okay – du bist nicht okay, siehe auch das Kapitel »Selbstwertschätzung: das A und O für ein gutes Miteinander«).
- Die wertschätzende Haltung sich selbst gegenüber macht es möglich, im Kontakt mit anderen auch mal ein Risiko einzugehen, beispielsweise Klartext zu reden, wo's erforderlich ist, eine unpopuläre Meinung zu äußern oder etwas zu wagen, was auf Ablehnung stoßen könnte. Dies kann wiederum dazu führen, dass das Gegenüber sich gekränkt fühlt.
- Bei Menschen mit hoher Selbstwertschätzung ist zwar die Bereitschaft, auf andere zuzugehen, in der Regel stark ausgeprägt, kann aber auch mit eher geringem Interesse an der jeweiligen Person gekoppelt sein.

Oliver, der seine Selbstwertschätzung zum allergrößten Teil auf seiner Leistungsfähigkeit aufgebaut hat (siehe das Kapitel »Aspekte der Selbstwertschätzung«/Unterkapitel »Frauen und Männer setzen unterschiedliche Schwerpunkte«), lässt im Kontakt mit anderen, die nicht so erfolgsorientiert und einsatzbereit sind wie er selbst, schon öfter mal eine gewisse Geringschätzigkeit mitschwingen. Manchmal ist ihm das bewusst, häufig aber wird er erst durch die Feedbacks seiner Gesprächspartner darauf gestoßen, wenn diese plötzlich anfangen, sich zu rechtfertigen, in allen Gegenargumenten eine unterschwellige Aggression mitschwingt oder sie sich gekränkt zurückziehen.

Menschen mit niedriger Selbstwertschätzung sind auf soziale Anerkennung ungleich mehr angewiesen, sind aber in aller Regel eher vorsichtig in dem, was sie sagen und tun, da sie befürchten, zurückgewiesen zu werden. Dadurch entsteht in der Kommunikation häufig der Eindruck, sie würden dem anderen »nach dem Mund reden«. Sie sind sehr empfindlich, was Kritik angeht, und fordern ihrem Gegenüber viel Bestätigung ab. Dennoch können sie in der Lage sein, Wertschätzung zu zeigen – meist geschieht dies dann aus einer Haltung der Bewunderung heraus: »Wie haben Sie das bloß geschafft?«, »Ich wäre auch gerne so« usw. (Ich bin nicht okay – du bist okay, siehe auch das Kapitel »Selbstwertschätzung: das A und O für ein gutes Miteinander).

Doris erkennt sich in dieser Beschreibung gut wieder. Sie hat früh gelernt, Haltung, Mimik, Gestik und den Klang der Stimme ihrer Mitmenschen zu deuten und ihr eigenes Verhalten darauf abzustimmen. »Das passiert meist so automatisch, dass ich erst hinterher merke, dass ich wieder mal »Jawohl« gesagt habe, ohne vorher darüber nachzudenken, wie ich das, was der andere gesagt hat, tatsächlich finde.«

Wertschätzung wird häufig im Sinne von »Bewertung« verwendet. Das Bewerten vollzieht sich ganz automatisch und dient dazu, einen Menschen, einen Gegenstand oder auch eine Situation schnell einzuschätzen, um sich zu orientieren. So beurteilen wir Bücher zunächst nach ihrem Cover und Menschen nach ihrem Aussehen. Die Werturteile, die wir dabei fällen, bestimmen unsere Reaktion. Wenn wir das Cover nicht mögen, schlagen wir das Buch nicht auf, wenn uns der andere Mensch nicht sympathisch ist, neigen wir dazu, ihn unterschwellig abzuwerten, vor allem dann, wenn wir hinsichtlich unseres eigenen Wertes unsicher sind. Den anderen innerlich ab- oder gänzlich zu entwerten, dient in diesem Falle dann dazu, indirekt sich selbst aufzuwerten.

So verglich Sheila früher unentwegt ihr Aussehen mit dem anderer Frauen und fällte Urteile. »Spieglein, Spieglein an der Wand«, sagt sie, »das Märchen vom Schneewittchen drückt eigentlich eins zu eins aus, was mich antrieb, nur dass ich mir natürlich in der Rolle der bösen Stiefmutter nicht gefallen habe. Zu erkennen, dass ich einseitig davon zehre, mich anderen an Attraktivität überlegen zu fühlen, war nicht angenehm. Aber bis mir klar war, dass das in Zusammenhang mit meiner Angst stand, zu altern und dann nicht mehr ›die Schönste im ganzen Land‹ zu sein, und ich vielleicht sonst nur wenig aufzuweisen habe, da verging dann schon noch einige Zeit.«

Ob und wie wir Wertschätzung im Umgang mit anderen Menschen zeigen können, hängt also nicht zuletzt von dem Bild ab, das wir uns von unserem Gegenüber und von uns selbst machen.

Was hindert uns daran, Wertschätzung zu zeigen?

Im Alltag sind wir oftmals mit einem Mangel an Wertschätzung konfrontiert. Wie wir mit anderen umgehen, hat viel zu tun mit:

- unserer jeweiligen Weltsicht,
- dem eigenen Selbstbild,
- unserem Maß an Selbstwertschätzung,
- den Gewohnheiten, die wir pflegen,
- unserem persönlichen Menschenbild,
- der Beziehung, die wir zum betreffenden Menschen haben.

Die hauptsächlichen Gründe, die uns davon abhalten, uns wertschätzend zu verhalten, sind Achtlosigkeit, Ichbezogenheit und Abneigung. Oft spielt auch eine »böse Vorgeschichte« eine Rolle – wenn das Gegenüber etwas getan hat, was kränkend oder schädlich für uns war. Ich habe meine Interviewpartner gebeten, eine spontane Einschätzung vorzunehmen, inwieweit sie sich selbst von den genannten Gründen betroffen sehen.

Achtlosigkeit

Eine häufige Ursache dafür, dass keine Wertschätzung stattfindet, ist Achtlosigkeit – ein Mangel an Achtung. Sie zeigt sich darin, dass wir nachlässig und unaufmerksam sind. Wer achtlos handelt, ist unbeteiligt und kümmert sich nicht wirklich um mögliche Folgen und Ergebnisse seines Handelns. Unachtsam verhält sich, wer beispielsweise

- im Gespräch sein Gegenüber nicht anschaut und eigenen Gedanken nachhängt, statt die Aufmerksamkeit auf das zu richten, was der andere gerade mitteilt,
- Abfälle einfach liegen lässt, auf die Straße oder in die Landschaft wirft, statt sich der eigenen Mitverantwortung für Natur und Umwelt bewusst zu sein,
- unpünktlich ist und es nicht für nötig hält, Bescheid zu sagen, wenn er später kommt,
- durch eine Tür geht und sie nicht für denjenigen aufhält, der nach ihm kommt,
- einen Gruß nicht erwidert,
- beim Telefonieren gleichzeitig E-Mails bearbeitet, um Zeit zu sparen,
- sich etwas ausleiht und nicht daran denkt, es zurückzugeben,
- sich auch bei wiederholtem Kontakt nicht die Mühe macht, sich den Namen seines Gegenübers zu merken.

Auch nur so dahingesagte, unpersönliche Scheinkomplimente können vom Empfänger als abwertend empfunden werden und Misstrauen erzeugen (»Was will der wirklich von mir?«).

Für Achtlosigkeit gibt es viele Gründe – schlechte Angewohnheiten, Geistesabwesenheit, Stress, der Versuch, mehrere Dinge auf einmal zu erledigen, deprimiert oder in eine Grübelei versunken sein usw. –, aber keiner davon ist unabänderlich. Achtlos sein geschieht meist nicht absichtlich oder aus Böswilligkeit heraus, doch auf die Betroffenen wirkt diese »Abwertung« kränkend, ganz gleich, ob sie absichtlich oder unabsichtlich geschehen ist.

Elena, Sabine und Oliver bekennen sich dazu, oftmals achtlos zu sein. Elena sagt: »Meistens bin ich einfach mit den Gedanken ganz woanders, denke über Sachen nach, die demnächst anstehen, statt zuzuhören, was der andere erzählt. Ich werde auch schnell ungeduldig, wenn jemand ausführlicher etwas schildert oder sich viel

Pausen beim Formulieren nimmt. Da werde ich dann richtig kribbelig. Außerdem kann ich mir weder Namen noch Gesichter merken, das ist im Kontakt mit Kunden natürlich peinlich.«

Häufige Achtlosigkeiten münden in Missachtung, und andauernde Missachtung kann wiederum irgendwann in Verachtung umschlagen. Um eine solche Eskalation zu verhindern, ist es sinnvoll, den Anfängen zu wehren und Achtsamkeit zu pflegen.

Ichbezogenheit

Wenn die Gedanken vorwiegend um die eigene Person und das eigene Wohlergehen kreisen, ist kein Platz für Interesse an anderen oder an der Umgebung überhaupt. Statt Empathie und Teilnahme herrscht dann Gleichgültigkeit vor. Wer ausschließlich die eigene Person in den Vordergrund stellt, kümmert sich nur um die eigenen Angelegenheiten, ohne sich wirklich auf jemanden oder etwas einzulassen. Stattdessen sieht er sich als Mittelpunkt der Welt, weil er in der eigenen, subjektiven Wahrnehmung seiner Person gefangen ist, und kann daher weder Menschen noch Dinge wirklich schätzen. Interesse findet nur das, was persönlich nutzen könnte.

Ichbezogenheit zeigt sich oft in rücksichtslosem Verhalten. Wer sein Ich an die erste Stelle setzt, sorgt dafür, dass er das bekommt, was er gerade haben will – und es ist ihm egal, ob andere deswegen Nachteile haben.

Oft sind es kleine Dinge, an denen man Ichbezogenheit erkennt, beispielsweise:

- sich an der Kasse im Supermarkt vordrängeln,
- jemandem die Vorfahrt nehmen,
- jemanden bewusst übersehen oder übergehen,
- im Gespräch nur über die eigenen Themen reden und auf das, was der andere sagt, nicht eingehen,

- andere unterbrechen, das Wort abschneiden,
- andere belehren wollen, Besserwisserei.

Oliver gesteht, dass er tatsächlich oft so mit seinen eigenen Ideen, Vorstellungen und Plänen beschäftigt ist, dass er die Bedürfnisse seiner Gesprächspartner nicht im Blick hat. »Zudem unterbreche ich andere oft, weil ich sowieso weiß, was sie sagen wollen. Für die Untugend, den angefangenen Satz meines Gegenübers einfach selbst zu beenden, habe ich mir schon viel Kritik eingefangen, und auch dafür, anderen ungebeten sagen zu wollen, wo's langgeht für sie. Andererseits stellt sich oft heraus, dass ich mit meiner Ansicht recht hatte. Das macht es so schwierig, diese Gewohnheit abzustellen.«

Nun, es spricht nichts dagegen, anderen zu sagen, wie man selbst eine bestimmte Sache bewertet, doch das kann man auch tun, ohne jemand zu unterbrechen oder ihn zu belehren, nämlich indem man den eigenen Beitrag ohne Abwertung des anderen als persönliche Sicht der Dinge vorstellt.

Abneigung

Der erste Eindruck ist insbesondere beim Aufnehmen neuer Kontakte bedeutsam, ganz gleich ob wir uns in der S-Bahn, auf einer Party, bei einer öffentlichen Veranstaltung oder in einem Bewerbungsgespräch befinden. Nur eine Zehntelsekunde benötigt unser Gehirn, um ein Urteil über jemand bis dato Unbekannten zu fällen. Zuneigung oder Abneigung bilden sich bereits in den ersten Sekunden einer Begegnung heraus und haben nicht unbedingt etwas mit der entsprechenden Person zu tun. Unser Gehirn verarbeitet unwillkürlich alle über die Sinne wahrgenommenen Informationen über andere Menschen, die wir (noch) nicht kennen, auch ohne dass wir uns bewusst Gedanken machen.

Von diesem »Schnappschuss« hängt ab, wie der weitere Kontakt verläuft. Manche Menschen sind uns sofort sympathisch, andere hingegen lehnen wir ab, oft auch ohne dass wir einen schlüssigen Grund dafür nennen könnten. Möglicherweise erinnert uns die Person an jemand, mit dem wir in der Vergangenheit schlechte Erfahrungen gemacht haben, oder wir nehmen ganz diffus wahr, dass uns etwas stört: vielleicht der Gesichtsausdruck, die Art, wie die fremde Person uns anschaut, irgendetwas an ihrer Gestik, an ihrer Kleidung, ihrer Haltung oder ihren Bewegungen. Vorrangig spielen dabei zwei Gesichtspunkte eine Rolle: Zum einen versuchen wir einzuschätzen, ob unser Gegenüber uns vertrauenswürdig und sympathisch erscheint oder aber unaufrichtig und fies. Zum anderen schätzen wir ganz automatisch den sozialen Status der uns bislang unbekannten Person ein. Ist sie uns überlegen oder unterlegen? Einflussreicher oder weniger einflussreich? Kompetenter oder weniger kompetent? Attraktiver oder weniger attraktiv?

Beide Einschätzungen – Vertrauenswürdigkeit und sozialer Status – bilden die Grundlage dafür, ob wir uns für oder gegen mehr Nähe zu einer Person entscheiden.

Manche Abneigungen entwickeln sich auch erst im näheren Kontakt, wenn wir unser Gegenüber genauer kennengelernt haben und mehr über seine Einstellungen, sein Verhalten und seine Gewohnheiten wissen. Wenn uns dann bestimmte Eigenschaften, Überzeugungen oder Reaktionsmuster des anderen befremden, fühlen wir uns im Kontakt mit ihm zunehmend unwohl.

Zu diesem Aspekt haben alle meine Interviewpartnerinnen und -partner entsprechende Erlebnisse auf Lager, sowohl dafür, eine Person von Anfang an nicht akzeptieren zu können, als auch dafür, jemanden bei enger werdendem Kontakt immer mehr abzulehnen. Doris hat schlechte Erfahrungen mit einer neuen Kollegin gemacht. »May war mir am Anfang eigentlich schon sympathisch, ich fand sie aufmerksam und hilfsbereit, und sie schien eine gute Zuhörerin zu sein – bis mir irgendwann einmal auffiel, dass sie über unsere Kollegin Gisela, die sie vorher bei einer Aufgabe unterstützt hatte, anderen gegenüber übel herzog. Sie machte sich über Giselas Unkenntnis lustig und sagte, dass sie sich wundere, dass jemand, der so wenig draufhabe, in diese Position hatte kommen können. Diese Art Häme zeigte May öfter, und dadurch fand ich sie immer unakzeptabler. Als sie sich dann woandershin bewarb, war ich total erleichtert – und das ging etlichen Kollegen ganz genauso.«

Böse Vorgeschichte

Menschen, die uns gekränkt, verletzt oder geschadet haben, Wertschätzung entgegenzubringen würde schon einen überirdischen Akt der Gutherzigkeit bzw. der Selbstüberwindung erfordern. In aller Regel reagieren wir da eher mit Wut und Verärgerung und denken nicht an Vergebung, sondern an Vergeltung – schon um das Gleichgewicht der Kräfte wiederherzustellen und unser Selbstwertgefühl zu schützen. Wer sich durch das Handeln eines anderen herabgesetzt oder entwertet fühlt, will Genugtuung. Oftmals erfordert es sehr viel Zeit, Energie und Reflexionsvermögen, um tiefe Verletzungen zu überwinden, die einem jemand anders zugefügt hat – seien es Kränkungen, Ungerechtigkeiten, Verlassenwerden, Willkür, Mobbing, Gewalt. Unbewusst sind wir oft davon überzeugt, dass wir denjenigen, der uns Übles zugefügt hat, bestrafen, indem wir ihm nicht vergeben, dass wir uns an ihm rächen können, indem wir voller Groll an der Erinnerung an die Demütigung, den Schmerz oder die Grausamkeit festhalten.

Sabine trägt noch viel Groll gegen ihren Ex-Ehemann mit sich herum, Gerd nimmt es seinen Eltern immer noch übel, ihn als Kind mit ihren überzogenen Erwartungen systematisch entmutigt zu haben, und Anja sagt, sie habe ein »Elefantengedächtnis« in Bezug auf Leute, die ihr oder ihrem Mann geschadet haben. »Natürlich denke ich da nicht ständig dran«, sagt sie, »es spielt ja auch keine Rolle mehr, ist längst vorbei. Aber wenn ich durch irgendetwas an bestimmte Personen erinnert werde, kommen sofort die alten Gefühle wieder hervor, und ich könnte Gift und Galle spucken.«

An altem Groll festzuhalten ist zwar nachvollziehbar, aber in der Regel sind die Einzigen, denen wir damit schaden, wir selbst, indem wir zulassen, dass andere Menschen oder Ereignisse unser Leben dauerhaft beeinflussen. Doch es geht nicht darum, das, was die betreffende Person getan hat, nun gutheißen zu müssen, sondern darum, es nicht länger hinzunehmen, dass die Tat unser Leben weiter überschattet. Das Vorgefallene selbst wird dadurch natürlich nicht besser, aber wenn es uns gelingt, loszulassen und unseren Frieden mit dem Geschehenen zu machen, gewinnen wir an Souveränität und innerer Stärke.

Schauplätze von Abwertung und Ignoranz

Abwertung als gesellschaftliches Phänomen

Das Gegenteil von wertschätzendem Verhalten ist »Abwertung« (Verachtung) oder »Ignoranz« (sich so zu verhalten, als gäbe es den anderen nicht).

Abwertung und Ignoranz provozieren und kränken. Sie rufen Beschämung, Abwehr und Aggression beim Gegenüber hervor. Wer jemand anderen massiv in Frage stellt, ihn ausgrenzt, als unzureichend einstuft oder sich über ihn lustig macht, versucht damit, Macht auszuüben – dies gilt gleichermaßen für persönliche Beziehungen und die Bedingungen am Arbeitsplatz wie auch allgemein in Gesellschaft und Politik. Üble Nachrede, Unterstellungen, Verhöhnung des Konkurrenten oder des politischen Gegners erscheinen heute fast schon als »normale« Umgangsformen. Schlechte Manieren, Grobheiten, Pöbeleien, allgemeine Respektlosigkeit gegenüber anderen sind weit verbreitet. Auf den Online-Seiten von Zeitungen und Zeitschriften sind immer öfter grobe, wenn nicht gar herabwürdigende und gehässige Kommentare von Nutzern zu finden. In Diskussionsforen wird vielfach harsch und unsachlich kritisiert, verunglimpft und beschimpft, auf oft auch kränkende und herabwürdigende Art und Weise Stellung bezogen – insbesondere dann, wenn es um kontrovers diskutierte Themen geht wie beispielsweise die Integration von Flüchtlingen oder die gleichgeschlechtliche Ehe.

Andersdenkende herunterzumachen erzeugt ein Gefühl von Macht. Diejenigen, die sich über Auffassungen, Werte oder Eigenschaften anderer lustig machen, sie anpöbeln oder beschimpfen, erleben, dass sie damit Reaktionen auslösen: Scham, Angst, Wut, Fassungslosigkeit …

Die Vorstellung, dass man es in der Hand hat, solche starken Gefühlsreaktionen hervorzurufen, gibt demjenigen, der darauf aus ist, Befriedigung und lässt ihn sich stark fühlen – zumindest für den Moment. Das so erlebte Machtgefälle zu Ungunsten anderer wirkt wie ein Schutzwall gegen Selbstzweifel, Schwäche und Hilflosigkeit.

Bei genauer Betrachtung ist eine solche Art der Machtdemonstration jedoch nur ein Strohfeuer. Denn die Macht beruht nicht auf echter Stärke, sondern letztlich auf der Kompensation von Schwäche. Von daher wirkt Machtmissbrauch auch wie eine Droge. Es muss regelmäßig »nachgelegt« werden, damit man sich wieder groß und mächtig fühlt.

Wer sich hingegen seiner selbst sicher ist, sich selbst mag und schätzt, hat es nicht nötig, sich »größer« zu fühlen, indem er andere »kleiner« machen oder demütigen will.

Missachtung der Grundlagen unserer Existenz

Abwertung und Ignoranz zeigen sich auch im Umgang mit der Umwelt, der Natur und unseren Lebensgrundlagen: in der Vergiftung von Boden, Wasser und Luft zum Zweck des Profits Einzelner, in der Zerstörung der Atmosphäre durch klimaschädliche Gase, in der Produktion von Stoffen, die sich dem Kreislauf der Natur entziehen und sich als Müll im Boden und in den Meeren anhäufen und dort wiederum Schaden für Flora und Fauna anrichten. Die Aufzählung ließe sich seitenweise fortsetzen. »Macht euch die Erde untertan« war sicher so nicht gemeint.

Wertschätzung als innere Haltung bezieht sich aber nicht nur auf Mitmenschen, sondern bedeutet, ebenso auch Pflanzen, Tiere, Natur und Landschaft sowie auch Gegenstände als wertvoll anzusehen und eine achtsame Haltung ihnen gegenüber zu pflegen.

Die Natur ist unser aller Lebensgrundlage. Ob Nahrungsmittel, Kosmetik, Reinigungsmittel, Kleidung, Energie, Wasser, Baumaterialien oder auch nur die Luft zum Atmen – unser Leben hängt davon ab, was die Natur zur Verfügung stellt. Eine nachhaltig gute Daseinsqualität ist nur mit einer intakten Umwelt möglich.

Der ökologische Fußabdruck

Der Verbrauch der natürlichen Vorräte an Rohstoffen kann weltweit mittels eines Umweltindikators, des »ökologischen Fußabdrucks«, gemessen werden. Unter diesem Begriff wird diejenige Fläche auf der Erde verstanden, die jemand verbraucht, um seinen jeweiligen Lebensstil und Lebensstandard aufrechtzuerhalten. Dies schließt auch Flächen mit ein, die benötigt werden, um Nahrung und Kleidung für ihn zu produzieren, Energie bereitzustellen usw.

Als Indikator der Nachhaltigkeit bündelt der ökologische Fußabdruck diese und weitere Umweltdaten und Wirkzusammenhänge zu einem handhabbaren Wert, der dann eine fortlaufende Beobachtung und Bewertung möglich macht, ein sogenanntes »Monitoring«. Damit lassen sich Aussagen über die globalen Auswirkungen unseres Handelns auf die Umwelt machen. Mittels des ökologischen Fußabdrucks lässt sich auch abschätzen, welche Konsequenzen verschiedene Verhaltensweisen oder auch Lebensstile global betrachtet haben.

Dass wir durch die Art des Wirtschaftens und der Lebensstile in den technisch und wirtschaftlich hoch entwickelten Staaten erheblichen Raubbau an der Natur betreiben, ist seit über einem halben Jahrhundert bekannt. Dass dies nicht bis in alle Ewigkeit so weitergehen kann, dürfte klar sein. Verschiedenen Untersuchungen zufolge bräuchten wir mehr als das Anderthalbfache der vorhandenen Biokapazität, um ein »Weiter so« zu ermöglichen. Gleichzeitig haben wir mit einem dramatischen Artenschwund zu kämpfen. So haben sich beispielsweise in den letzten 40 Jahren die Fischbestände in den Weltmeeren halbiert. Die Gründe dafür sind in Überfischung, fortschreitender Umweltzerstörung und dem Klimawandel zu suchen.

Der überhöhte Verbrauch natürlicher Ressourcen entwickelt sich weltweit immer stärker zum Problem und führt letztlich auch zu Verteilungskämpfen. Immer zahlreicher werdende Konflikte und Kriege um Rohstoffe, um Wasser und Nahrungsmittel werden die Folge sein. Doch trotz dieses Wissens um Zusammenhänge, Ursachen und Folgen bleibt ein konsequentes Umsteuern hin zu weniger Verbrauch aus. Es fehlt an Wertschätzung für die Schätze, die die Erde vorhält.

Der »Zeitgeist« als Maß aller Dinge

Beim Kreieren von Trends und im »Zeitgeist« spielen ebenfalls Entwertungen eine Rolle. Etwas wird für »in« erklärt – oder eben auch für »out«. Davon sind durchaus nicht nur Kampagnen in der Mode oder in der Werbung durchdrungen, sondern das »In oder out«-Denken und der inflationäre Gebrauch des Wortes »neu« beziehen sich genauso auch auf Lebens- und Wohnstile, Esskultur, Gebrauchsgegenstände, persönliche Einstellungen, politische und religiöse Überzeugungen und gesellschaftliche Umgangsformen.

Diejenigen, die sich dem Trend entsprechend inszenieren, werden dann als »in« gehandelt, erfahren Wertschätzung und genießen eine Art Vorbildcharakter, avancieren zum Star, werden bejubelt, animieren zum Nacheifern. Diejenigen, die als »out« gelten, werden ausgegrenzt und entwertet.

Die In-out-Spirale scheint sich immer schneller zu drehen. Was gestern noch angesagt war, ist heute schon Geschichte. Am deutlichsten zeigt sich dies bei der Kleidung: Modeketten lassen ihre Kollektionen in immer kürzerer Zeit produzieren und statten ihre Läden ständig mit neuen Stücken aus. So signalisieren sie ihren Kundinnen und Kunden, dass sie permanent ihre Garderobe auf den neuesten Stand bringen sollten. Dies ermöglichen sie, indem man für ein T-Shirt kaum mehr ausgeben muss als für einen Becher Kaffee. Kaufen – anziehen – wegwerfen ist hier die Devise. Für viele an sich nutzlose Modeartikel, die nach kurzer Zeit auf dem Müll landen, werden wertvolle Ressourcen verbraucht. Wertschätzender Umgang? Fehlanzeige.

Nach einer Untersuchung des Rats für nachhaltige Entwicklung werden hierzulande ca. 40 Prozent der eingekauften Hemden, Hosen und T-Shirts selten oder nie getragen, dafür aber gleichzeitig im Schnitt pro Jahr 60 Kleidungsstücke neu erworben. Viele Menschen tragen ihre Neuerwerbungen nur drei- bis fünfmal, dann muss wiederum etwas Neues her – weil die Mode schon wieder gewechselt hat oder die Teile, da auf Verschleiß produziert, schon ruiniert sind. Die Maxime »Out versus in« durch Wegwerfen und Neukaufen bleibt nicht ohne Folgen, als da sind: Rohstoff-, Energie- und Wasserverschwendung, verschmutzte Gewässer, unwürdige Arbeitsbedingungen, Dumpinglöhne.

Vom Klatsch zum Mobbing

»In«- und »Out«-Wertungen spielen auch beim Klatsch und Tratsch über Abwesende eine Rolle. »In« ist gleich zugehörig, »out« ist gleich nicht zugehörig. Etwa zwei Drittel aller Gespräche im Alltag drehen sich um gerade nicht anwesende Personen – fallen also in die Kategorie »Klatsch«.

Dem Klatsch wird häufig eine positive Rolle im sozialen Leben zugesprochen, denn das Verbreiten der neuesten Neuigkeiten, die Beurteilung von Vorgefallenem und das Reden über Abwesende verschafft den Beteiligten gegenseitige Anerkennung und Bestätigung.

Darüber hinaus gibt es noch weitere positive Aspekte. So erzeugt das gemeinsame Reden über Nichtanwesende ein Gefühl der Zusammengehörigkeit, stärkt das Wir-Gefühl und verschafft Erleichterung, indem es als Ventil zur Abfuhr von Spannungen dient. Zudem vermittelt Klatsch auch die gängigen sozialen Normen. Es wird deutlich, welches Verhalten okay ist und welches nicht, was man tun und was man lassen sollte, und man erfährt zudem, wie andere und auch man selbst eingeschätzt wird. Mit Gesprächen über nicht anwesende Personen warnen wir uns gegenseitig vor unredlichen Mitmenschen und stärken die Hilfsbereitschaft. Man bestätigt sich wechselseitig in der gemeinsamen Abwertung des (abwesenden) anderen. Wer klatscht, will sich auch profilieren oder Druck ablassen. Oft auch auf Kosten anderer.

Zu den beliebtesten Zielen von Klatsch und Tratsch zählen Freunde, Nachbarn und Kollegen. Und solange dieses Reden über andere wohlwollend ist, ist das völlig unproblematisch, doch der Grat zwischen harmlosem Klatsch und bösem Gerede ist schmal.

Was ist harmloses Gestichel oder eine spitzzüngig kommentierte Beobachtung, und wo fangen Gehässigkeit und üble Nachrede an? Wenn häufig schlecht über jemanden geredet wird und Gerüchte lanciert werden, die dem Betroffenen schaden, ihn herabsetzen und ausgrenzen, dann handelt es sich um Mobbing. Dann will der Aggressor nicht nur lästern, sondern das Opfer seiner Attacke kaltstellen. Auf das verbale Abwerten folgen allzu häufig auch Taten, die konkreten Schaden anrichten.

Für die Betroffenen von bösartigem Geschwätz kann das Getratsche ernste Folgen haben, es kann Karrieren zerstören, nachhaltig ausgrenzen und im Extremfall auch zu Rufmord führen.

Zerstörerische Beziehungen

Abwertendes und ignorantes Verhalten in Beziehungen führt zu Konflikten, was dann häufig in einen zähen Kleinkrieg mit verhärteten Fronten mündet. Oft werden dabei so tiefe psychische Wunden geschlagen, dass eine Versöhnung unmöglich erscheint und die Beziehung in die Brüche geht (siehe dazu auch Teil 3, Kapitel »Wertschätzende Partnerschaften halten länger«).

In internationalen Beziehungen, aber auch auf nationaler Ebene kann es durch Abwertungen, die der Adressat als beleidigend und ehrverletzend ansieht, zu Krisen und zu gewalttätigen Konflikten, manchmal sogar zu Kriegen kommen.

Warum Kränkungen so gefährlich sind

Wo Wertschätzung fehlt, fühlen sich Menschen zurückgesetzt und abgewertet. Ihre Bereitschaft, sich für etwas einzusetzen, lässt in der Folge nach, sie werden demotiviert und unzufrieden und manche auch krank.

Große Anstrengung – geringe Anerkennung

Der Medizinsoziologe Johannes Siegrist vertritt die Ansicht, dass emotionaler Stress vor allem dort entsteht, wo es eine Kluft gibt zwischen großer Anstrengung einerseits und geringer Anerkennung andererseits. Dementsprechend sieht er das größte Risiko für einen Burn-out nicht in starker Arbeitsbelastung, sondern in dem Gefühl, sich immerzu abzumühen, ohne Wertschätzung dafür zu erhalten. Darin zeigen sich Ignoranz und Abwertung, die bei den Betroffenen als Kränkung ankommen. Das gilt auch für den arbeitsintensiven Bereich der unbezahlten Hausarbeit (siehe auch Abschnitt 6 »Unfaire Lastenverteilung« im Kapitel »Wertschätzende Partnerschaften halten länger«/Unterkapitel »Die 12 häufigsten Liebeskiller«).

Abwerten und sich ignorant verhalten, das kann auch heißen: wegsehen, wo Empathie und Hilfsbereitschaft notwendig wären, Dinge, die andere noch brauchen könnten, einfach wegwerfen, sich über Schwächen oder Eigenheiten anderer lustig machen, jemanden hänseln oder ihn beschimpfen.

Von da aus ist es nicht weit bis zur nächsten Stufe: Die Abwertung geht dann in die Entwertung über, die von einfachen zu immer massiveren Grenzverletzungen führen kann – bis hin zu asozialem und kriminellem Verhalten: den anderen anspucken, bedrohen, Dinge, die ihm gehören, willkürlich zerstören. Aber auch: jemanden erpressen, bestehlen, körperliche Gewalt anwenden.

Der gemeinsame Nenner dieser massiven Entwertungen ist, dem anderen seine Würde abzusprechen. Gleichzeitig steckt darin neben persönlicher Vorteilsnahme – wie etwa der Beute beim Diebstahl – auch das Verlangen, respektiert, ja, gefürchtet zu werden, also Wertschätzung zu erzwingen – auch wenn diese ein negatives Vorzeichen hat – und zudem damit etwas für die eigene Selbstwertschätzung zu tun, indem man sich als mächtig statt ohnmächtig erlebt.

Wertschätzung einzufordern, ohne selbst Respekt und Wertschätzung zu zeigen, ist nicht nur paradox, sondern auch ein zutiefst asoziales Verhalten.

Auge um Auge, Zahn um Zahn

Ab- und Entwertungen kränken nachhaltig. Manche massiv abwertenden Grenzverletzungen sind nicht geplant oder ideologisch gesteuert, sondern haben starke Emotionen als Auslöser und bewirken auch ihrerseits wieder starke Emotionen. Viele von denjenigen, die sich als Adressaten entwertender Machtdemonstrationen wiederfinden, fühlen sich verletzt und gedemütigt. Sie ziehen sich beschämt zurück. Andere denken an Rache und Revanche, wehren sich und schlagen zurück, sind nun ihrerseits bestrebt, den anderen niederzumachen und ihm zu schaden. Woraufhin die Gegenseite wiederum zur Gegenreaktion ausholt … so geht es immer weiter. So entstehen Gewaltspiralen, die sich immer weiter emporschrauben.

Marc Sageman, Psychiater und ehemaliger CIA-Mitarbeiter, untersuchte in einer seiner Studien den Zusammenhang zwischen Selbstbild, Wertschätzung und Gewaltaktionen, indem er die Lebensläufe von vierhundert islamistischen Terroristen studierte und auswertete. Dabei fand er unter anderem heraus, dass die jungen

Männer, bevor sie sich einer Terrorgruppe anschlossen, sozial isoliert gelebt hatten. Kontakte in der Nachbarschaft oder an der Universität oder auch Recherchen im Internet brachten sie dann terroristischen Gruppen nahe, die sie bereitwillig aufnahmen und ideologisch einschworen. Auch der Neurologe und Psychiater Joachim Bauer sieht einen solchen Zusammenhang durchaus als wahrscheinlich an. Junge Menschen, die in der Gesellschaft nicht Fuß fassen können und denen aufgrund etwa von Herkunft oder Bildungsniveau die Teilhabe verweigert wird, suchen dann anderswo nach Zugehörigkeit, Identifikation und Wertschätzung. Terrorgruppen, Radikale und auch Sekten arbeiten damit, diesen innerlich heimatlosen jungen Menschen zu suggerieren, hier würden sie das finden, was ihnen sonst keiner zu geben bereit ist.

Ausgeschlossen sein schmerzt

Das Gefühl der Zugehörigkeit zu anderen – einem Partner, der Familie, dem Freundeskreis, dem Betrieb – hat für die meisten Menschen einen hohen Stellenwert. Schon als Kinder erleben wir es als äußerst schmerzhaft, zurückgewiesen zu werden. Neurowissenschaftler haben entdeckt, dass Erfahrungen von Ablehnung, Zurückweisung, Kränkung und von gemeinschaftlichen Aktivitäten ausgeschlossen zu werden das Gehirn an der gleichen Stelle aktivieren wie körperliche Verletzungen, nämlich im sogenannten »Schmerzzentrum«.

Für das Schmerzzentrum macht es demnach keinen Unterschied, ob wir unter einer Knieverletzung leiden oder von einem anderen Menschen beleidigt wurden. Wenn Zurückweisungen, Ablehnungen oder Kränkungen Qualen bereiten, bezeichnet man dies neurowissenschaftlich als »sozialen Schmerz«. Diese Art Schmerz hat sich evolutionsbedingt aus gutem Grund herausgebildet: Im Zeitalter der Jäger und Sammler hatten unsere Vorfahren bessere Überlebenschancen, wenn sie in einer Gemeinschaft gut integriert waren. Ab einem bestimmten Zeitpunkt waren sie darauf angewiesen, größere Säugetiere zu jagen, um im Nahrungswettbewerb gegenüber anderen Primatenarten im Vorteil zu sein. Weil das alleine nicht gut funktionierte, wurde es für den Einzelnen überlebenswichtig, sich in eine Gruppe einzufügen und von dieser akzeptiert zu werden. Einzelgänger wurden leichter zur Beute wilder Tiere, oder sie starben, weil sie, ganz auf sich allein gestellt, weniger gut für sich sorgen konnten denn als Mitglied einer Gruppe. Jene Gruppenmitglieder, denen ein möglicher Ausschluss weh tat, waren die optimaler angepassten und überlebten besser.

Das Gehirn hat sich an diesen Ursache-Wirkungs-Zusammenhang angepasst und dies so beibehalten. Es tut auch heute noch weh, abgelehnt oder zurückgewiesen zu werden. Daran ist erst einmal nichts zu ändern. Doch kann das Wissen darum helfen, sich selbst in solchen Situationen mit mehr Verständnis zu begegnen. Sicherlich tut es nicht so weh, zu einer Feier nicht eingeladen zu werden, wie es schmerzt, von einem vertrauten Menschen übervorteilt zu werden. Jedoch kann beides weh tun. Ein Insektenstich bereitet ja auch Schmerzen, obwohl man unter einem vereiterten Zahn entschieden mehr leidet.

Wenn wir dagegen positive Signale von anderen erhalten – also gesehen werden, soziale Anerkennung erfahren und uns zugehörig fühlen dürfen –, werden im Gehirn andere Bereiche aktiviert. Neurobiologische Studien zeigen, dass schon kleine Signale der Wertschätzung wie beispielsweise ein freundlicher Blick, ein Lächeln, ein Kompliment oder ein Lob genügen, damit die Nervenzellen Botenstoffe aussenden, die das Wohlbefinden steigern – neben Dopamin sind dies auch körpereigene Opiate sowie Oxytocin, das »Kuschelhormon«, was uns entspannt und die Lebensfreude hebt. Je deutlicher das Signal der Zuneigung ist und je mehr es uns bedeutet, desto mehr Botenstoffe werden freigesetzt.

Wertschätzungssignale im Alltag

Wie sich Wertschätzung zeigt

Wertschätzung ist ein Ausdruck von Akzeptanz und erzeugt wiederum Akzeptanz. Nicht immer und überall – aber die Wahrscheinlichkeit, selbst eine positive Resonanz zu erfahren, steigt, wenn wir anderen mit einer wertschätzenden Haltung begegnen. Jemandem wertschätzend begegnen heißt beispielsweise ganz konkret:

- ihm oder ihr ungeteilte Aufmerksamkeit zu schenken,
- höflich zu sein und gute Umgangsformen zu zeigen,
- freundlich und hilfsbereit zu sein,
- freizügig mit Lob und Komplimenten zu sein,
- dankbar zu sein, wenn der/die andere etwas Gutes für uns getan hat.

Es bedeutet auch, im persönlichen Umgang keinen Unterschied zu machen zwischen Personen, die von anderen als wichtig oder als unwichtig bewertet werden, etwa zwischen Prominenten und in der Öffentlichkeit unbekannten Menschen oder zwischen hierarchisch auf einer hohen und solchen auf einer niedrigeren Stufe Stehenden.

Vielmehr ist Wertschätzung eine Haltung, die das Besondere im jeweiligen Gegenüber sieht und würdigt – im Bewusstsein, dass der andere ein einzigartiges, wertvolles Individuum ist –, ebenso, wie man sich selbst als einzigartig und wertvoll begreift. Dies führt dazu, dass im Kontakt mit dem anderen beide Seiten

- 𝕆 einander verstehen und sich verstanden wissen,
- 𝕆 sich akzeptiert und respektiert wissen, und
- 𝕆 eine Verbindung zwischen den Gesprächspartnern entsteht.

Wertschätzung zeigen wirkt positiv auf das Selbstwertgefühl zurück

Wenn wir andere wertschätzen und ihnen dies auch offen zeigen, dann haben wir davon auch selbst Vorteile. Wenn wir ehrliche Wertschätzung vermitteln und unser Gegenüber dadurch in seinem Sosein und seinem Selbstwertgefühl bestärken, so dass der andere sich wahrgenommen, gehört und akzeptiert fühlt, fühlen wir uns auch selbst gut, nützlich und wertvoll. Wir erleben, dass wir mit unserer wertschätzenden Haltung etwas Gutes bewirken können. Und der Eindruck, etwas bewirken zu können, stärkt wiederum das eigene Selbstwertgefühl.

Natürlich ist damit nicht gemeint, Wertschätzung zu instrumentalisieren, indem wir sie zum Zweck der Selbsterhöhung einsetzen, doch ist es wichtig zu wissen, dass die Wertschätzung einer Person als Ganzes bzw. einer Eigenschaft, eines Verhaltens oder einer Leistung eines anderen positiv auf uns selbst zurückwirkt.

Kreislauf der Wertschätzung

Ich erfahre Wertschätzung für mich als Person oder für eine Eigenschaft oder eine Leistung.
Die Bestätigung meines Wertes durch jemand anders stärkt meine Selbstwertschätzung.

Ich sehe das Besondere an mir als Person bestätigt.
Ich nehme wahr, dass ich einen wertvollen Beitrag zum
Ganzen leiste, dass ich »dazugehöre«.
Das stärkt mein Selbstvertrauen.
Ich traue mir zu, meine Talente weiter einzusetzen und
weiterzuentwickeln.
Dadurch erfahre ich eine wachsende innere Motivation und
stärke weiter meine Selbstwertschätzung.

Aufmerksamkeit

Grundlegend für eine wertschätzende Kommunikation ist zunächst die Fähigkeit, aufmerksam zu sein – den anderen und das, was er sagt, bewusst wahr- und ernst zu nehmen. Dabei ist zweitrangig, ob unser Gegenüber unsere Auffassung teilt oder ob er andere Vorstellungen, Werte oder Herangehensweisen hat als wir selbst. Wir müssen uns weder daran anpassen noch ihn zu unserer Sicht der Dinge »bekehren«. Es geht darum, nachvollziehen zu können, wie der andere zu bestimmten Haltungen, Argumenten und Schlüssen kommt, nicht darum, ihn für die eigene Weltsicht zu vereinnahmen oder sich von ihm vereinnahmen zu lassen.

Wertschätzung bedeutet also, Interesse, Offenheit und Akzeptanz zu signalisieren. Zeigen beide Gesprächspartner, dass sie einander schätzen, dann ist dies die Basis dafür, mit dem anderen zu einem gegenseitigen Verständnis zu kommen. Dabei kann sich die Wertschätzung auf das Erscheinungsbild oder Auftreten, auf Ideen und Fähigkeiten, auf das konkrete Verhalten in einer Situation, auf Verdienste oder auch Werte des Gegenübers beziehen, je nachdem, was in den Fokus der Aufmerksamkeit rückt. Im Wesentlichen zielt Wertschätzung jedoch auf die Person als Ganzes, und die Aufmerksamkeit ist dem gewidmet, was der andere mitteilen will – im Bemühen, ihn zu verstehen.

Indem wir uns um Verständnis bemühen, zeigen wir, dass wir an der Sichtweise unseres Gegenübers interessiert sind – auch wenn wir vielleicht ganz anders über die Sache denken.

Aufmerksamkeit drückt sich auf vielfältige Weise aus:

- körpersprachlich durch Zugewandtheit, Blickkontakt, Lächeln, offene Gesten;
- verbal durch das, worüber wir sprechen, und die Art, wie wir dies tun – die Auswahl der Inhalte ist dabei genauso wichtig wie die Wahl der Worte;
- kognitiv durch die Art und Weise, wie wir uns mit dem, was unser Gegenüber sagt, befassen. Ob wir konzentriert zuhören und uns mit dem Gehörten beschäftigen oder mit den Gedanken woanders sind.

Der Blickkontakt mit dem Gegenüber ist ein wichtiger Aspekt der Kommunikation. Indem zwei Gesprächspartner Blicke wechseln, erfassen sie nicht nur das Aussehen, die Gesichtszüge und die Mimik des anderen, sondern nehmen auch – meist unbewusst – subtile Hinweise wahr, was die Persönlichkeit, die Stimmung, die möglichen Absichten und letztlich auch die Vertrauenswürdigkeit des anderen angeht.

Viele Menschen sind sich nicht bewusst, wie häufig sie wegsehen, wie oft und wie lange sie nach »innen« abdriften, in ihre eigene Gedankenwelt, und so den aufmerksamen Kontakt mit dem Gegenüber immer wieder unterbrechen oder den Faden ganz verlieren.

»Aufmerksamkeit und vor allem längerer Blickkontakt fallen mir schwer«, befindet Gert, »es ist nicht so, dass ich meinen Gesprächspartner nicht anschauen könnte, aber ich denke im Gespräch immer wieder daran, was wohl jetzt der andere von mir denken könnte. Ob ich gut bei ihm ankomme oder ob er vielleicht einen nicht so guten Eindruck von mir haben könnte. Und in dem Moment bin ich natürlich nicht bei ihm und kriege nicht mit, was er gerade sagt.« Sabine hingegen befürchtet, es könnte ihrem Gegenüber unangenehm sein, länger als nur jeweils wenige Augenblicke lang angeschaut zu werden. Der Gesprächspartner könnte sie dann für taktlos oder aufdringlich halten.

Doch was ist zu kurz und was ist zu lang? Ein Blick, der unentwegt auf einen gerichtet ist, wird tatsächlich von vielen als unangenehm empfunden. Ist der Blickkontakt hingegen nur ganz kurz, entsteht der Eindruck, man habe etwas zu verbergen, oder es wird als Zeichen für eine eher geringe Sozialkompetenz gewertet. Untersuchungen zeigen, dass die meisten Menschen einen Blickkontakt »am Stück« von ca. drei Sekunden als angenehm empfinden, unabhängig von Attraktivität, Geschlecht oder Alter des jeweiligen Gegenübers.

Höflichkeit und gute Umgangsformen

Durch die Art, wie wir mit anderen umgehen, wird auch unsere innere Einstellung für andere ersichtlich. Höflichkeit und gute Umgangsformen schaffen bei fast jedem, dem sie entgegengebracht werden, automatisch Aufgeschlossenheit und einen positiven Eindruck, denn dadurch drücken wir Aufmerksamkeit, Wertschätzung und Respekt aus.

Seit den 1960er Jahren galten diese Tugenden jedoch für lange Zeit als altmodisch und überholt. Umgangsformen-Gegner setzten Höflichkeit und gutes Benehmen mit leeren Floskeln und Manieriertheit gleich, sahen darin eine Fassade, die benutzt wird, um Unaufrichtigkeit und Manipulation zu tarnen.

Natürlich ist nicht von der Hand zu weisen, dass höfliches Verhalten in manchen Fällen auch Unredlichkeit, Kalkül und unlautere Absichten tarnen kann, aber dennoch sind Frechheit, Provokation und Respektlosigkeit keine Alternative, denn sie drücken ganz eindeutig einen Mangel an Wertschätzung aus und schaffen ein ungutes, aggressives Klima.

Höflichkeit und gute Umgangsformen sind also nicht einfach nur antiquierte Überbleibsel aus dem vergangenen Jahrhundert, sondern in erster Linie eine einfache Möglichkeit, anderen Wertschätzung zu signalisieren. Dies zeigt sich beispielsweise darin, die Garderobe auf den Anlass abzustimmen, pünktlich zu sein, zu grüßen und dabei die Begrüßungsregeln zu kennen und anzuwenden, Blickkontakt zu pflegen, den Respektabstand zu beachten, also dem anderen nicht auf die Pelle zu rücken, das Gegenüber mit Namen anzusprechen usw.

Wertschätzung für andere drückt sich in vielen kleinen Gesten aus. Das kann schon mit einem freundlichen Morgengruß im Fahrstuhl beginnen und mit dem Angebot, der Kollegin einen Kaffee vom Automaten mitzubringen …

In der heutigen Zeit gewinnen Höflichkeit und gutes Benehmen wieder an Stellenwert – insbesondere auch am Arbeitsplatz. Die Regeln für den täglichen Umgang lassen sich problemlos »nachschulen« – entsprechende Kurse werden in vielen Bildungsinstituten angeboten.

Einen solchen Kurs will auch Elena demnächst besuchen, denn ihr ist klargeworden, dass einige ihrer Verhaltensweisen, die von ihr gar nicht unhöflich gemeint sind, bei anderen als respektlos und kränkend ankommen. »Ich habe mich da nie drum gekümmert, weil ich gute Umgangsformen mit Anpassung und Unterordnung in einen Topf geworfen habe. Dem ist aber überhaupt nicht so. Ich kann meine Meinung selbstbewusst vertreten und trotzdem darauf achten, dass ich gut mit dem anderen umgehe. Im Kurs will ich

Anregungen dafür kriegen, wie das konkret im Alltag aussehen kann.«

Freundlichkeit und Hilfsbereitschaft

Dass Freundlichkeit und Hilfsbereitschaft im täglichen Umgang sehr hilfreiche Tugenden sind, versteht sich eigentlich von selbst. Wenn uns jemand kühl und reserviert begegnet, gehen wir automatisch auf Abstand, signalisieren unsererseits Zurückhaltung und schalten innerlich auf erhöhte Vorsicht. Wer dagegen freundlich ist, zeigt dem anderen: Hey, ich will dir nichts Böses, ich bin nicht zickig und nicht auf Krawall aus. So kann das Gegenüber sich entspannen und ebenfalls locker sein. Wir erleichtern uns und anderen das Leben, indem wir freundlich sind und auch bereit anzupacken, wenn jemand unsere Hilfe braucht. Dies müsste eigentlich der »Normalmodus« sein. Doch weit gefehlt, oft sieht es im Alltag ganz anders aus. Wer freundlich und hilfsbereit ist, gilt schnell als naiv, vertrauensselig, unkritisch und einfach gestrickt. Der ist ein »Gutmensch«, heißt es dann abfällig. Wer Ziele hat und sich durchsetzen will, ist aus dieser Weltsicht heraus schlecht beraten, wenn er viel Mitempfinden und Entgegenkommen zeigt. Man könnte sich ja etwas vergeben und für weich und anbiedernd gehalten werden.

»Als Weichei wollte ich auf keinen Fall gelten«, meint Oliver, »und das will ich auch heute nicht. Aber ich lasse es oft völlig unnötig an Freundlichkeit fehlen. Zwar bin ich selten wirklich schroff, wirke aber kurz angebunden und auch unterschwellig gereizt – sagt man. Ich denke, dass ich das ändern kann, wenn ich mich mehr auf mein Gegenüber konzentriere und mich mehr um Verständnis bemühe.«

Gerade deshalb ist echte Freundlichkeit eine Tugend, die einem einiges abverlangen kann. Sie setzt voraus, dass wir über eine gute Selbstwertschätzung verfügen. Nur dann gelingt es uns, ganz

locker von uns selbst abzusehen, uns in den anderen hineinzuver-
setzen und die eigenen Interessen in die zweite Reihe zu stellen,
ohne dass sich das Gefühl breitmacht, zu kurz zu kommen oder
sich wider Willen etwas abzuringen.

Zudem fällt es uns mit einer guten Selbstwertschätzung leicht,
das zu tun, was wir selbst für richtig halten – auch wenn jemand
anders dies anders bewertet als wir selbst –, und dabei freundlich zu
bleiben. Freundlichkeit ist nicht vereinnahmend. Sie stellt keine
Bedingungen und lässt dem anderen seine Freiheit.

Sicher, mit Freundlichkeit und Hilfsbereitschaft erwirbt man keine
Macht und kein Prestige, denn es geht dabei nun mal nicht um
einen selbst und die eigenen Interessen, sondern um die eines anderen. Wir stärken die Selbstwertschätzung unseres Gegenübers,
indem unser Verhalten Wertschätzung für ihn ausdrückt und ihm
das Gefühl gibt: »Ich bin es wert, dass man nett zu mir ist und sich
Gedanken um meine Bedürfnisse und mein Wohlbefinden macht.«

Freundlichkeit, ein Lächeln und die damit verbundene offene
Ausstrahlung wecken in Ihren Mitmenschen das Gefühl:

Ich bin es wert.
Ich darf hier sein.
Ich bin akzeptiert.

Lob und Komplimente

Vielen Menschen fällt es schwer, jemandem ein Kompliment zu
machen. Sei es, dass sie es einfach von Hause aus nicht gewohnt
sind, Positives zu benennen, sei es, dass sie befürchten, überheblich,
unecht oder schmalzig zu wirken und den anderen damit in Ver-
legenheit zu bringen. Und doch sind Komplimente in allen Bereichen des Lebens wichtig – nicht nur beim Flirten oder in der Part-

nerschaft, sondern auch im ganz normalen Alltag. Sie sind hilfreich für alle unsere zwischenmenschlichen Beziehungen. Auch Kolleginnen und Kollegen, Nachbarn, Freunde und Bekannte freuen sich über wertschätzende Worte. Kaum jemand kann sich der Wirkung eines positiven Feedbacks entziehen, ganz im Gegenteil: Man fühlt sich beschwingt und gut gelaunt, wenn das Gegenüber etwas Besonderes an der eigenen Person würdigt. Ein ehrlich gemeintes Kompliment ist wie ein kleiner Lichtblitz im Alltag.

Wenn wir nun ganz praktisch überlegen, welche Komplimente wir Menschen in unserer Umgebung machen könnten, sind Interesse und Achtsamkeit das A und O, denn sie sind die Voraussetzung dafür, überhaupt die Vorzüge des anderen wahrnehmen zu können. Wer die ganze Zeit mit sich selbst und den eigenen Angelegenheiten befasst ist, dem fällt vieles an anderen überhaupt nicht auf. Daher ist es hilfreich, die Gedanken in Gegenwart anderer nicht um sich selbst kreisen zu lassen – dafür haben wir viel Zeit, wenn wir alleine mit uns sind –, sondern das Du in den Mittelpunkt zu stellen, aufmerksam zu sein, zu bemerken, was uns an unserem Gegenüber auffällt und wie es ihm gerade geht.

Komplimente schaffen oder verstärken zwischenmenschliche Sympathie und wirken sich vorteilhaft auf den Kontakt zu anderen aus. Es bringt jedoch nichts, Wertschätzung nur vorzutäuschen, das wird das Kompliment fragwürdig erscheinen lassen. Wenn Ihre Stimmlage und Ihre Körpersprache etwas anderes signalisieren als Ihre Worte, dann »siegt« in der Wahrnehmung des anderen das, was Ihre Mimik, Gestik und Stimmlage vermitteln.

Während ein Kompliment meist eine Äußerlichkeit, eine Eigenschaft oder ein Verhalten hervorhebt, bezieht sich Lob stets auf eine Leistung und stellt das Bemerkenswerte daran heraus. Lob wirkt als Bestätigung, stärkt die Motivation und vertieft das Selbstvertrauen. Damit signalisieren Sie Ihrem Gegenüber, akzeptiert, geschätzt und geachtet zu werden. Stellen Sie nicht nur große Erfolge heraus. Achten Sie auch auf Kleinigkeiten. Lob ermutigt dazu, das positiv hervorgehobene Verhalten zu wiederholen; es verstärkt dieses Verhalten.

Jemanden, der entmutigt ist, kann ein anerkennendes ehrliches Lob wieder motivieren, an seinem Vorhaben dranzubleiben, statt die Flinte ins Korn zu werfen. Wer zu starken Selbstzweifeln neigt, kann ein Lob als Balsam für die Seele empfinden. Und jemand, der sich in seinem Tun zu wenig von anderen gesehen und gewürdigt sieht, kann sich durch ein Lob anerkannt und bestärkt fühlen.

Letztlich ist auch ein sorgfältig begründetes negatives Feedback als eine Form von Anerkennung zu werten, da eine solche Kritik beinhaltet, dass man sich mit der Leistung des anderen auseinandergesetzt hat und damit auch mit der Person, die sie geschaffen hat. Im Alltag wird Kritik jedoch oft als negativ erlebt – vor allem dann, wenn die Wertschätzung des anderen als Person auf der Strecke bleibt.

»Ich kann weder mit Lob noch mit Kritik gut umgehen«, bekennt Doris. »Wenn mich jemand lobt, denke ich immer gleich daran, welche Hintergedanken er haben könnte. Bei Kritik bin ich geknickt und will das möglichst schnell ausblenden. Und ich selber? Vermeide es, jemanden zu kritisieren, weil ich keinen Unmut auf mich ziehen will. Jemanden loben, das mache ich schon ab und zu, fühle mich dabei aber nicht recht wohl, weil ich dann meinerseits denke, der andere könnte mir eigennützige Hintergedanken unterstellen. Wahrscheinlich mache ich das alles wegen meiner vielen Gedanken um ›wäre‹ und ›wenn‹ viel zu kompliziert.« In der Tat: Doris überlegt viel, was theoretisch alles sein oder nicht sein könnte. Doch wie beim Kompliment ist auch beim Lob eines am wichtigsten: Ehrlichkeit. Ein Lob wirkt nicht, wenn das Gegenüber Ihren innerlichen Widerwillen spürt. Und: Vermeiden Sie es auch, einfach pauschal zu loben (»Schön, dass Sie so geistesgegenwärtig sind«), sondern beziehen Sie sich auf das konkrete Verhalten im Zusammenhang mit der positiven Auswirkung (»Nur weil Sie so schnell reagiert haben, ist die Sache gut ausgegangen«).

Lob motiviert und stärkt nicht nur denjenigen, der durch unsere Worte Wertschätzung erfährt, sondern wirkt auch positiv auf uns zurück. Die Freude des anderen erfreut uns selbst.

Dankbarkeit

Wenn etwas gut läuft, dann nehmen wir das oft als selbstverständlich hin, während uns Störendes, ein Makel oder ein Fehler sofort auffallen. Doch nichts ist wirklich selbstverständlich. So sind unsere Lebensbedingungen und unser Lebensstandard, die Art, wie wir unser Leben gestalten können, und die Qualität unserer Umgebung keineswegs naturgegeben, wie ein Blick in die Nachrichten schnell aufzeigt. Wenn wir uns immer wieder bewusst machen, welche Privilegien wir in diesem Teil der Erde eigentlich genießen, hilft uns dies dabei, wieder das wahrzunehmen, was wir haben und was schön in unserem Leben ist, statt unentwegt auf das zu starren, was uns fehlt oder was wir sonst noch alles zu unserem Glück bräuchten. Dankbarkeit pflegen ist eine innere Haltung, eine Orientierung hin zum Guten im Leben und eine der wesentlichsten Voraussetzungen für Lebenszufriedenheit. Wenn wir dankbar sind für das, was schön und gut in unserem Leben ist, dann verschont uns das zugleich davor, unzufrieden zu sein – indem wir unser Glück von Dingen abhängig machen, die wir nicht haben oder die unerreichbar für uns sind.

Auch bei der Dankbarkeit gilt wieder das gleiche Prinzip wie bei anderen Formen der Wertschätzung: Indem wir jemand anderem aufrichtigen Dank bekunden, tun wir gleichzeitig etwas Gutes für unser eigenes Wohlbefinden. Wir fühlen uns selbst zum einen deswegen wertvoll, weil der andere etwas für uns getan hat, und zum anderen, weil wir das erkannt und wertgeschätzt haben.

Wie man weiß, profitiert auch unsere Gesundheit von einer dankbaren Grundhaltung: Dankbarkeitsgefühle stärken das Immunsystem, verbessern den Schlaf, senken den Blutdruck, und auch Schmerzen werden weniger stark wahrgenommen, wie im Rahmen verschiedener Studien herausgefunden wurde. Dankbare Menschen leiden zum einen seltener unter depressiven Verstimmungen als Menschen, die dieses Gefühl nur selten verspüren, und zum anderen weisen sie auch weniger Stresssymptome auf. Und: Dankbare Menschen entwickeln wesentlich weniger negative Gefühle als undankbare Zeitgenossen. Sie gehen schonend mit den Lebensgrundlagen um, mit der Natur, mit Tieren und Pflanzen, doch auch mit ihnen anvertrauten oder erworbenen Dingen.

Wer es sich angewöhnt, für das, was ihm begegnet, dankbar zu sein und diesem Dank Ausdruck zu verleihen, erlebt die Welt mit neuen Sinnen und macht Entdeckungen, die ihm bisher verborgen geblieben waren. Dankbare Menschen finden stets etwas zum Staunen. Von ihnen gehen Impulse zu Fröhlichkeit und Optimismus aus. Für Anja ist jeder neue Tag ein besonderer Tag, und sie genießt es, gesund und tatkräftig ihr Leben gestalten zu können. »Vielleicht kommt man erst dann dahin, zu schätzen, was man hat, und sich nicht zu grämen um das, was einem verwehrt blieb, wenn man ein gewisses Maß an Lebenserfahrung hat. Ich weiß es nicht. Bei mir war es so, dass ich etwa ein Jahr nach dem Tod meines Mannes umzudenken begann und mich fragte, was nun noch wirklich wichtig ist in meinem Leben. Daraus hat sich dann im Anschluss an die Trauer immer mehr Dankbarkeit entwickelt, und darum bin ich froh.«

Übelwollende Menschen – die Grenzen der Wertschätzung

Wertschätzung zu zeigen hat auch seine Grenzen. So ist es natürlich völlig klar, dass, wenn beispielsweise jemand uns anlügt oder übervorteilt, uns etwas missgönnt oder sich in narzisstischer Selbstgefälligkeit produziert und uns als Publikum missbrauchen will, Wertschätzung unangebracht ist. Das würde denjenigen nur in seinem unsozialen Verhalten bestärken.

Aber hat nicht *jeder* Wertschätzung verdient, selbst wenn er anderen schadet und ihnen das Leben schwer macht? Im Umgang mit einem böswilligen Menschen kann dieser Anspruch schnell zur Falle werden, weil unser Gegenüber das in aller Regel als Schwäche interpretieren und ausnutzen wird. Verdient hat er: ein ehrliches Feedback. Wenn jemand sich unmoralisch oder heimtückisch verhält, ist eine klare Ansage gefordert. Schon allein, um aufzuzeigen, wo Grenzen sind.

Bei Menschen, die anderen Menschen Schaden zufügen, sind zu Recht Vorsicht und Misstrauen angesagt. Es geht hier vorrangig darum, sich selbst zu schützen und auch – wo es möglich ist – den Kontakt zu böswilligen Zeitgenossen zu meiden bzw. auf das Unumgängliche zu beschränken.

Nicht immer ist sofort klar, dass wir es mit jemand zu tun haben, der etwas Übles im Schilde führt, der uns schwächen, herabsetzen oder übervorteilen will. Wir spüren vielleicht nach einer solchen Begegnung nur instinktiv, dass der Kontakt nicht gutgetan hat, indem wir uns kraftlos, entmutigt, ausgenutzt oder als eine Art emotionaler Blitzableiter missbraucht fühlen, ohne den Grund dafür zu erkennen.

Übelwollende Menschen erkennen

Hier einige Indizien dafür, dass wir es mit einem Menschen zu tun haben, der uns nicht guttut. Übelwollende Menschen …

- missachten die Grenzen anderer. Sie verhalten sich übergriffig, indem sie sich Dinge herausnehmen, zu denen sie nicht berechtigt sind.
- verspüren selten Schuldgefühle, wenn sie jemand anders verletzt haben. Ihr Empfinden für angemessenes und unangemessenes Verhalten, für Richtig und Falsch, ist kaum entwickelt. Sie sehen sich selbst im Recht, den anderen im Unrecht.
- haben keine Skrupel, die Wahrheit zu frisieren oder auch ganz bewusst zu lügen, um ihre eigenen Interessen durchzudrücken. Wenn es ihnen nützt, streuen sie zielgerichtet Gerüchte, um andere auf die eigene Seite zu ziehen, lassen beim Argumentieren bestimmte Informationen weg oder erfinden einfach welche dazu.
- nehmen kaum je Rücksicht auf andere, auf deren Befindlichkeit, ihre Wünsche und Bedürfnisse – es sei denn aus taktischen Gründen, um später Gegenleistungen einzufordern.
- sind der Überzeugung, die Welt sei ihnen etwas schuldig. Dementsprechend legen sie anderen gegenüber eine übersteigerte Anspruchshaltung an den Tag, nehmen rücksichtslos die Aufmerksamkeit und Hilfsbereitschaft anderer als gegeben hin, ohne ihrerseits etwas zurückzugeben.

- neigen zur Rechthaberei. Sie haben kein Interesse daran, sich in die Sichtweise ihres Gegenübers hineinzudenken, um diese verstehen zu können.
- versuchen, andere von sich abhängig zu machen.
- setzen ihre Mitmenschen oft emotional unter Druck, versuchen anderen Schuldgefühle zu machen, um sie für ihre eigenen Ziele zu vereinnahmen.
- sind oft neidisch auf andere und verhalten sich dann missgünstig. Wenn sie selbst etwas nicht bekommen, dann soll es auch kein anderer haben.
- verbreiten schlechte Stimmung. Sie finden immer ein Haar in der Suppe, nörgeln und beklagen sich, sticheln und reden schlecht über andere.
- beschweren sich ständig über irgendetwas, vermeiden es aber, selbst Verantwortung zu übernehmen.

Natürlich verhält sich wohl jeder mal in irgendeiner Situation auf eine Weise, wie sie in den »Indizien« aufgeführt ist. Das macht denjenigen nicht automatisch zu einem schlechten Menschen. Sei es, dass Sie sich selbst dabei ertappen, sei es, dass Sie das entsprechende Verhalten an jemand anders bemerken: Niemand ist perfekt.

Kommt das jedoch häufig vor, dann haben Sie es mit großer Wahrscheinlichkeit mit einem »Übelwoller« zu tun. Wer anderen Böses will, hat keine Wertschätzung verdient. Gegenüber solchen Menschen ist es wichtig, emotionalen Abstand zu wahren und sich nicht in etwas hineinziehen zu lassen, was nicht gut für Sie wäre oder Ihnen schaden könnte. Doris empfand sich lange Zeit als eine Anlaufstelle für »Übelwoller«. »Es schien, als hätte ich irgendetwas an mir, was Menschen anzog, die negativ gepolt sind, unentwegt jammern und anderen die Schuld für das Pech in ihrem Leben geben. Und ich selber fühlte mich verpflichtet, für sie da zu sein, und machte ihre Probleme zu meinen eigenen, überlegte mir Lösungen dafür, aber umsonst. Es dauerte ziemlich lange, bis ich merkte, dass diese Personen eigentlich nur jemand brauchten, der Blitzableiter für ihren Frust spielt, aber eigentlich alles beim Alten lassen wollen. Und da beschloss ich dann, lieber Leuten zuzuhören, denen es tatsächlich um einen Austausch und um ein wechselseitiges Geben und Nehmen geht.«

Doris ist heute sehr froh, dass sie gelernt hat, sich gegenüber »Übelwollern« abzugrenzen und sich nicht mehr so leicht in Probleme anderer hineinziehen zu lassen, die nur einen Abladeplatz dafür suchen, ohne etwas ändern zu wollen.

7 Impulse für eine wertschätzende Grundhaltung

Die folgenden sieben Impulse geben Anregungen dazu, mehr Wertschätzung im Alltag zu empfinden und zu zeigen. Einen Menschen wertzuschätzen bedeutet einfach, seinen Wert anzuerkennen und zu respektieren. Unsere Umgebung und die Natur wertschätzen bedeutet, sich des Wertes unserer Lebensgrundlagen bewusst zu sein, sich in der Mitverantwortung für das Ganze zu sehen und entsprechend zu handeln. Unser eigenes Leben wertzuschätzen und damit auch all die Vorzüge, die wir genießen können, bedeutet, achtsam und dankbar zu sein.

Alle Bereiche unseres Lebens bieten die Möglichkeit, Wertschätzung zu üben. Üben können wir überall da, wo wir mit anderen Menschen zu tun haben; wo wir entscheiden, was wir kaufen und was nicht, wie wir mit Energie, Wasser und Luft haushalten; wo sich zeigt, wie wir mit dem umgehen, was wir besitzen – und wie wir es schließlich auch entsorgen.

Nutzen Sie auch hier wieder Ihr Logbuch dazu, um die nachfolgenden Impulse und die zugehörigen Übungen mit dem Aufschreiben Ihrer Gedanken und Gefühle zu begleiten.

1. Präsent sein

Vieles von dem, was als Kränkung beim anderen ankommt, geschieht aus Achtlosigkeit (vgl. das gleichnamige Unterkapitel im Kapitel »Was hindert uns daran, Wertschätzung zu zeigen?«), ist also kein Ausdruck bewusster Missachtung. Jedoch: Kommunikation ist immer das, was (beim anderen) ankommt, denn er wird nicht auf unsere Absicht reagieren, sondern auf das, was er wahrnimmt und was er verstanden hat.

Wenn wir unsere Alltagskommunikation wertschätzender gestalten wollen, gilt es also in einem ersten Schritt, häufiger als bisher im Hier und Jetzt präsent zu sein und aufmerksam wahrzunehmen, was gerade geschieht.

Übung 17

Konzentration und Wahrnehmung

Nehmen Sie sich für diese Übung etwa eine halbe Stunde Zeit und suchen Sie einen belebten Ort auf, beispielsweise ein Café, eine Wartehalle oder einen Park im Sommer. Nehmen Sie Ihr Logbuch mit, um Ihre Eindrücke festzuhalten.
Beobachten Sie die anderen Menschen um Sie herum eine Zeitlang aus der Sicht eines neutralen Beobachters heraus – was fällt Ihnen auf?

- Wie bewegen sich die Menschen um Sie herum?
- Was tun sie, wie verhalten sie sich?
- Wie sind sie gekleidet?
- Gibt es Ähnlichkeiten … Gemeinsamkeiten … Unterschiede?
- Erkennen Sie in Mimik, Gestik, Körpersprache, Gangart bestimmte Muster? Wenn ja, welche?

Ohne es zu wollen, werden Sie automatisch werten und Schlüsse ziehen. Seien Sie sich jedes Mal, wenn eine Wertung – positiv wie negativ – auftaucht, bewusst, dass diese »Einordnung« willkürlich ist, nämlich nur eine Interpretation aus einer bestimmten (nämlich Ihrer ganz persönlichen) Weltsicht heraus.

Ihre Aufgabe besteht darin, möglichst genau wahrzunehmen, was Sie tatsächlich sehen und vielleicht auch hören. Machen Sie sich Notizen über die Resonanz, die diese konzentrierte Wahrnehmung in Ihnen hervorruft.

Nutzen Sie weitere Gelegenheiten dazu, auf diese Art und Weise konzentriert wahrzunehmen. Wenn Sie dabei merken, dass Sie abschweifen und sich mit Gewesenem oder Zukünftigem beschäftigen, holen Sie Ihre Aufmerksamkeit geduldig wieder zurück ins Hier und Jetzt und in die Betrachtung der Menschen um Sie herum.

Während Gerd diese Übung leichtfiel (»Mache ich sowieso öfters mal, wenn ich auf die S-Bahn warte«), tat sich Elena schwer damit. »Ich bin meist mit dem beschäftigt, worum es bei mir gerade geht, das heißt, wenn ich irgendwo sitze, guck ich vor mich hin und mache mir meine Gedanken, vor allem über anstehende Entscheidungen. Die Außenwelt ist da mehr oder weniger ausgeblendet. Ich krieg wenig mit von dem, was sich um mich herum tut, außer einer spricht mich an. Mir die Leute anzuschauen fand ich erst mal ziemlich langweilig. Wozu sollte das gut sein? Aber ich übte weiter, und so mittendrin erkannte ich, vielmehr spürte ich, dass jeder von denen, die da um mich herum im Café saßen, ja genauso ein Minikosmos ist wie ich selbst, dass er eine Biographie, eine Geschichte hat. Klar weiß man das, aber es zu spüren, dessen gewahr zu sein, ist etwas ganz anderes.«

Wahrnehmung und Interpretation

Nehmen Sie sich für diese Übung etwa eine halbe Stunde Zeit und suchen Sie wieder einen belebten Ort auf – mit dem Logbuch in der Tasche, um Ihre Eindrücke aufschreiben zu können.

- Gehen Sie in den Modus der konzentrierten Wahrnehmung wie in Übung 17 beschrieben.
- Nun dürfen Sie nach Herzenslust interpretieren und Vermutungen anstellen: Fühlen Sie sich, so gut es Ihnen möglich ist, in die Menschen ein, die Sie sehen – Ihnen bekannte ebenso wie Ihnen unbekannte Personen, beispielsweise, wenn Sie in einem Café sitzen, die Leute am Nebentisch, und fragen Sie sich, welche Träume, Ideen, Überzeugungen sie haben mögen, was sie momentan wohl fühlen und was sie in ihrem Leben schon bewältigt haben könnten.
- Natürlich sind Sie dabei rein auf Vermutungen angewiesen; betrachten Sie die Übung als ein Spiel, bei dem Sie Ihrer Phantasie freien Lauf lassen können.
- Stellen Sie ruhig für die Personen, die Sie sehen, mehrere unterschiedliche Vermutungen an. Achten Sie dabei auf Ihre Gefühle. Was fühlt sich »richtig« an und was »falsch«? Woran machen Sie das fest?
- Halten Sie Ihre Beobachtungen in Ihrem Logbuch fest.

Die meisten unserer Interpretationen sind reine Vermutungen – auch bei Menschen, die wir näher kennen bzw. zu kennen glauben. Diese Übung ist dazu gedacht, uns zu sensibilisieren und nicht alles, was wir wahrnehmen, dem ersten Eindruck entsprechend als »richtig« einzusortieren. Je präsenter Sie im Hier und Jetzt sind, desto umfassender nehmen Sie wahr und desto offener werden Sie für neue Sichtweisen.

Dies gilt auch für die tägliche Kommunikation mit Nachbarn, Bekannten, Kollegen, Fremden. Je präsenter Sie sind, desto geringer ist auch die Gefahr von Missverständnissen. Dies gilt insbesondere auch für das Zuhören, denn: Hören ist nicht gleich Zuhören.

Wenn wir, während wir zuhören, mit den Gedanken woanders sind, können wir im Anschluss an das Gespräch nur wenig davon wiedergeben. Und wir hinterlassen beim anderen den Eindruck, desinteressiert und achtlos zu sein. Vielleicht hält er uns auch für arrogant. Wenn wir hingegen ganz »dabei« sind, vermitteln wir unserem Gegenüber Aufgeschlossenheit, Interesse und Wertschätzung.

Zuhören verlangt, dass wir unsere Konzentration aktiv auf ein Thema lenken, dass wir neugierig sind, vielleicht auch Fragen stellen oder den Eindruck haben, dass es spannend sein könnte, sich mit dem zu beschäftigen, was uns unser Gegenüber mitteilen möchte.

Zuhören bedeutet auch, tatsächlich aufzunehmen, was mitgeteilt wird. Wir hören, was jemand sagt, welche Worte er verwendet, in welchem Tonfall er spricht und wie seine Stimme dabei klingt. Ebenso nehmen wir Mimik und Gestik wahr. So erfahren wir etwas über seine momentane Stimmung, aber auch über seine Einstellungen und seine Befindlichkeit.

Wertschätzendes Zuhören

Achten Sie bei den nächsten Gesprächen, die Sie führen, darauf, ganz präsent zu sein.

- Lassen Sie keine Ablenkung zu, weder durch das Handy noch durch Im-Raum-Herumschauen noch durch Gedanken an das, was Sie jetzt gleich erzählen wollen.
- Konzentrieren Sie sich ganz auf Ihr Gegenüber – darauf, was er oder sie sagt, wie die Stimme klingt, welche Worte gewählt werden, in welcher Stimmung der andere ist. Achten Sie dabei auch auf körpersprachliche Signale.
- Holen Sie abschweifende Gedanken beharrlich immer wieder zurück.
- Bringen Sie körpersprachlich zum Ausdruck, dass Sie ganz Ohr sind, etwa durch Nicken, mittels Augenkontakt, indem Sie sich mit Kopf und Oberkörper dem anderen leicht zuneigen, durch entsprechende Mimik etc. Zeigen Sie Ihrem Gesprächspartner, wie wichtig es Ihnen ist, was er zu sagen hat.
- Setzen Sie auch kleine verbale Signale ein, die zeigen, dass Sie ganz bei der Sache sind, etwa kurze Bestätigungslaute wie »Ja«, »Hm«, »Ah«, »Ach« etc.
- Kurze Rückfragen und Bekräftigungen vermitteln ebenfalls, dass Sie voll dabei sind, beispielsweise: »Das wurde echt so gesagt?«, »Uh, ist das spannend« usw.

Probieren Sie das mit verschiedenen Personen und Themen aus und halten Sie Ihre Eindrücke wieder im Logbuch fest. Widerstehen Sie der Versuchung, Ihr Gegenüber zu unterbrechen oder Eigenes zum Besten zu geben.

Schreiben Sie auf, wie das wertschätzende Zuhören bei Ihrem jeweiligen Gesprächspartner ankam, welchen Eindruck Sie jeweils hatten – und wie es Ihnen selbst dabei ging.

Natürlich wäre der Anspruch, nun *jedes* Gespräch so führen zu wollen, sehr hoch gehängt, aber: Im ganz normalen Alltag öfter als bisher dem anderen konzentriert zugewandt zu sein und dies auch entsprechend zu signalisieren schafft ein gutes Gesprächsklima.

2. Perspektivenwechsel: Positives entdecken

Vielen Menschen fällt das, was sie nicht mögen, was sie unschön, falsch oder unvollkommen finden, viel stärker auf als das, was aus ihrer Sicht in Ordnung ist, nicht nur an sich selbst (vgl. das Kapitel »Was Selbstwertschätzung bedeutet«/Unterkapitel »Sich akzeptieren – voll und ganz«), sondern auch an anderen. Dass die Nachbarin eine viel zu enge Jacke trägt, dass bei dem Mann, der ihnen in der U-Bahn gegenübersitzt, die Socken nicht zur Hose passen, dass jemand anders eine krumme Nase hat, dass der Teppich im Vorzimmer des Steuerberaters schon bessere Zeiten gesehen hat und so weiter und so fort.

Es ist dann so, als würden wir einen inneren Nörgler beherbergen, der an allem und jedem etwas auszusetzen hat. Die permanente Abwertung von Menschen und Dingen in unserer Umgebung schafft eine gereizte Grundstimmung, und diese führt wiederum dazu, dass uns noch mehr Benörgelnswertes ins Auge fällt, und das prägt dann auch unsere Ausstrahlung auf andere. Umgekehrt führt ein wohlwollender Blick dazu, dass auch wir selbst viel positiver wahrgenommen werden, einfach deswegen, weil sich unsere Mimik und Gestik entsprechend verändern.

Als notorische Nörgler und Haar-in-der-Suppe-Finder ziehen wir dazu Passendes scheinbar magisch an. Nicht nur, dass wir in unserer Umgebung immer mehr Menschen, Dinge, Vorkommnisse finden, die allesamt unvollkommen sind, wir ziehen auch unbewusst Menschen an, die ähnlich ticken – andere notorische Nörgler, die das eigene Weltbild bestätigen. Das scheint dann erst einmal gutzutun, sich gemeinsam über die Fehler und Mängel anderer zu echauffieren, aber auf Dauer deprimiert es und macht unzufrieden.

Diese Erfahrung hat auch Doris gemacht: »Ich hatte es immer wieder mit Menschen zu tun, die sich über ihre Situation beklagten, ohne wirklich etwas ändern zu wollen. Und ich selbst fand die Einstufung meiner Tätigkeit in der Verwaltung ungerecht und litt unter einem deutlichen Mangel an Wertschätzung vonseiten meines Chefs und meiner Kollegen. Ich hab dies aber lange einfach so hingenommen. Vielleicht zog meine Ausstrahlung genau die Leute an, die sich, genau wie ich selbst, als Opfer von Willkür sehen.«

Übung 20

Etwas Positives finden

Machen Sie mal ein kleines Experiment, indem Sie einen Tag lang jedem negativen Kommentar, der Ihnen in den Sinn kommt, einen positiven an die Seite stellen.

Die Nachbarin mit der engen Jacke hat zum Beispiel eine Frisur, die ihr hervorragend steht; bei dem, wo die Socken nicht zur Hose passen, sieht vielleicht der Bart schick aus; der mit der krummen Nase hat vielleicht schöne blaue Augen; und im Vorzimmer des Steuerbüros hängt ein ausdrucksstarkes abstraktes Gemälde, das ganz prima zu den Möbeln passt.

Indem Sie jedem Negativ-Kommentar einen positiven gegenüberstellen, rücken Sie sozusagen die Dinge wieder ins Lot, stellen eine Balance zwischen dem – aus Ihrer Sicht – Guten und dem nicht so gut Scheinenden her. Sie »verbieten« sich die negative Sichtweise nicht, sondern Sie erlauben sich, auch andere Blickwinkel zuzulassen.

Wenn Ihnen das 1-Tages-Experiment zusagt, dann machen Sie es sich zur Gewohnheit, mit dem Blick auf das Positive Ihre Wahrnehmung zu variieren. Bald schon werden Sie dann ganz automatisch Ausschau nach dem halten, was schön und gut an Ihrem Gegenüber oder an Ihrer Umgebung ist.

Die Art und Weise, wie wir andere Menschen, Pflanzen und Tiere, Gegenstände, Räume, Plätze, Straßen, Häuser, überhaupt alles um uns herum betrachten – und mehr oder weniger automatisch auch bewerten –, bestimmt mit, ob wir gut oder schlecht gelaunt sind, ob wir auf andere anziehend oder abweisend wirken und auch, welche Entscheidungen wir treffen.

Wenn wir es uns angewöhnen, an jemandem nicht nur das, was uns stört, zu bemerken, sondern auch das, was uns gefällt, dann ist der nächste Schritt, dies auch mitzuteilen – beispielsweise in Form eines Komplimentes oder eines Lobes. Geben Sie den Menschen in Ihrem Umfeld die Anerkennung, die sie verdienen.

Sabine ist dabei, umzudenken. Sie sagt, sie sei überrascht gewesen, wie viele negative innere Begleitkommentare sie bisher abzugeben gewohnt war, und: »Ich denke, dieser ausdrückliche Blick auf Angenehmes, auf Dinge, die mir gefallen, könnte mir helfen,

mit meiner Situation als unfreiwilliger Single besser zurechtzukommen.«

Übung 21

Wertschätzung zeigen mit Lob und Komplimenten

Behalten Sie es nicht für sich, wenn Sie etwas gut finden. Überlegen Sie, wie Sie es dem anderen sagen können, indem Sie
einfach eine wohlwollende, freundliche Äußerung zu dem Positiven machen, das Ihnen an ihm aufgefallen ist.

- Sagen Sie möglichst genau, was Sie beeindruckt oder was
  Sie gut finden, und begründen Sie es, sofern Ihnen etwas
  Einleuchtendes dazu einfällt, mit »weil«. Beispielsweise:
  »Ich finde Ihre Praxis sehr ansprechend, weil die Farben so
  harmonisch aufeinander abgestimmt sind.« Oder: »Ihr
  Redebeitrag hat mir gefallen, weil er den Nagel auf den
  Kopf getroffen hat.«
- Lob und Komplimente können auch in Fragen verpackt sein.
  Fragen Sie Ihr Gegenüber, wie er oder sie etwas Bestimmtes geschafft, getan oder erreicht hat. Beispielsweise: »Wie
  sind Sie auf die Idee gekommen? Wie machen Sie das? Was
  hat den Ausschlag gegeben, dass Sie das Projekt angegan-
  gen sind?« Wohl jeder erzählt gern von seinen Erfolgen
  oder von Dingen, die einfach gut gelungen sind, und freut
  sich, wenn einem anderen dies auffällt, er Interesse zeigt
  und ihm ein positives Feedback gibt.

Für Sheila ist dies ein eher ungewöhnliches Verhalten, und am Anfang fühlte sie sich auch, wie sie es nennt, »albern« dabei. Für sie ist es das Normale, Komplimente entgegenzunehmen, und sie fürchtet sich davor, dass diese ausbleiben könnten, wenn sie sichtbar zu altern beginnt. Darum, an anderen Menschen attraktive und hervorhebenswerte Seiten zu benennen, hat sie sich bisher kaum gekümmert. »Ich war wohl allzu sehr auf mich selbst bezogen. Jetzt, wo ich anderen auch öfter mal was Schönes sage, merke ich, dass die Freude darüber auch mir guttut.«

3. Wertschätzende Kommunikation

Wir können vielen Missverständnissen vorbeugen, wenn wir darauf achten,

- uns selbst so auszudrücken, dass unser Gegenüber uns mühelos folgen kann,
- unsererseits sicherzugehen, dass wir ihn oder sie richtig verstehen,
- nachzufragen, wenn etwas unklar erscheint, und
- Kritik so zu äußern, dass der andere sie gut annehmen kann.

Wenn wir wertschätzend kommunizieren wollen, ist es wichtig, mit einem Gesprächspartner ein gleiches Verständnis von dem zu entwickeln, worüber geredet wird. Dabei hilft uns natürlich das wertschätzende Zuhören (siehe Abschnitt »1. Präsent sein«) sehr. Ein weiteres Hilfsmittel, um sicherzugehen, dass das, was der andere gesagt hat, auch richtig bei uns angekommen ist, ist das Paraphrasieren, das heißt das Gehörte mit anderen Worten zu wiederholen. Anhand der Reaktion unseres Gegenübers daraufhin wissen wir dann sofort, ob wir ihn oder sie richtig verstanden haben.

Paraphrasieren

Achten Sie bei einem Ihrer nächsten Gespräche darauf, sich rückzuversichern, dass Sie Ihr Gegenüber tatsächlich richtig verstanden haben, indem Sie den Inhalt paraphrasieren. Unterstützende Wendungen können dabei sein:

- Sie denken also, dass (…).
- Bei mir ist das jetzt so angekommen (…), korrigieren Sie mich bitte, wenn ich das falsch verstanden habe.
- Sie haben also (…), und Ihr Partner hat dann (…).
- Das war bestimmt eine Erleichterung, oder?
- Da waren Sie verärgert, was?
- Wenn ich mich da hineinversetze, dann verstehe ich (…).

Paraphrasieren ist eine Wiederholung des Gesagten mit eigenen Worten; wichtig dabei ist, den Inhalt des Gehörten so genau wie möglich zu benennen.

Eng mit dem Paraphrasieren verwandt ist das Nachfragen. Auch dies dient der Vergewisserung, dass wir unser Gegenüber richtig verstehen, aber darüber hinaus auch dazu, weitere Informationen zu erhalten, die dann zu einem noch klareren Bild führen.

Bei Klärungsbedarf gilt es, frühzeitig nachzufragen, unmittelbar, nachdem der andere etwas gesagt hat, mit dem Sie nichts anzufangen wissen. Denn: Wenn Sie das nicht tun und das, was der andere weiter ausführt, auf dem für Sie Unverständlichen aufbaut, dann vertieft sich Ihr Unverständnis entsprechend. Nicht zu verstehen und nicht verstanden zu werden ist gleichermaßen ineffektiv.

Die Befürchtung, der andere könnte sich genervt fühlen durch Ihre Verständnisfragen, ist zuallermeist unbegründet. Vielmehr zeigt es ja, dass Sie Interesse an ihm als Person haben und ebenso an dem, was er zu sagen hat. Die sofortige Nachfrage ist nicht peinlich, sondern dient beiden Beteiligten zur besseren Verständigung.

Übung 23

Nachfragen

Konzentrieren Sie sich bei einem Ihrer nächsten Gespräche wieder darauf, Ihr Gegenüber richtig zu verstehen. Fragen Sie nach, sobald Sie sich nicht sicher sind, etwas richtig verstanden zu haben. Hilfreiche Formulierungen könnten sein:

- Was genau bedeutet das für (...)?
- Hat das Ähnlichkeit mit (...)?
- Wie häufig tritt das auf?
- Was führte zu der Situation, die Sie gerade geschildert haben?
- Wer ist davon betroffen?

Nachfragen sind wertschätzend, weil Ihr Gegenüber dadurch merkt, dass Sie nicht nur zuhören, sondern dass Ihnen auch Details wichtig sind – und weil Sie selbst sicher sein können, zu wissen, wovon der andere spricht.

Gerd hat Hemmungen nachzufragen. Zum einen fürchtet er, sein Gegenüber könnte ihn für begriffsstutzig oder dumm halten, zum anderen fällt ihm in der Situation oft gar nicht auf, dass er etwas nicht richtig verstanden hat, und er sieht insofern keinen Grund, eine klärende Frage zu stellen. »Wahrscheinlich ist es gut, noch konzentrierter zum einen das wertschätzende Zuhören zu üben und zum anderen auch den Blickkontakt. Ich komme immer mehr darauf, dass die Präsenz im Gespräch das A und O ist, denke aber, dass ich da noch viel Geduld mit mir haben muss.«

Wertschätzende Kritik

Feedback von anderen ist für jeden von uns wichtig, damit wir uns weiterentwickeln können. Feedback meint nicht nur Lob und Anerkennung, sondern auch Kritik gehört dazu. Jeder von uns hat ein sehr subjektives Verständnis von sich selbst und vom eigenen Verhalten. Wir handeln entsprechend unserer Einstellungen und Annahmen, und dabei machen wir uns manchmal auch etwas vor. So nehmen wir nur aus einem eingeschränkten Blickwinkel heraus wahr, wie wir uns verhalten, und vor allem auch, wie das, was wir tun, bei anderen ankommt. Selbstbild und Fremdbild können da oft stark voneinander abweichen. Um dazuzulernen und uns weiterzuentwickeln, ist Feedback daher sehr wertvoll: positives wie negatives. Anderen geht es dabei genauso wie uns selbst, deshalb scheuen Sie nicht davor zurück, das Verhalten eines anderen zu kritisieren. Kritik an sich ist kein Mangel an Wertschätzung, ganz im Gegenteil: Jemand anders zu sagen, dass ein bestimmtes Verhalten bei uns schlecht ankommt, gibt ihm die Chance, es zu verändern. Es kann durchaus sein, dass ihm gar nicht bewusst war, sich danebenbenommen zu haben. Kritik und Wertschätzung vertragen sich also durchaus – es kommt vielmehr auf die Form an, in der die Kritik geäußert wird.

Konstruktive Kritik ...

○ bezieht sich auf konkretes Verhalten, nicht auf die Person. Nörgeln, Schimpfen und Beleidigen sind dementsprechend völlig indiskutabel. Kritik sachlich zu äußern bedeutet, sich auf den Sachverhalt zu beziehen, und nicht, denjenigen oder diejenige, der oder die dafür verantwortlich ist, pauschal zu verurteilen.

○ pocht nicht auf Universalgültigkeit, sondern macht deutlich, dass die Bewertung subjektiv ist. Wenn wir von den eigenen Eindrücken und Maßstäben sprechen und nicht so tun, als wäre das »die Wahrheit«, fällt es dem Gegenüber leichter, die Kritik anzunehmen.

○ macht eine Aussage darüber, wie der Kritisierende sich die Sache künftig vorstellt: »Ich wünsche mir, dass ...«, »Ich denke, es läuft künftig besser, indem ...« usw.

○ sollte nicht ausschließlich negativ sein. Kritik ist für viele schwer zu akzeptieren. Daher ist es für den Kritisierten leichter, auf Fehler hingewiesen zu werden und Verbesserungsvorschläge anzunehmen, wenn er sieht, dass wir nicht nur »meckern« wollen, sondern auch die positiven Seiten sehen. Die »Sandwich-Methode« mildert negative Kritik, indem wir das, was der andere falsch gemacht hat bzw. was uns ärgert oder stört, zwischen zwei positive Bewertungen legen – wie ein Sandwich eben. Das Ziel dabei ist, Kritik so zu äußern, dass sie die andere Person nicht verletzt, kränkt oder in eine starre Verteidigungsposition treibt. Eine gute Vorbereitung dafür, sensibel für das zu werden, was dem anderen bei aller Kritik auch gelungen ist, ist Übung 21: »Wertschätzung zeigen mit Lob und Komplimenten«.

Sandwich-Feedback

Wenn Sie das nächste Mal mit einem Verhalten konfrontiert werden, das Sie stört oder ärgert, dann sprechen Sie es offen an und gehen dabei im nachfolgenden Dreierschritt vor:

1. Beginnen Sie zunächst mit einem Lob für etwas, was der andere gut gemacht hat.
2. Äußern Sie dann Ihre Kritik – am Verhalten, nicht an der Person, und so konkret wie möglich; gehen Sie auf die Auswirkungen des kritisierten Verhaltens ein.
3. Schließen Sie ab mit zuversichtlichen, anerkennenden Worten für das, was positiv am Verhalten des anderen oder am Geschehen war.

Eine auf wertschätzende Weise formulierte Kritik gibt dem anderen die Möglichkeit, sein Gesicht zu wahren und damit auch seine Selbstwertschätzung. Wir machen damit klar, dass es uns nicht darum geht, Gefühle zu verletzen oder jemand fertigzumachen, sondern darum, dass der andere sachbezogen etwas verändert. Wertschätzende Kritik macht ihn auf negative Wirkungen seines Verhaltens aufmerksam, die ihm bisher vielleicht nicht bewusst waren, und eröffnet ihm neue Möglichkeiten, die er bisher noch nicht in Erwägung gezogen hat.

Bei Doris geht es vor allem darum, das Wertvolle an einer Kritik deutlicher im Blick zu haben. Das wird ihr helfen, sich häufiger als bisher im Kreis ihrer Kollegen und bei Besprechungen einzubringen und sich dann auch in Bezug auf Dinge zu äußern, die ihr nicht gefallen. Elena hat sich vorgenommen, daran zu arbeiten, Kritik wertschätzend zu formulieren. »Dann habe ich eine bessere Chance, dass die Kollegen darauf eingehen und nicht gleich die Ohren auf Durchzug stellen.«

4. Dankbarkeit pflegen und zeigen

Indem wir uns bedanken, drücken wir aus, dass wir aufmerksam sind für das, was der andere tut, und dass wir es wertschätzen. Anderen dankbar sein können wir für vieles: für eine freundliche Geste, für Hilfe und Unterstützung bei der Lösung eines Problems, für eine Gefälligkeit oder ein Geschenk. Ganz allgemein: Gegenüber Gott oder dem Schicksal können wir Dankbarkeit verspüren für alles Schöne, was wir erleben, sei es ein farbenprächtiger Sonnenuntergang, die Freude am Garten, die duftende Blüte einer Rose, die Stille nach stressigem Lärm, das Spaßhaben an Musik, Tanz, Malerei oder Theater, die Zutraulichkeit einer Katze, ein wohlschmeckendes Essen, ein Glas guten Rotweins am Abend, Freunde, mit denen wir offen reden können, glückliche Zufälle, die uns vor etwas Üblem bewahrt haben, oder auch die Genesung nach einer Krankheit. Jeder Tag bietet vielfältige Möglichkeiten, Dankbarkeit zu empfinden und zu zeigen.

Übung 25

Dankesliste

Für diese Übung brauchen Sie etwa fünf bis zehn Minuten Zeit: Machen Sie sie am besten abends, da Sie dann den Überblick haben, was alles sich im Laufe des Tages ereignet hat.

- Nehmen Sie Ihr Logbuch zur Hand. Lassen Sie vor Ihrem geistigen Auge den Tag Revue passieren und richten Sie dabei Ihren Fokus auf das, wofür Sie dankbar sein können. Auch ganz kleine Dinge zählen.
- Notieren Sie sich alle diese Dinge – es sollten mindestens fünf sein.
- Führen Sie die Übung vier Wochen lang jeden Tag durch und lesen Sie Ihre Einträge immer mal wieder durch.
- Prüfen Sie nach Ablauf dieser Zeit, ob sich an Ihrer Wahrnehmung der Welt und anderer Menschen etwas verändert hat.

So wie nichts von dem, was wir sehen und erleben, selbstverständlich ist, ist auch nichts, was jemand anders für uns tut, selbstverständlich.

Dankbarkeit setzt immer die Wertschätzung des anderen voraus, und sie ist unabhängig vom Ergebnis seiner Bemühungen und davon, ob er uns sympathisch ist. Auch wenn wir denjenigen, der uns etwas Gutes getan hat, vielleicht nicht sonderlich mögen, so würdigen wir doch, womit er uns behilflich war. Wird in der Familie oder im Kreis der Freunde oder Kollegen Gefühlen der Dankbarkeit Ausdruck verliehen, stärkt das die gegenseitige Verbundenheit.

Wir können nicht zugleich dankbar und unglücklich sein. Undankbare Menschen haben in der Regel zu hohe – und damit unrealistische – Ansprüche an das Leben und an andere. Etwas überzogen formuliert: Sie sehen sich als Mittelpunkt allen Geschehens und glauben, das Leben müsse so funktionieren, dass es in erster Linie ihnen gutgeht. Da ihre Ansprüche jedoch so wirklichkeitsfremd sind, ist die Folge, dass sie chronisch unzufrieden und damit auch undankbar sind. Dankbarkeit zu üben kann helfen, den Fokus zu verändern und die eigenen Ansprüche realitätsgerechter zu gestalten.

Übung 26

Ein Gefühl der Dankbarkeit entwickeln

Nehmen Sie sich ca. zehn Minuten Zeit. Kommen Sie innerlich zur Ruhe und nehmen Sie Ihr Logbuch zur Hand.

- ☉ Unternehmen Sie in Gedanken einen Rückblick auf die letzten sechs Monate und machen Sie sich bewusst, was sich in diesem Zeitraum alles ereignet hat und was andere für Sie getan haben und wofür Sie ihnen dankbar sein können.
- ☉ Finden Sie fünf oder auch mehr Menschen, denen Sie für etwas dankbar sein können – für große Hilfe und Unterstützung ebenso wie für kleine Gefälligkeiten, ein schönes Geschenk oder für freundliche Gesten. Schreiben Sie alles, was Ihnen einfällt, nieder.
- ☉ Beziehen Sie insbesondere auch persönliche Ziele mit in diese Übung ein, die Sie mit der Hilfe anderer erreicht haben. Beschreiben Sie, wobei genau der oder die andere Sie unterstützt hat.
- ☉ Lesen Sie dann alles noch einmal durch und spüren Sie in sich nach, wie es sich anfühlt, dankbar zu sein.

Ergänzen Sie Ihre Aufzeichnungen in den folgenden Tagen gegebenenfalls um weitere Personen, denen Sie für etwas dankbar sind.

Durchforsten Sie ganz gezielt Ihre Erinnerungen. Immer wenn Sie sich bewusst ins Gedächtnis rufen, wofür Sie jemandem dankbar sein können, dann stärkt das Ihre Zufriedenheit und Ihre Lebensfreude.

Übung 27

Dankbarkeit zeigen

Nach einer Woche nehmen Sie Ihre Notizen wieder zur Hand, diesmal mit dem Ziel, sich konkret bedanken zu wollen.

- Wählen Sie eine der Personen aus, denen Sie für etwas dankbar sind.
- Überlegen Sie, in welcher Weise Sie dieser Person gegenüber Ihren Dank zeigen könnten. Falls Sie sich schon bedankt haben, dann überlegen Sie, was Sie darüber hinaus Gutes für sie tun könnten, und setzen Sie es in die Tat um.
- Danach vergegenwärtigen Sie sich die Reaktion des anderen und notieren mit einigen Stichpunkten, was Ihnen dabei am wichtigsten war.
- Beschreiben Sie auch die Gefühle, die Sie selbst in der Situation hatten.
- Wählen Sie dann eine andere Person aus der Liste aus und finden Sie auch für sie eine Form, wie Sie Ihren Dank ausdrücken können, und setzen Sie Ihre Idee in die Tat um.
- Anschließend notieren Sie wieder, was an der Reaktion des anderen und an Ihren eigenen Gefühlen bemerkenswert war.

◎ Wenn Sie diese Übung mit vier oder fünf Personen in Folge durchgeführt haben, dann vergleichen Sie Ihre Aufzeichnungen miteinander. Wo sind Ähnlichkeiten, wo unterscheiden sich die Reaktionen?

Dankbarkeit als Ausdruck von Wertschätzung stärkt die Gesundheit – die physische ebenso wie die psychische – und fördert die Freude am Leben. So könnten wir Dankbarkeit auch als etwas wie ein »Heilmittel« betrachten bei Unzufriedenheit oder der Gier, immer mehr und mehr haben zu wollen. »Das trifft bei mir einen Nerv«, befindet Oliver, »mal nicht die Nummer eins zu sein hat mir immer schwer zu schaffen gemacht. Egal was ich erreicht hatte, ich wollte immer noch mehr. Seit einiger Zeit habe ich damit angefangen, meine Werte zu hinterfragen. Natürlich will ich immer noch, dass meine Agentur Erfolg hat, aber ich will es für mich selbst als Mensch, nicht mehr als Frage von Sein oder Nichtsein. Einen Blick dafür zu entwickeln, was alles in meinem Leben gut und schön so ist, wie es ist, und dankbar dafür zu sein, macht mich innerlich froh und irgendwie auch friedlich.«

5. Hilfsbereitschaft zeigen

Hilfsbereitschaft ist eine Eigenschaft, die unser aller Zusammenleben sehr erleichtert. Indem wir – auf Augenhöhe – für jemand anders da sind, zeigt sich Wertschätzung, etwa dadurch, dass wir:

◎ die Probleme oder die Nöte des anderen erkennen und uns aktiv um Abhilfe bemühen,
◎ ein offenes Ohr für Schwierigkeiten und Konflikte haben,
◎ anderen mit Rat und Tat zur Seite stehen,

ⓖ aufmerksam für die Bedürfnisse unseres Gegenübers sind und zu deren Erfüllung beitragen usw.

Es gibt viele Möglichkeiten, jemandem behilflich zu sein. Hilfsbereitschaft erfordert stets, etwas wegzugeben – etwa die eigene Zeit und Energie, das Einbringen eigener Stärken und Fähigkeiten oder auch finanzieller Mittel zugunsten von jemand anders. Das bedeutet in dem Moment einen Verzicht darauf, vorrangig eigenen Zielsetzungen nachzugehen oder eigene Bedürfnisse zu befriedigen.

Hilfsbereitschaft spricht sich schnell herum. Jemand, der als hilfsbereit gilt, genießt Sympathie und Wertschätzung. Diejenigen, denen wir bei der Lösung eines Problems geholfen haben, werden uns positiv in Erinnerung behalten, nicht nur wegen des Ergebnisses der tatkräftigen Unterstützung, sondern auch, weil die Person »es uns wert war«, eigene Pläne in den Hintergrund zu stellen, um für sie da zu sein.

Meist lernen wir durch unsere Hilfsbereitschaft selbst etwas dazu und verbessern damit auch ganz generell unsere eigene Problemlösefähigkeit. Zudem löst das Gefühl, jemandem weiterhelfen zu können, auch deswegen Freude und Zufriedenheit aus, weil der Gedanke, dass das, was wir tun, für jemand anders hilfreich sein kann, sinnstiftend wirkt.

Des Guten zu viel

Wertschätzende Hilfsbereitschaft ist eine Tugend und hat, wie geschildert, viele Vorteile, sowohl für den Helfenden als auch für den Hilfesuchenden, aber es lauern auch Fußangeln. Am häufigsten sind die nachfolgenden beiden: manipuliert werden und sich übernehmen.

- Manipuliert werden: Es kann passieren, dass wir mit unserer Hilfsbereitschaft auch Menschen anziehen, die dies einfach nur zugunsten der eigenen Bequemlichkeit ausnutzen wollen, nach dem Motto »Mit dem (oder der) kann man es ja machen«. Solche Zeitgenossen laden gerne Dinge auf andere ab, die sie mühelos auch selbst erledigen könnten. Hier gilt es, achtsam zu unterscheiden, wer tatsächlich der Hilfe bedarf und wer nur darauf aus ist, einen Lakaien zu finden. Wertschätzende Hilfsbereitschaft geschieht stets freiwillig. Wir selbst entscheiden, wen wir unterstützen wollen und wen nicht. Sich manipulieren lassen hingegen hat mit Wertschätzung nichts zu tun.
- Sich überfordern: Anderen zu helfen ist ehrenhaft, doch wenn wir dabei öfter unsere Grenzen überschreiten, gerät die Selbstwertschätzung unter die Räder und wir betreiben Raubbau an unserer Energie und Gesundheit. Bevor wir jemand anderen bei einer zeit- oder energiezehrenden Aufgabe unterstützen, gilt es, sich zu fragen: »Will ich das für genau diese Person tun?«, »Was ist dafür erforderlich?«, und dann einzuschätzen: »Schaffe ich das?« Es bringt nichts, wenn wir uns regelmäßig im Bestreben zu helfen an die Grenze unserer Belastbarkeit treiben.

Gerade wenn wir uns für etwas engagieren oder jemandem mit unserem Wissen und Können zur Seite stehen, ist es wichtig, Wertschätzung und Selbstwertschätzung bewusst in Balance zu halten, das heißt einerseits offen und entgegenkommend zu sein, uns aber andererseits auch vor Manipulationen zu schützen und Überforderung zu vermeiden.

6. Ein Gefühl von Verbundenheit entwickeln

Als Menschen sind wir gleichzeitig Individuen und Teil einer Gemeinschaft. Wir betrachten uns selbst immer auch als Angehörige von Gruppen – sei es die Familie, der Freundeskreis, der Sportverein, die Kirchengemeinde, die Bürgerschaft der Stadt oder des Landes. Letztlich sind wir alle auch »Weltbürger« und »Weltgeschöpfe«, zugehörig zu allen Bewohnerinnen und Bewohnern unseres Heimatplaneten. Die Ausprägung des Zugehörigkeitsgefühls hat Einfluss auf unser Selbstverständnis und unser Selbstwertgefühl.

Stets leben wir in der Spannung zwischen unserer persönlichen Entwicklung und der Entfaltung unserer Fähigkeiten und Talente auf der einen Seite und der Zugehörigkeit zu der Gemeinschaft, als deren Mitglied wir uns fühlen, auf der anderen Seite. Die Frage »Wer bin ich eigentlich?« fördert nur Fragmentarisches zutage, solange wir uns dabei auf Nabelschau beschränken und nur unser individuelles Ich im Blick haben. Identität beinhaltet immer auch, sich des eigenen Platzes in der Gemeinschaft bewusst zu sein.

Für die Lebenszufriedenheit ist eine stimmige Balance zwischen individueller Freiheit und Selbstverwirklichung zum einen und Gruppenzugehörigkeit zum anderen ein wichtiger Faktor. Je umfassender das Gefühl der Zugehörigkeit, desto stärker auch das Gefühl von Verantwortung für das Ganze und die Wertschätzung, die wir aus dieser Haltung heraus Mitgeschöpfen und unserer Umwelt entgegenbringen.

Während in den letzten Jahrzehnten der Individualismus mit der ausgeprägten Betonung der Selbstverwirklichung im Vordergrund stand, rücken nun allmählich Zugehörigkeit und Verantwortung für das allgemeine Wohl wieder verstärkt in den Vordergrund, unter anderem vielleicht auch deswegen, weil man erkannt hat, dass das Gefühl der Verbundenheit mit anderen Menschen letztlich glücklicher macht als Konkurrenzdenken und der ständige Wettbewerb, wer der Bessere, Attraktivere, Klügere, Reichere ist.

Das Gefühl, »auf einer Wellenlänge« mit anderen zu sein, sich gegenseitig auf einer umfassenderen Ebene zu verstehen, lässt die Wertschätzung füreinander wachsen.

Inzwischen gibt es über die Auswirkungen von Gefühlen der Empathie und der Verbundenheit auch etliche wissenschaftliche Untersuchungen. So weiß man heute, dass dann, wenn zwei Menschen sich im Gespräch gut verstehen, ihre Gehirne sich aufeinander »einschwingen«, das heißt sie zeigen fast deckungsgleiche Aktivitätsmuster. Das Gefühl von Empathie und Verbundenheit wird umso stärker, je mehr Einfühlung und Verständnis wir für unser Gegenüber aufbringen. Dies lässt eine Win-win-Situation entstehen: Beide fühlen sich bereichert.

Zugehörigkeit ist nicht mit Abhängigkeit gleichzusetzen. Der Zugehörige gehört dazu, obwohl er auch anders kann. Der Abhängige kann nicht anders, obwohl er oft nicht wirklich dazugehört.

Übung 28

Meditation über Verbundenheit

Diese Meditation lässt sich überall durchführen, wo man ein ruhiges Plätzchen vorfindet. Am besten wirkt sie jedoch, wenn sie draußen in der freien Natur praktiziert wird.

Wenn Sie sich draußen aufhalten, suchen Sie einen Ort auf, wo Sie einen weiten, offenen Raum vor sich haben, vielleicht einen Park mit einer ausgedehnten Wiese oder einen See. Sie können dann, während Sie sich auf die Meditation einstimmen, ganz nach Belieben die Augen offen oder geschlossen halten.

In einem geschlossenen Raum ist es günstig, die Augen geschlossen zu halten.

Nehmen Sie einige tiefe Atemzüge und entspannen Sie sich dabei mehr und mehr. Nehmen Sie wahr, wie mit jedem Einatmen ein Luftstrom aus der Atmosphäre in Sie hineinströmt und wie Sie selbst mit jedem Ausatmen die Luft wieder hinaus in die Atmosphäre abgeben.

Atmen Sie eine Weile auf diese Weise und werden Sie sich bewusst, dass Sie dies mit allen Lebewesen teilen: die Teilhabe an der Atmosphäre, das Geben und Nehmen.

Beenden Sie die Übung mit einem Dank an die Atmosphäre, einfach dafür, dass es sie gibt.

7. Grenzen erkennen und kommunizieren

Solange wir jeweils ganz bewusst gerne und freiwillig auf den anderen eingehen und uns nicht dazu gezwungen sehen, fühlen wir uns auch nicht vereinnahmt, vor allem auch dann nicht, wenn wir wissen, dass er oder sie in einer anderen Situation auch auf uns und unsere Bedürfnisse eingehen wird. Dies ist dann ein Miteinander, in dem Geben und Nehmen ausgewogen sind und niemand den anderen einseitig in Beschlag nimmt.

Ein offenes Ohr haben, Dankbarkeit und Hilfsbereitschaft zeigen sind Tugenden, die vieles im Alltag leichter machen. Sie zeigen damit Ihrem Gegenüber, dass er oder sie es Ihnen wert ist, sich ihm mit ganzer Aufmerksamkeit zu widmen und sich zu engagieren.

Indem Sie sich Zeit für ihn nehmen und für ihn da sind, stellen Sie in dem Moment die Wünsche oder Nöte Ihres Gegenübers über

Ihre eigenen Bedürfnisse. Deswegen ist es wichtig, schnell zu erkennen, aus welchen Gründen uns der andere um etwas bittet, denn leider gibt es immer wieder Leute, die es ohne jegliche Skrupel ausnutzen, wenn jemand sich freundlich, zugewandt und hilfsbereit zeigt (vgl. den Kasten »Des Guten zu viel«, Kapitel »7 Impulse für eine wertschätzende Grundhaltung«).

Hier bedeutet ein klares »Nein«, die eigene Selbstwertschätzung in den Vordergrund zu stellen. Und außerdem: Indem wir uns weigern, einer unsozialen Anspruchshaltung weiteres Futter zu geben, praktizieren wir genau genommen auch eine Form von Wertschätzung: Wir geben dem anderen durch unser »Nein« die Chance, innezuhalten und sein eigenes Verhalten zu reflektieren. Ob er das dann tut oder nicht, steht auf einem anderen Blatt.

Übung 29

Für jemand anders da sein – ja oder nein?

Um zu erkennen, ob jemand tatsächlich Hilfe braucht, stellen Sie sich die nachfolgenden Fragen:

- Ist dies eine unvorhersehbare, besondere Situation – oder kommt dieser Kollege/diese Freundin häufig auf Sie zu, um etwas an Sie zu delegieren bzw. sich vertreten zu lassen?
- Wenn Letzteres der Fall ist – wie revanchiert sich die/der andere für das, was Sie ihr/ihm Gutes tun?
- Wie reagiert die andere Person, wenn Sie selbst Hilfe benötigen? Ihrerseits hilfsbereit? Oder blockt sie ab?
- Haben Sie dem/der anderen ein- oder mehrmals mit Rat zur Seite gestanden und er/sie hat nichts davon umgesetzt?

Bei aller Aufmerksamkeit fällt es doch nicht immer leicht zu erkennen, worum es Ihrem Gegenüber geht. Eines jedoch ist wichtig: Lassen Sie sich durch ein paar wenige, die darauf aus sind, andere auszunutzen, nicht von Ihrer wertschätzenden Haltung der Hilfsbereitschaft abhalten. Wer andere darin unterstützt, Probleme zu lösen, lernt dabei stets auch etwas für sich selbst, gewinnt an Erfahrung und wird dadurch besser darin, in Bezug auf eigene Probleme kluge Entscheidungen zu treffen.

Wertschätzung ist eine Tugend, aber kein Dogma. Manche Menschen können wir aufgrund ihres Handelns nicht achten und nicht schätzen.

Sie müssen nicht unbedingt mit allen gut auskommen, vor allem nicht, wenn der Preis dafür Ihre Selbstwertschätzung wäre. Vielmehr geht es darum, das Bewusstsein dafür zu schärfen, welche Kontakte die Tendenz verstärken, sich beklommen, unwohl und schlecht behandelt zu fühlen, und welche Kontakte Ihnen guttun, mit wem Sie sich wohl und verstanden fühlen, so dass es Ihnen Ihrerseits leichtfällt, dem anderen Wertschätzung zu zeigen.

Teil 3

Kleine Geschenke erhalten die Freundschaft

Nähe und Wertschätzung

All die Punkte, die im vorangegangenen Kapitel als Formen der Wertschätzung benannt wurden, sind besonders wichtig im näheren Kontakt mit anderen: den Arbeitskollegen bzw., wenn Sie eine Leitungsfunktion innehaben, den Mitarbeiterinnen und Mitarbeitern, im Familien- und Freundeskreis und insbesondere mit Ihrem Ehe- oder Lebenspartner.

Am Arbeitsplatz verbringen wir oft mehr Zeit als im Kreis unserer Lieben. Man kennt sich, man weiß um die Stärken und Schwächen der anderen. Leider scheint es oft so, als würde mit der wachsenden Nähe und Vertrautheit auch der Hang zu Achtlosigkeit, Klatsch und Mobbing sich steigern, umso mehr, wenn das Betriebsklima schlecht ist und der Wert der eigenen Leistung nicht anerkannt wird. In vielen Betrieben, Behörden und Institutionen kommt positives Feedback viel zu kurz. Moniert wird, wenn die Leistung nicht den Erwartungen entspricht, andernfalls wird einfach geschwiegen. Dass das auf Dauer frustriert, ist nicht weiter verwunderlich.

Natürlich stehen uns unsere Kolleginnen und Kollegen oder sonstigen Mitarbeiter in der Firma längst nicht so nahe wie Freunde, Familienmitglieder oder der Beziehungspartner, aber immerhin verbringen wir ein Drittel des Tages mit ihnen – ganz schön viel Lebenszeit! Umso wichtiger, dass das gemeinsame Arbeiten funktioniert, der eigene Beitrag gewürdigt wird.

In privaten Kontakten und Bindungen ist es oft so, dass die Wahrscheinlichkeit, dass sich Achtlosigkeit und Ignoranz breitmachen, sich vergrößert, je enger die Beziehung wird. Paradox? Das wohl, es kommt aber häufiger vor, als man vermuten könnte. Es ist, als würde man in der Partnerschaft den jeweils anderen zusehends als eine Selbstverständlichkeit betrachten und daraus ableiten, man könnte sich gehenlassen und der andere hätte das hinzunehmen.

Dabei ist gerade in unseren engen Beziehungen gegenseitige Wertschätzung das Mittel, um einander vertrauen, viele schöne Erlebnisse teilen und auch schlechte Zeiten besser meistern zu können. Wertschätzung zu erfahren und Wertschätzung zu zeigen ist eine wesentliche Grundlage für langfristig glückliche Beziehungen.

Selbsttest

Wie stark fühle ich mich anerkannt und respektiert und wie viel Wertschätzung bringe ich selbst den Menschen in meiner Umgebung entgegen?

Welche Rolle spielt Wertschätzung für Sie
- am Arbeitsplatz,
- in Ihren wichtigsten sozialen Beziehungen und
- in der Partnerschaft?

Der folgende Test unterstützt Sie dabei, sowohl Ihr persönliches Empfinden (»Fühle ich mich genügend wertgeschätzt?«) als auch Ihre eigene Wertschätzung in Bezug auf Ihre Kollegen, Familie, Freunde und Ihre Partner zu reflektieren.

- Teil 1: Wie stark fühle ich mich selbst anerkannt und respektiert?
- Teil 2: Wie viel Wertschätzung bringe ich selbst mir nahestehenden Menschen entgegen?

Markieren Sie bitte jeweils wieder, in welchem Umfang die Inhalte der jeweils 24 Aussagen zur passiven wie zur aktiven Wertschätzung in Bezug auf Ihnen nahestehende Personen auf Sie zutreffen. Kreuzen Sie dazu in der Tabelle jeweils eine Zahl zwischen 0 und 4 an, je nachdem, wie stark das jeweilige Statement sich mit Ihrer Selbstwahrnehmung deckt.

Sorgen Sie dafür, dass Sie etwa eine halbe Stunde ungestört sind, und konzentrieren Sie sich auf die einzelnen Aussagen. Lassen Sie kein Statement aus und folgen Sie dabei vorrangig Ihrer Intuition, statt lange über eine »korrekte« Zuordnung zu grübeln. Wenn Ihnen die Entscheidung trotzdem schwerfällt, wählen Sie die Alternative aus, die Ihrer intuitiven Einschätzung am ehesten entspricht.

Die Zahlen bedeuten jeweils:

- 4 = ist ganz allgemein typisch für mich
- 3 = ist in vielen Situationen typisch für mich
- 2 = ist in speziellen Situationen typisch für mich
- 1 = erlebe ich nur selten so
- 0 = erlebe ich gar nicht

Zählen Sie am Schluss Ihre ermittelten Zahlen zusammen. Was Ihr Ergebnis im Einzelnen bedeutet, lesen Sie in den nachfolgenden Auswertungen.

Teil 1

	0	1	2	3	4
Meine Kolleginnen und Kollegen zeigen mir, dass sie meine Arbeit schätzen. (a)					
In der Zeit, die ich mit meiner Partnerin/meinem Partner zusammen bin, fühle ich mich meistens sehr wohl. (c)					
Ich fühle mich von meinen Freundinnen und Freunden so, wie ich bin, respektiert. (b)					
Alles in allem habe ich das Gefühl, an meinem Arbeitsplatz voll akzeptiert zu sein und zum Team dazuzugehören. (a)					
Ich sehe immer wieder, dass meine Partnerin/mein Partner sich sehr bemüht, mich zu verstehen. (c)					
Über relevante Vorkommnisse im Betrieb werde ich zeitnah informiert. (a)					
Mein Partner lässt mir genügend Freiraum für meine Hobbys und Interessen. (c)					
Wenn ich ein Problem habe, dann finde ich in meinem Freundeskreis jederzeit ein offenes Ohr. (b)					
Wenn mein Partner/meine Partnerin mir etwas schenkt, trifft er/sie meinen Geschmack und meine Wünsche. (c)					
Bei gemeinschaftlichen Vorhaben wollen mich meine Freunde immer gern mit dabeihaben. (b)					
Meine Kolleginnen und Kollegen fragen mich öfters mal um Rat. (a)					
Vergeben ist vergeben. Wenn ich mich für einen Fehler entschuldigt habe, wird das Vorkommnis von meinem Partner/meiner Partnerin nicht mehr erwähnt. (c)					

WIE STARK FÜHLE ICH MICH SELBST ANERKANNT UND RESPEKTIERT?

	0	1	2	3	4
Wenn ich etwas falsch gemacht habe, dann sprechen mich meine Freunde offen darauf an. (b)					
In Meetings wird auf meine Wortbeiträge eingegangen, und ich erhalte häufig positives Feedback. (a)					
Freundinnen und Freunde fragen mich öfters mal um Rat. (b)					
Ich schätze es, dass mein Partner/meine Partnerin bei einem Streit fair bleibt und nicht alle möglichen alten Streitpunkte wieder aufwärmt. (c)					
In meinem Freundeskreis fühle ich mich wohl und anerkannt. (b)					
Wenn es im Betrieb gemeinsame Treffen, Feiern oder besondere Events gibt, werde ich immer gefragt, ob ich mitmache. (a)					
Ich fühle mich von meiner Partnerin/meinem Partner so, wie ich bin, respektiert. (c)					
Meine Chefin/mein Chef gibt mir häufig zu verstehen, dass sie/er meine Arbeit für gelungen hält und damit zufrieden ist. (a)					
Meine Freunde unterstützen mich dabei, Vorhaben umzusetzen und meine Ziele zu erreichen. (b)					
Ich weiß, dass meine Partnerin/mein Partner mich in einer Krise unterstützen würde. (c)					
In meinem Freundeskreis bekomme ich oft Komplimente. (b)					
Wenn ich mal verhindert bin, sind die Kollegen gerne bereit, für mich einzuspringen. (a)					

Auswertung

Zählen Sie bitte Ihre Punkte in den Bereichen

a = Arbeitsplatz
b = Freundeskreis
c = Partnerschaft

jeweils gesondert zusammen. Wofür Sie von anderen geschätzt werden, ist abhängig von den Wertvorstellungen Ihres Gegenübers. Ihrem Partner/Ihrer Partnerin als dem Menschen, mit dem Sie am meisten Zeit teilen und zu dem Sie die größte Nähe haben, sind andere Dinge wichtig als Ihren Freunden, die Sie nur zu bestimmten Gelegenheiten sehen, oder Ihren Kollegen im Büro, wo es vorrangig um Leistung, Fachwissen und kommunikative Kompetenz geht.

a) Wie stark fühlen Sie sich an Ihrem Arbeitsplatz anerkannt und respektiert?

Ab 24 Punkte
Sie fühlen sich an Ihrem Arbeitsplatz anerkannt und akzeptiert und haben das Gefühl, einen wichtigen Beitrag zur Arbeit des Teams zu leisten. Andere schätzen das, was Sie leisten, geben etwas auf Ihre Meinungen und Einschätzungen und sind auch gerne bereit, einmal für Sie einzuspringen, wenn es erforderlich ist.

16 bis 23 Punkte
Oft empfinden Sie die Feedbacks Ihrer Kolleginnen und Kollegen als konstruktiv und wertschätzend. In manchen Bereichen wünschen Sie sich mehr Wertschätzung für das, was Sie einbringen. Gehen Sie Ihre Wertungen im Bereich (a) noch einmal durch und

überlegen Sie, was Sie selbst dafür tun könnten, um positiver wahrgenommen zu werden, und zum anderen, wenn sich geringe Punktzahlen auf einzelne Personen beziehen, wie Sie sich innerlich unabhängiger von deren (Wert-)Urteil machen könnten.

Bis 15 Punkte

Sie fühlen sich an Ihrem Arbeitsplatz nur wenig wertgeschätzt. Dies muss nicht Ausdruck persönlich gemeinter Zurückweisung sein. Es kann auch daran liegen, dass das Betriebsklima ganz allgemein angespannt ist. Viele Arbeitsverhältnisse sind davon geprägt, dass Arbeitgeber hohe Ansprüche an die Beschäftigten stellen und deren Erfüllung für selbstverständlich gehalten wird, so dass jeder auf sich selbst bezogen arbeitet, um nicht ins Hintertreffen zu geraten. Oder es kann sein, dass Sie viele Ihrer Kollegen als anstrengend und sich nicht als Teil eines Teams erleben. Gehen Sie Ihre Ergebnisse noch einmal durch und überlegen Sie, was Sie für sich selbst tun könnten, um sich an Ihrem Arbeitsplatz wohler zu fühlen. Nutzen Sie Chancen, das Arbeitsklima positiv zu verändern, denn es beeinflusst auch Ihr privates Leben. Tauschen Sie Ihre Eindrücke auch mit Ihnen nahestehenden Menschen aus und scheuen Sie sich nicht, sich dabei auch über Alternativen zu Ihrem jetzigen Arbeitsplatz Gedanken zu machen.

b) Wie stark fühlen Sie sich in Ihrem Freundeskreis anerkannt und respektiert?

Ab 24 Punkte

Sie fühlen sich voll integriert in Ihrem Freundeskreis und genießen die Zeit, die Sie mit Ihren Freundinnen und Freunden verbringen. Sie erhalten viele kleine und größere Zeichen der Wertschätzung und haben das Gefühl, sich jederzeit an einen Ihrer Freunde wenden zu können.

16 bis 23 Punkte

In vielerlei Hinsicht fühlen Sie sich wohl und zugehörig, in mancher Hinsicht aber vermissen Sie genügend Wertschätzung, haben das Gefühl eines Ungleichgewichts zwischen Geben und Nehmen – zu Ihren Lasten. Überlegen Sie, ob sich das an einzelnen Personen festmacht, und falls ja, könnte es ein Weg sein, diesen Personen gegenüber offen zu sagen, was Sie sich wünschen.

Bis 15 Punkte

Sie haben den Eindruck, zu wenig Wertschätzung von Ihren Freunden zu erfahren. Vielleicht sind die näheren Kontakte, die Sie pflegen, lediglich zweckgerichtet – ein gemeinsames Engagement, bestimmte Aktivitäten usw. –, so dass über den Zweck hinaus keine echte menschliche Nähe entstanden ist. Vielleicht hängt das Problem auch mit Ihrer Selbstwertschätzung zusammen, so dass Ihre Freunde Ihnen das spiegeln, was Sie selbst an Signalen aussenden. Sollte dies der Fall sein, hilft es sehr, Ihre Selbstwertschätzung zu stärken (siehe auch das Kapitel »6 Impulse für mehr Selbstwertschätzung«/Unterkapitel »2. Außen spiegelt innen: Nehmen Sie Haltung an«).

c) Wie stark fühlen Sie sich in Ihrer Partnerschaft anerkannt und respektiert?

Ab 24 Punkte

Sie fühlen sich in Ihrer Partnerschaft als der Mensch, der Sie sind, voll anerkannt und respektiert. Ihr Partner/Ihre Partnerin zeigt Ihnen viel Wertschätzung, sowohl für Sie selbst als Person als auch für das, was Sie leisten. Wunderbar.

16 bis 23 Punkte

Das Gefühl, von Ihrem Partner/Ihrer Partnerin geschätzt und anerkannt zu werden, schwankt oder bezieht sich eingegrenzt auf einzelne Faktoren oder Bereiche. Schauen Sie sich die Antworten in der Kategorie (c) noch einmal an und überlegen Sie, wie Sie mit den Aussagen umgehen könnten, wo Sie eine niedrige Einstufung vorgenommen haben. Vielleicht wäre es ein Weg, hier Ihre Wünsche Ihrem Partner/Ihrer Partnerin gegenüber offen anzusprechen – nicht als Vorwurf, sondern als Ausdruck Ihrer Bedürfnisse.

Bis 15 Punkte

Sie fühlen sich in Ihrer Partnerschaft wenig anerkannt und respektiert und wünschen sich mehr Wertschätzung von Ihrem Partner/Ihrer Partnerin. Gehen Sie die Antworten in der Kategorie (c) noch einmal durch und fragen Sie sich, ob das Gefühl mangelnder Wertschätzung vonseiten Ihres Partners/Ihrer Partnerin »schon immer« da war oder ob es sich im Laufe Ihrer gemeinsamen Zeit eingeschlichen hat. Suchen Sie gegebenenfalls auch gemeinsam fachliche Hilfe, um Ihre Beziehung zu verbessern.

Teil 2

WIE VIEL WERTSCHÄTZUNG BRINGE ICH SELBST MIR NAHESTEHENDEN MENSCHEN ENTGEGEN?	0	1	2	3	4
Wenn ich an meine Partnerin/meinen Partner denke, fallen mir vor allem positive Eigenschaften ein. (c)					
An meinem Arbeitsplatz achte ich darauf, wichtige sachbezogene Informationen zeitnah an die, die es betrifft, weiterzugeben. (a)					
Wenn es meinem Partner/meiner Partnerin nicht gutgeht, ist es selbstverständlich, dass ich alles dafür tue, dass er/sie sich wieder besser fühlt. (c)					
Ich unterstütze meine Freundinnen und Freunde dabei, ihre Vorhaben umzusetzen und ihre Ziele zu erreichen. (b)					

WIE VIEL WERTSCHÄTZUNG BRINGE ICH SELBST MIR NAHESTEHENDEN MENSCHEN ENTGEGEN?	0	1	2	3	4
Ich bemühe mich darum, meinen Partner/meine Partnerin zu verstehen, vor allem auch in den Punkten, wo sich seine/ihre Ansichten und Verhaltensweisen sehr von meinen unterscheiden. (c)					
Wenn jemand mir bei einer Aufgabe behilflich ist, zeige ich deutlich, dass ich ihm/ihr dankbar bin. Auch kleine Gefälligkeiten würdige ich. (a)					
Ich bin meinen Freunden gegenüber großzügig mit Lob und Anerkennung. (b)					
Ich achte sehr darauf, die Wünsche und den Geschmack meines Partners/meiner Partnerin zu treffen, wenn ich ihm/ihr ein Geschenk mache. (c)					
In meinem Freundeskreis zeige ich gerne, wie viel mir jemand bedeutet. (b)					
Kritik an Mitarbeitern/Kolleginnen äußere ich unter vier Augen und achte darauf, sachbezogen zu bleiben und verletzende Aussagen zu vermeiden. (a)					
Wenn einem Mitarbeiter/einer Kollegin mal die Arbeit über den Kopf wächst, biete ich Hilfe an. (a)					
Ich lasse meinem Partner/meiner Partnerin den Freiraum, den er/sie für sich und seine/ihre Interessen und Hobbys braucht. (c)					
In Meetings gehe ich wertschätzend auf die Beiträge meiner Kolleginnen und Mitarbeiter ein. (a)					
Ich bin aufmerksam und mache meinen Freundinnen und Freunden gern Komplimente oder kleine Geschenke. (b)					
Wenn jemand Höhergestelltes meine Arbeit kritisiert, bleibe ich ruhig, und wenn die Kritik berechtigt ist, zeige ich, dass ich sie annehme, und mache konstruktive Vorschläge zur Verbesserung. (a)					

WIE VIEL WERTSCHÄTZUNG BRINGE ICH SELBST MIR NAHESTEHENDEN MENSCHEN ENTGEGEN?	0	1	2	3	4
Wenn ich über die entsprechenden Kenntnisse verfüge, stehe ich meinen Freundinnen und Freunden gern mit Rat und Tat zur Seite. (b)					
Es ist mir ein Bedürfnis, meinem Partner/meiner Partnerin häufig zu zeigen, wie wichtig er/sie mir ist. (c)					
Wenn ich gut mit einem Mitarbeiter/einer Kollegin zusammenarbeite, zeige ich ihr/ihm, dass ich dies zu schätzen weiß. (a)					
Wenn ein Freund oder eine Freundin im Begriff ist, einen Fehler zu machen, teile ich ihm oder ihr meine Bedenken mit. (b)					
Ich bin oft stolz auf meinen Partner/meine Partnerin. (c)					
Für die Nöte und Sorgen meiner Freunde habe ich immer ein offenes Ohr (b)					
Wenn mein Partner/meine Partnerin und ich uns streiten, dann bemühe ich mich darum, fair zu sein und keine alten Streitpunkte neu aufzurühren. (c)					
Gegenüber Kollegen und Mitarbeitern bin ich großzügig mit Lob und Anerkennung. (a)					
Ich respektiere es, wenn ein Freund oder eine Freundin über manche Dinge ganz anders denkt oder fühlt als ich selbst. (b)					

Auswertung

Zählen Sie bitte Ihre Punkte in den Bereichen

a = Arbeitsplatz
b = Freundeskreis
c = Partnerschaft

wieder jeweils gesondert zusammen.

a) Wie viel Wertschätzung bringen Sie Ihren Mitarbeitern und Kollegen entgegen?

Ab 24 Punkte

Ein gutes Betriebsklima ist Ihnen wichtig, und Sie bemühen sich aktiv darum, ein wertschätzendes Miteinander zu pflegen. Sie haben die persönlichen Stärken der Mitglieder Ihres Teams bzw. Ihrer Kollegen im Kopf und sehen es für den Betrieb und auch für die Beschäftigten als ein großes Plus an, dass jeder gemäß seinen Fähigkeiten und Stärken gefördert und gefordert wird und die Wertschätzung erhält, die sein Einsatz auch verdient.

16 bis 23 Punkte

Wertschätzendes Verhalten im Betrieb ist Ihnen nicht fremd, ist jedoch nicht durchgängig der Fall. Kann sein, dass Sie je nach Stimmung mit Lob und Anerkennung großzügig oder geizig umgehen und auch kollegiale Hilfe davon abhängig machen, wie Sie gerade gelaunt sind – oder dass Sie nur bestimmten Kollegen gegenüber Wohlwollen zeigen und anderen nicht. Gehen Sie Ihre Wertungen im Bereich (a) noch einmal durch und überlegen Sie, wie Sie häufiger wertschätzendes Verhalten zeigen könnten. Anregungen dafür finden Sie im Kapitel »(Selbst-)Wertschätzung am Arbeitsplatz«.

Bis 15 Punkte

Wertschätzung gegenüber den Mitarbeitern, Kollegen oder Team-mitgliedern im Betrieb zu zeigen gehört nicht zu Ihren Gewohnheiten. Den Ausspruch »Nicht kritisiert ist schon genug gelobt« würden Sie ohne Bedenken unterschreiben, denn Sie setzen Bestleistungen als selbstverständlich voraus. Gehen Sie Ihre Wertungen im Bereich (a) noch einmal durch und stellen Sie sich bei jeder Aussage vor, wie anders der oder die andere reagieren würde, wenn Sie sich anerkennend und hilfsbereit zeigen. Denken Sie auch daran, was die gezeigte Wertschätzung für die Motivation bedeutet und welchen Einfluss dies wiederum auf das Betriebsergebnis haben könnte.

b) Wie viel Wertschätzung bringen Sie den Menschen in Ihrem Freundeskreis entgegen?

Ab 24 Punkte

Ihre Freundschaften sind Ihnen sehr wichtig, und Sie zeigen es gern und oft, wenn Sie jemand schätzen. Sie haben ein offenes Ohr für die Bedürfnisse und Probleme Ihrer Freundinnen und Freunde und stehen ihnen bei der Verwirklichung von Vorhaben zur Seite. Wenn Sie bei den Fragen dazu, wie stark Sie sich selbst in Ihrem Freundeskreis wertgeschätzt fühlen, ebenfalls hohe Werte haben, dann haben Sie einander viel zu geben und leben ein wertschätzendes Miteinander.

16 bis 23 Punkte

Vieles im Kontakt zu Ihren Freundinnen und Freunden scheint mit der Zeit selbstverständlich geworden zu sein. Man weiß, was man aneinander hat, und geht davon aus, dass der/die andere schon merken wird, dass Sie ihm oder ihr gewogen sind. Wenn Sie mögen, dann zeigen Sie doch mal einer Freundin oder einem Freund gegenüber deutlicher, dass Sie ihn/sie mögen und schätzen. Aufmerksam sein, konzentriert zuhören, Komplimente machen, Anerkennung aussprechen … es gibt kaum jemanden, der das nicht mag und schätzt. Die Freundschaft wird davon profitieren.

Bis 15 Punkte

Sie sind eher für sich, als dass Sie sich für andere ins Zeug legen. Sei es, dass Sie gerne allein sind, oder sei es, dass Sie sich in einer Gruppe von Menschen nicht wirklich wohl fühlen. Überlegen Sie, ob Sie das so akzeptieren oder ob Sie mal damit experimentieren wollen, Ihnen nahestehenden Menschen zu sagen, was Sie an ihnen schätzen, und sich in gemeinsame Unternehmungen einbeziehen zu lassen. Wenn es Unsicherheit ist, die bisher größere Nähe und Verbindlichkeit verhindert hat, hilft es sehr, Ihre Selbstwertschätzung zu stärken (siehe das Kapitel »6 Impulse für mehr Selbstwertschätzung«).

c) Wie viel Wertschätzung bringen Sie Ihrem Partner/Ihrer Partnerin entgegen?

Ab 24 Punkte

Hier ist alles im grünen Bereich. Sie schätzen und respektieren Ihren Partner/Ihre Partnerin und zeigen dies auch ganz offen. Ihr Partner/Ihre Partnerin weiß dies im Idealfall auch zu schätzen – was sehr wahrscheinlich ist, wenn Sie beim vorangegangenen Test beim Thema »Wie stark fühlen Sie sich in Ihrer Partnerschaft anerkannt und respektiert?« ebenfalls eine hohe Punktzahl erreicht haben.

16 bis 23 Punkte

In der Wertschätzung für Ihren Partner/Ihre Partnerin gibt es Trübungen. Betrachten Sie noch einmal Ihre Antworten zu den

Fragen unter (c). Wo genau hakt es, und woran könnte es liegen? Was hat dazu beigetragen, dass Sie nun Ihrem Partner/Ihrer Partnerin weniger Wertschätzung entgegenbringen, als es früher der Fall war? Betrachten Sie in diesem Kontext auch Ihre Antworten dazu, wie stark Sie sich selbst wertgeschätzt fühlen. Suchen Sie das Gespräch mit Ihrem Partner/Ihrer Partnerin, in dem Sie sich gegenseitig mitteilen, welche Wünsche Sie aneinander haben.

Bis 15 Punkte

Sie haben keine sonderlich gute Meinung von Ihrem Partner/Ihrer Partnerin. Das hat wahrscheinlich eine längere Geschichte, hat sich aus Konflikten heraus entwickelt, die sich dann zu starren Haltungen verfestigt haben. Prüfen Sie auch Ihre Antworten in Bezug darauf, wie stark oder wie wenig Sie sich selbst von Ihrem Partner wertgeschätzt fühlen. Auch wenn Ihre Partnerschaft in der Krise und viel aufzuarbeiten ist, gibt es vielleicht doch noch Perspektiven. Lassen Sie sich gegebenenfalls auch durch fachliche Hilfe unterstützen, um Ihrer Beziehung neue, einander wertschätzende Impulse zu geben.

Was Wertschätzung bewirkt

Wertschätzung schafft Win-win-Situationen

Von anderen wertgeschätzt zu werden ist ein Grundbedürfnis, das alle Menschen kennen und dessen Erfüllung auch jedem guttut – und trotzdem lassen wir es im zwischenmenschlichen Kontakt oft daran mangeln (vgl. das Kapitel »Wertschätzungssignale im Alltag«). Alle Menschen brauchen dieses Gefühl, von anderen anerkannt, geschätzt und geachtet zu werden. Echte Wertschätzung …

- in Liebesbeziehungen führt dazu, das Vertrauen und das Zusammengehörigkeitsgefühl zu stärken – und lässt die Chancen steigen, dass die Ehe oder Partnerschaft von Dauer sein wird.
- unter Freunden führt dazu, viel Spaß miteinander zu haben – und außerdem voneinander zu lernen: wie es uns geht und was uns guttut, wie es dem Freund geht und was ihm guttut.
- unter Kollegen führt zu einem entspannten Betriebsklima und mehr Motivation bei der Arbeit.

Gehen Sie Ihre Antworten beim Test »Wie gehe ich mit anderen um?« am Anfang von Teil 2 des Buches noch einmal durch. Die dort aufgeführten Punkte zum wertschätzenden Verhalten im Alltag gelten samt und sonders auch für die Beziehung zu unseren Kollegen und Freunden und in unserer Partnerschaft.

Aufmerksamkeit, Höflichkeit und gute Umgangsformen, Freundlichkeit und Hilfsbereitschaft, Komplimente, Lob und Anerkennung und last but not least anderen Dankbarkeit zu zeigen, das bewirkt, dass sich die Qualität unserer Beziehungen verbessert, und dies führt dazu, dass wir uns wohler im Kontakt mit anderen fühlen und mehr glückliche Momente mit ihnen zusammen erleben. Das wiederum ist gut für unsere Gesundheit und unser Wohlbefinden. Wenn wir andere wertschätzend behandeln, werden wir damit positive Resonanz erfahren, und dies wirkt sich wiederum positiv auf unsere Selbstwertschätzung aus. Wir setzen damit positive Spiralen in Gang.

Doris ist es gewohnt, gegenüber Kollegen und Kunden in ihrer Behörde wertschätzendes Verhalten zu praktizieren; es fällt ihr deswegen relativ leicht, weil es hilft, Konflikte zu vermeiden, was ja ganz in ihrem Sinne ist. Elena hingegen ist skeptisch. Sie hat bislang tatsächlich vieles als selbstverständlich hingenommen und empfindet auch Unbehagen dabei, nun Anerkennung und Dank auszusprechen oder ein Kompliment zu machen. »Wahrscheinlich denken die, ich will mich irgendwie einschleimen«, befürchtet sie. Nachdem sie selbst in der Vergangenheit einige Male erfahren hat, dass Menschen sie durch Komplimente, Lob und Anerkennung für ihre Zwecke zu manipulieren versucht haben, meint sie im Umkehrschluss, ihre Kollegen würden ihr dies dann auch automatisch unterstellen. Sie will jedoch am Ball bleiben und schauen, welche Resonanz ihr wertschätzendes Verhalten tatsächlich hat.

Die vier Ebenen der Wertschätzung

Wenn wir Wertschätzung jemand anders gegenüber ausdrücken, dann können wir dies, wie bei der Selbstwertschätzung, auf vier unterschiedlichen Ebenen tun.

Grundsätzliche Wertschätzung: Damit signalisieren wir dem anderen, dass wir ihn annehmen, so wie er ist – unabhängig von seinem Erscheinungsbild, seiner Leistung, persönlichen Eigenschaften und Kompetenzen.

Attraktivitätsbezogene Wertschätzung: Hier heben wir besondere Aspekte des Erscheinungsbildes hervor. Wir machen Komplimente über äußerlich Wahrnehmbares: körperliche Vorzüge, die Kleidung, die Art, wie sich der andere bewegt, usw.

Leistungsbezogene Wertschätzung spielt vor allem am Arbeitsplatz eine große Rolle, aber auch Problemlösungen aller Art, handwerkliches Geschick usw. gehören dazu.

Soziale Wertschätzung meint die Art und Weise, wie der andere sich gegenüber anderen Menschen verhält, wie kontaktfreudig er ist, wie er sich in eine Diskussion einbringt, wie er mit Kritik umgeht, wie er sich bei Konflikten und Streitgesprächen verhält usw.

Im Berufsleben spielt der Aspekt »Leistungsbezogene Wertschätzung« die größte Rolle, aber auch soziale Kompetenzen sind in den letzten Jahren stark in den Fokus der Wahrnehmung geraten. Dabei kann sich Wertschätzung auf Ideen, auf Fähigkeiten und Verhaltensweisen, auf Verdienste oder auch auf Einstellungen und persönliche Eigenschaften einer Person beziehen. Im Idealfall schwingt dabei auch eine grundsätzliche Wertschätzung der Person als Ganzes mit, die umfassender ist als die Wertschätzung von Leistungen, Erfolgen oder anderen betriebsbezogenen Aspekten. Erlebte Wertschätzung ist verbunden mit dem Eindruck des Respektiertwerdens, des Erfahrens von (Be-)Achtung und Wohlwollen.

(Selbst-) Wertschätzung am Arbeitsplatz

Beruflicher Erfolg und Identität

Der Beruf genießt in unserer Gesellschaft einen hohen Stellenwert. Wenn wir jemanden neu kennenlernen, ist stets eine der ersten Fragen, die an uns gerichtet werden – und die wir auch selbst stellen: Was machen Sie beruflich?

Welchen Bildungsabschluss wir erzielt haben und welche Position wir in einem Betrieb einnehmen, prägt unsere Identität zu einem Großteil mit und weist uns auch in den Augen anderer unsere gesellschaftliche Stellung zu. Wohl jeder träumt davon, dass ein erfüllender Job ihm Wohlstand und Ansehen einbringt. Erwerbslosigkeit wird als Makel betrachtet, vor allem dann, wenn sich jemand lange Zeit erfolglos um einen neuen Job bemüht.

Beruflicher Misserfolg ist ein Stigma, denn beruflich zu scheitern bedeutet gesellschaftliche Abwertung. Dem kann man sich kaum entziehen, und es ist dann natürlich eine gewaltige Herausforderung für die Selbstwertschätzung, sich diese negative Wertung von außen nicht zu eigen zu machen. Viele Menschen leiden daher nach dem Verlust ihres Arbeitsplatzes oder einer gescheiterten beruflichen Selbständigkeit auch an einer »Delle« in ihrem Selbstwertgefühl.

Neben dem Beruf als »Wert an sich« spielt aber auch eine Rolle, wie erfüllend oder nicht erfüllend die ausgeübte Tätigkeit ist.

Die hauptsächlichen Faktoren, die dazu beitragen, dass Menschen sich in ihrer Arbeit als glücklich und zufrieden erleben und sich wertgeschätzt fühlen, sind

- einen Sinn in ihrem Tun erkennen,
- eine angemessene Vergütung erhalten,
- ein angenehmes, konstruktives Betriebsklima erfahren.

Menschen, die in ihrem Tun einen Sinn sehen, fühlen sich glücklicher im Arbeitsalltag als Menschen, die ihren Job nur zum Zweck des reinen Broterwerbs ausüben. Sinnstiftend kann dabei nicht nur die Art der Tätigkeit sein, sondern auch ein angenehmes Betriebsklima, so dass man sich als fester Bestandteil eines guten Teams empfindet.

Andererseits kann es auch so sein, dass ein hohes Einkommen eine nicht erfüllende Tätigkeit und ein unbefriedigendes Betriebsklima kompensieren hilft. Die persönliche Lebenszufriedenheit wird dann in stärkerem Maße als bei Job-Zufriedenen woanders gesucht: in der Familie, im Freundeskreis, im gesellschaftlichen Engagement, in einem spannenden Hobby usw.

Wertschätzung am Arbeitsplatz – eine Rarität?

Vielen Menschen, die eine Leitungsfunktion innehaben, kommen beim Stichwort Lob und Anerkennung ihrer Beschäftigten automatisch Befürchtungen wie diese in den Sinn: »Lieber nicht so viel Wind drum machen – sonst steigt es ihm/ihr zu Kopf. Und dann lehnt er/sie sich bequem zurück und strengt sich nicht mehr an.«

Solche Einstellungen sind weiter verbreitet, als man glaubt – doch sie widersprechen den Ergebnissen wissenschaftlicher Studien und auch vielen praktischen Erfahrungen. Wer Wertschätzung für seine Leistungen erfährt, lehnt sich in aller Regel eben nicht selbstzufrieden zurück und versinkt dann in Untätigkeit und Schlendrian. Ganz im Gegenteil: Wessen Engagement gesehen und gewürdigt wird, der geht beschwingt und mit neuem Elan an seine Arbeit heran. Anerkennung in Form von echtem Lob und authentischer Wertschätzung wirkt motivierend. Doch das scheint sich noch immer nicht herumgesprochen zu haben, denn viele Angestellte haben das Gefühl, nicht genug Wertschätzung zu erhalten für das, was sie leisten.

Wertschätzungs-Defizite in Zahlen

Bei einer Umfrage von Sodexo, einem Anbieter für betriebliche Sozialleistungen und Incentives, in die 1000 Beschäftigte einbezogen waren, berichteten nur 34 Prozent der Befragten, dass sie regelmäßig Lob und Anerkennung für ihre Arbeit erhielten, während 44 Prozent äußerten, dass dies eher selten der Fall sei. 17 Prozent sagten, dass sie überhaupt keine Wertschätzung erfahren, und fünf Prozent gaben an, dass sie ausschließlich mit kritischem Feedback konfrontiert seien.

Dass so viele Menschen – von der Auszubildenden bis zum Abteilungsleiter – von mangelnder Wertschätzung betroffen sind, macht nachdenklich. Und: Defizite an Lob und Anerkennung gibt es nicht nur im Verhältnis Chef zu Mitarbeiter, sondern auch bei gleichrangigen Kolleginnen und Kollegen untereinander. Angesprochen wird, wenn Aufgaben nicht schnell genug oder fehlerhaft erledigt wurden, wenn Ziele nicht erreicht wurden oder die Umsetzung eines Projektes in Frage steht. Nicht angesprochen wird, wenn alles zu voller Zufriedenheit durchgeführt wurde. Das bleibt nicht ohne Folgen.

🍀 Arbeitnehmer, die sich nicht wahrgenommen und nicht wertgeschätzt fühlen, bleiben hinter ihren Möglichkeiten zurück.

🍀 Mitarbeiter, deren Einsatz und deren Leistungen nicht von Zeit zu Zeit ausdrücklich gewürdigt werden, fühlen sich vernachlässigt.

🍀 Menschen, die für ihre Arbeit keine Anerkennung erhalten, verlieren ihre emotionale Bindung zum Unternehmen.

🍀 Beschäftigte, die häufig negative Kritik hinzunehmen haben, wehren sich oft gegen Neuerungen oder (Zusatz-)Anforderungen – so einsehbar und notwendig diese auch sein mögen.

Steigen Frust und Unzufriedenheit am Arbeitsplatz, sinkt in der Regel die Produktivität. Das Betriebsklima verschlechtert sich; Konflikte und schwelende Missgunst unter den Beschäftigten nehmen zu.

Checkliste für eine wertschätzende Firmenkultur

🍀 Wird die Arbeit leistungsgerecht bezahlt bzw. hat das Einkommen ein angemessenes Niveau?

🍀 Bietet der Betrieb berufliche Weiterbildungsmöglichkeiten an, so dass die Beschäftigten ihr Wissen und Können weiterentwickeln können?

🍀 Wird die Rente, die sich aus der Erwerbstätigkeit ergibt, später zum Leben reichen?

🍀 Gibt es auch zusätzliche Angebote zur Altersvorsorge im Betrieb?

- Werden Maßnahmen zur Gesundheitsförderung angeboten?
- Werden Sozialleistungen geboten, z. B. Kinderbetreuung, Fahrtkosten- oder Essenszuschüsse?
- Können die Beschäftigten eigene Ideen in ihre Arbeit einbringen?
- Gibt es Wertschätzung durch Vorgesetzte?
- Können die Beschäftigten Einfluss auf die Gestaltung ihrer Arbeitszeit nehmen?
- Gibt es ein Klima, in dem jeder offen seine Meinung sagen kann?
- Werden alle arbeitswichtigen Informationen geliefert? Wird rechtzeitig informiert?
- Wird Kollegialität zwischen den Beschäftigten gefördert?
- Gibt es Betriebsfeiern wie z. B. eine Weihnachtsfeier? Und wenn ja, sind sie gut besucht, nehmen die Beschäftigten gerne daran teil?
- Gibt es Geschenke und/oder Ehrungen von Beschäftigten für besondere Verdienste?
- Können die Beschäftigten ihre Arbeit selbständig planen oder zumindest teilweise mitbestimmen?
- Werden anfallende Überstunden grundsätzlich vergütet?
- Identifizieren sich die Beschäftigten mit ihrer Arbeit?
- Gibt es Aufstiegschancen?
- Werden Konflikte offen und in angemessener Weise angesprochen und ausgetragen, und wird dies ggf. auch moderiert?
- Haben die Beschäftigten den Eindruck, dass sie mit ihrer Arbeit einen wichtigen Beitrag für den Betrieb oder auch für die Gesellschaft leisten?

Elena stellt einige Vorzüge, aber auch deutliche Defizite im Management ihrer kleinen Stadtteilbibliothek fest. Als große Pluspunkte betrachtet sie, dass die Identifikation mit dem Job sehr gut möglich ist und dass die Mitarbeiterinnen und Mitarbeiter relativ viel Freiheit haben, ihre Arbeit eigenständig zu planen, auch, dass Vorschläge, z. B. für Anschaffungen oder Veranstaltungen, willkommen sind. Aufstiegschancen, Weiterbildungsmöglichkeiten und Vergütung könnten aber wesentlich besser sein, vor allem auch hinsichtlich einer ausreichenden Altersrente.

Wertschätzung hält gesund

Wie aktuelle neurobiologische Studien belegen, tragen Führungskräfte durch die gezielte Wertschätzung der Arbeit ihrer Mitarbeiterinnen und Mitarbeiter wesentlich dazu bei, deren Motivation, Leistungsfähigkeit und Gesundheit zu erhalten und zu stärken.

Einer Pressemitteilung der AOK zufolge gibt es einen deutlich erkennbaren Zusammenhang zwischen der Arbeitsplatzzufriedenheit und der Gesundheit von Beschäftigten.

Mittels einer bundesweit repräsentativen Befragung hat sich das Wissenschaftliche Institut der AOK (WIdO) im aktuellen Fehlzeiten-Report erstmalig mit dem Zusammenhang zwischen Unternehmenskultur zum einen und Gesundheit der Beschäftigten zum anderen befasst. Mehr als 2000 Erwerbstätige im Alter zwischen 16 und 65 Jahren wurden zum Führungsstil in ihrem Unternehmen, zu Aspekten der Mitarbeiterorientierung und der Lohngerechtigkeit befragt.

Danach sind den Beschäftigten vorrangig zwei Gesichtspunkte wichtig:

⊙ die Loyalität des Arbeitgebers (78 Prozent),
⊙ Lob und Anerkennung für ihre Arbeitsleistung (69 Prozent).

Doch nur 55 Prozent der Befragten machen tatsächlich die Erfahrung, dass der Chef hinter ihnen steht, und nur 50 Prozent empfinden die eigene gute Arbeit als angemessen gewürdigt.

Die WIdO-Befragung belegt in diesem Zusammenhang auch, dass die Mitarbeiterinnen und Mitarbeiter, die die Arbeitsbedingungen im Unternehmen als schlecht werten, erkennbar unzufriedener mit ihrer eigenen Gesundheit sind als diejenigen, die ihre Unternehmenskultur als positiv empfinden. Sie klagen auch deutlich häufiger über körperliche und psychische Beschwerden, die mit ihrer Arbeit zu tun haben.

Aus diesen Zusammenhängen die richtigen Schlüsse für eine notwendige Veränderung zu ziehen dürfte nicht schwer sein, zumal ausgesprochene und gezeigte Wertschätzung wenig Einsatz erfordert und daran gemessen große Wirkung bei den Mitarbeitern entfalten kann. Dabei ist natürlich die innere Haltung von großer Bedeutung, da Mitarbeiter meist feine Antennen dafür haben, ob Lob und Anerkennung ehrlich gemeint oder nur Mittel zum Zweck sind, indem damit eine bestimmte Absicht verbunden ist.

Wertschätzung als Bestandteil guter Führung

Die Diskussion um wertschätzende Führung ist nicht völlig neu, aber hochaktuell – gerade angesichts von Ergebnissen, wie sie die oben genannte WIdO-Befragung präsentiert, zum einen und dem sich verschärfenden Facharbeitermangel zum anderen. Der Erfolgsfaktor Wertschätzung gewinnt insbesondere beim Anwerben und Behalten motivierter und engagierter Mitarbeiterinnen und Mitarbeiter immer mehr an Bedeutung.

In einem Unternehmen, in dem die Mitarbeiter wertgeschätzt werden, arbeiten Beschäftigte gerne und meist auch mit großem persönlichen Einsatz. Das Unternehmen selbst gewinnt dadurch an Wert.

Als Chefin oder Chef Wertschätzung zu zeigen bedeutet, sich für die Arbeit des jeweiligen Mitarbeiters zu interessieren, ihm Aufgaben entsprechend seiner Kompetenzen zu übertragen, ein offenes Ohr für Anliegen und Vorschläge zu haben und zu zeigen, wenn eine Arbeit gut gelungen ist – eine erbrachte Leistung ebenso wie auch Fortschritte innerhalb einer komplexeren Aufgabenstellung.

Regelmäßige Teambesprechungen stellen sicher, dass die Mitarbeiter stets gut informiert sind über das, was im Unternehmen gerade aktuell und wichtig ist. Studien belegen, dass Beschäftigte oft deshalb frustriert sind, weil sie sich nicht genügend informiert und damit auch nicht ernst genommen fühlen.

Oliver gibt zu, in diesem Punkt mehr oder minder achtlos gewesen zu sein, sich jenseits von Aufgabenstellung, Arbeitsergebnis und Kontrolle zu wenig um die Mitarbeiter gekümmert zu haben. »Der Informationsfluss in der Agentur könnte wesentlich besser sein. Es gäbe dann wohl auch weniger Missverständnisse. Ich denke, unser Betriebsklima ist nicht schlecht, aber die Art und Weise des Umgangs miteinander könnte schon noch besser sein.«

Oft geht es auch um ganz einfache Dinge, wie Mitarbeiter mit ihrem Namen anzusprechen, zu lächeln und Blickkontakt zu pflegen, so dass der andere sich wahrgenommen fühlt – eben sich etliches von dem zu eigen zu machen, was im Kapitel »Wertschätzungssignale im Alltag« aufgeführt ist: Aufmerksamkeit, Höflichkeit und gute Umgangsformen, Freundlichkeit und Hilfsbereitschaft, Komplimente, Dankbarkeit, Lob und Anerkennung. Die »Wie geht's«-Frage ist – wenn ehrlich gemeint – keine Floskel, sondern die Art der Antwort kann Aufschluss darüber geben, wo der Mitarbeiter steht und ob er gegebenenfalls gerade ein Anliegen oder eine Frage hat.

Wem als Chef wertschätzende Umgangsformen in Fleisch und Blut übergegangen sind, der schafft damit eine Atmosphäre der Offenheit und des Vertrauens.

9 Werte, mit denen Sie als Chef punkten können

Der US-amerikanische Experte für Personalwesen, Coach und Publizist Terry R. Bacon (Scholar in Residence im Korn/Ferry Institute, Los Angeles) benennt neun Eigenschaften, die sich Beschäftigte von ihrem Chef wünschen:

1. Ehrlichkeit: Lügen und Geheimnisse gelten als die größten Glaubwürdigkeitskiller.
2. Fairness: Alle Mitarbeiterinnen und Mitarbeiter sollen nachweisbar nach denselben Maßstäben behandelt werden.
3. Vertrauen: Beschäftigte wollen ihrem Chef vertrauen können und ebenso, dass auch er ihnen Vertrauen entgegenbringt.
4. Respekt: Arbeitnehmer möchten ihren Chef respektieren und im Gegenzug auch von ihm respektiert werden.
5. Loyalität: Der Vorgesetzte sollte zuverlässig zu seinen Leuten stehen, jemand sein, auf den man zählen kann.
6. Zusammenarbeit: Beschäftigte wollen Teil des Teams sein, gefragt werden, Ideen einbringen und Teamziele unterstützen können.
7. Authentizität: Mitarbeiter wollen einen persönlich glaubwürdigen Chef, keinen, der ihnen eine Rolle vorspielt.
8. Anerkennung: Beschäftigte wünschen sich, dass ihr Chef ihre Leistungen würdigt. Dazu gehört es auch, Lob auszusprechen.

Zur Wertschätzung gehört es, dass jeder im Team sein Aufgabenfeld genau kennt und dass dieses auch seinem Arbeitsplatzprofil entspricht. Änderungen hieran können beispielsweise bei Zielvereinbarungsgesprächen thematisiert werden. Wichtig ist, dass die Transparenz gewährleistet ist und jeder Mitarbeiter genau weiß, was von ihm erwartet wird, welchen Beitrag er mit seinem Einsatz für die Unternehmensziele leistet, und dass er sich gut auf seine Aufgaben vorbereitet sieht.

Ebenso ist es ein Bestandteil von Wertschätzung der Unternehmensspitze für die Leistung der Beschäftigten, dass die Mitarbeiterinnen und Mitarbeiter nicht durch zu großen Arbeitsdruck über die Maßen belastet werden, denn desto größer ist der Verschleiß. Überbelastung erträgt man unter Umständen eine ganze Weile – bis entweder der Körper streikt oder sich eine Erschöpfungsdepression einstellt.

Jeder braucht einen Ausgleich, nach Zeiten der Anspannung eine angemessene Entspannung. Wer wertschätzend führt, ist sich der Verantwortung für gesunde Arbeitsbedingungen bewusst. Er versteht es, seinen Mitarbeitern deutlich zu machen, dass zwar Einsatz von ihnen erwartet wird und manchmal auch Überstunden erforderlich sind, es aber andererseits auch als selbstverständlich betrachtet wird, dass die Beschäftigten genügend Freizeit haben und sich entspannen und erholen können.

Das ist in Doris' Dienststelle ein großes Problem, denn dort ist der Krankenstand seit drei Monaten hoch, und die Situation spitzt sich immer mehr zu. Die Gesunden müssen den Job ihrer erkrankten Kollegen »nebenher« mitmachen; es müssen ständig neue Prioritäten gesetzt werden, und vieles muss verschoben werden oder bleibt völlig liegen. Es hagelt deswegen von vielen Seiten Kritik, doch jeder Vorstoß bei der Leitung um vorübergehende personelle Verstärkung war bislang vergebens. »Es ist eine Frage der Zeit, bis der Nächste aus Überlastung schlappmacht«, sagt Doris, »und irgendwann geht gar nichts mehr.«

Übung 30

Mitarbeiter wertschätzend führen

Nehmen Sie sich den Kasten »9 Werte, mit denen Sie als Chef punkten können« weiter oben vor und gehen Sie ihn Punkt für Punkt durch.

- Markieren Sie mit Grün, wo Sie den Eindruck haben, hier gut aufgestellt zu sein.
- Markieren Sie mit Rot, wo Sie Verbesserungsbedarf sehen.
- Betrachten Sie dann die roten Punkte und überlegen Sie, was davon am einfachsten zu verändern ist, was am zweiteinfachsten usw. Stellen Sie eine entsprechende Rangliste auf.
- Entwickeln Sie aus Ihrer Rangliste einen Veränderungsplan, den Sie Punkt für Punkt umsetzen, beginnend mit dem einfachsten Punkt. Erst wenn Punkt 1 funktioniert und gute Ergebnisse hat, gehen Sie zum nächsten über usw.

Viele Vorhaben scheitern, weil wir uns zu viel auf einmal vornehmen. Indem Sie konsequent Schritt für Schritt vorgehen, vergrößern Sie die Erfolgsaussichten.

Das Betriebsklima

Wenn die Firmenspitze wertschätzend mit den Beschäftigten umgeht, dann ist die Wahrscheinlichkeit zwar groß, dass auch das Betriebsklima »stimmt«, es ist aber nicht automatisch gewährleistet.
Dieses »Klima« lässt sich als eine Art gefühlte Großwetterlage beschreiben, die sich über ein Spektrum von blauem Himmel und
Sonnenschein (= harmonisches Miteinander) über diesig und böig
bis hin zum heftigen Gewitter (= disharmonisches Gegeneinander)
erstrecken kann. Wie wichtig ein sonniges Betriebsklima ist, erkennt man leider oft erst dann, wenn die Zeichen schon deutlich
auf Sturm stehen.

Wertschätzungsdefizite zwischen Kollegen zeigen sich an den
unterschiedlichsten Indizien:

- Am Morgen wird ein Gruß nur noch ohne Blickkontakt zum
anderen vor sich hin genuschelt.
- Man hat es eilig, an Kollegen vorbeizukommen, und auch das,
ohne jemand anzusehen.
- Informationsflüsse stocken oder versiegen; manche Kollegen
werden nicht mehr einbezogen.
- Es bilden sich Cliquen, die sich abschotten und innerhalb derer
viel gemeckert, genörgelt, sich lustig gemacht und gelästert wird.
- Einzelne Personen werden ausgegrenzt.
- Die Hilfsbereitschaft lässt immer weiter nach, und es breitet
sich eine Einzelkämpfermentalität aus: Jeder ist sich selbst der
Nächste.
- Verschiedene Kollegen sprechen nicht mehr miteinander.
- Das gegenseitige Misstrauen wächst.
- Neid und Missgunst sind die Regel.
- Konflikte werden nicht angesprochen, sondern schwelen unge-
klärt vor sich hin.

Die Folge: Es herrscht ein Klima der Beklommenheit, in dem sich immer wieder einzelne »Gewitter« entladen. Der Einzelne fühlt sich entwertet und hat den Eindruck, ständig auf der Hut sein zu müssen. Von da aus bis zum »Dienst nach Vorschrift« und von dieser inneren bis hin zur tatsächlich vollzogenen Kündigung ist es nicht mehr weit.

Die Betriebsleitung wäre schlecht beraten, hier tatenlos zuzusehen, denn unter einem miesen Betriebsklima leiden nicht nur die Beschäftigten, sondern die Situation schlägt immer auch auf die Leistungsfähigkeit des Einzelnen und die Produktivität insgesamt durch. Nun lässt sich der Schalter nicht per Fingerschnippen umlegen, aber es gibt doch einige Instrumente, die dabei helfen können, die Lage zu entspannen und das Betriebsklima wieder in Richtung Sonnenschein zu steuern.

Der wertschätzende Umgang mit dem einzelnen Mitarbeiter (siehe den Kasten »9 Werte, mit denen Sie als Chef punkten können« im vorangegangenen Unterkapitel) ist das eine, das Initiieren gemeinschaftsbezogener Aktivitäten das andere, beispielsweise Konfliktklärungsprozesse innerhalb der Belegschaft mittels eines unabhängigen Mediators oder Coachs, aber auch Diskussionen und Einbeziehung der Beschäftigten in bestimmte Entscheidungsprozesse. Auch Betriebsfeiern zu bestimmten Anlässen und Angebote für sportliche Aktivitäten oder kulturelle Veranstaltungen können Chancen eröffnen, zwischen den Mitarbeitern verhärtete Fronten aufzulösen und wieder miteinander ins Gespräch zu kommen – natürlich nicht »verordnet«, sondern auf freiwilliger Basis.

Lob und Anerkennung – aber bitte richtig

Lob ist nicht gleich Lob, und auch Anerkennung kann verborgene Pferdefüße haben. Zum einen gibt es die aufrichtige Wertschätzung, also das Aussprechen einer ehrlich gemeinten, positiven

Wahrnehmung – zum anderen können Lob und Anerkennung aber auch manipulativ eingesetzt werden.

Was genau soll das Lob ausdrücken? Soll der Mitarbeiter etwas tun, was er aus eigenem Antrieb heraus nicht tun würde? Oder soll Dank ausgedrückt werden dafür, dass der Mitarbeiter mit seiner Leistung etwas Konstruktives beigetragen hat, dass etwas besser als vorher funktioniert?

Lob und Anerkennung können mit vielerlei Hintergedanken ausgesprochen werden. So lässt ein Lob manchmal zu deutlich das Machtgefälle zwischen Lobendem und Gelobtem mitschwingen: gelobt wird ja stets von oben nach unten. Der Lobende setzt eine bestimmte Messlatte an, was seinen Ansprüchen genügt, und der Gelobte hat diesen Ansprüchen genügt. Ein Schulterklopfen beispielsweise ist so eine typische Machtgeste. Dem Lob von oben (herab) haftet etwas Gönnerhaftes an, was leicht zu der Reaktion führt, das Lob abschütteln zu wollen: »Nicht der Rede wert« oder »Ist doch nur mein Job«.

Wie ernst ist das Lob gemeint? Wenn nur gelobt wird, weil eben diverse Studien ergeben haben, dass Lob Motivation und Leistung der Mitarbeiter steigert und man das Lob wie einen Punkt auf der Tagesordnung »erledigt«, dann kommt das auch genauso an: als unglaubwürdig und wertlos. Lob, das wie eine Pflichterfüllung gehandhabt wird, sollte man lieber bleiben lassen. Auch ein platt und pauschal geäußertes Lob wie ein »Prima, weiter so!« verpufft.

Lob kann auch dazu eingesetzt werden, jemanden unter Druck zu setzen, indem der Lobende damit unterschwellig signalisiert, dass der betreffende Mitarbeiter sein Leistungsniveau beibehalten und möglichst noch verbessern soll. Jemand, der ständig auf diese Weise gelobt wird, könnte bald den Eindruck gewinnen, dass er unter keinen Umständen weniger leisten darf, ohne mit Sanktionen rechnen zu müssen.

Lassen Sie Lob und Anerkennung nicht zu taktischen Handwerkszeugen verkommen. Besonders perfide ist es, Lob und Anerkennung dafür einzusetzen, um sich lästige Pflichten oder mühsame Arbeiten vom Hals zu schaffen: »Frau Schmidt, machen Sie das, Sie sind einfach die Beste. Niemand kann das so gut wie Sie.« Wenn Frau Schmidt nun nicht blitzschnell etwas Einleuchtendes einfällt, weshalb das »leider nicht möglich ist«, dann wird sie sich wohl, wenn auch wahrscheinlich widerwillig, an die Arbeit machen müssen.

Für Unmut sorgt auch, wenn einige Mitarbeiter häufiger als andere gelobt werden. Natürlich wird es immer Beschäftigte geben, die sich engagierter einbringen als andere oder einfach bedingt durch ihr Tätigkeitsfeld stärker im Fokus der Wahrnehmung stehen. Trotzdem sollte auch die Arbeit derjenigen Wertschätzung erfahren, die einfach nur »ihren Job machen«. Auch hier kommen Qualitäten zum Einsatz, die zu würdigen sind. Vermeintliche Selbstverständlichkeiten, wie die Sorgfalt, mit der aufgetragene Arbeiten erledigt werden, oder dass der Mitarbeiter stets pünktlich ist und zuverlässig alle ihm übertragenen Aufgaben erledigt, sind von Zeit zu Zeit zweifellos »der Rede wert«.

Patentrezepte für das »richtige Loben« gibt es nicht. Wichtig jedoch ist, vor dem Aussprechen von Lob und Anerkennung für sich selbst zu klären, worin der eigene Antrieb zum positiven Feedback besteht:

- Soll die positive Botschaft dem Mitarbeiter signalisieren, dass er und seine Leistung wahrgenommen werden?
- Soll der Mitarbeiter eine Gegenleistung erbringen?
- Soll ganz einfach und ohne Hintergedanken Dank für die Leistung ausgedrückt werden?
- Soll der Mitarbeiter motiviert werden, sich weiterhin engagiert einzusetzen?

🌀 Will ich ihm meine Dankbarkeit ausdrücken, weil er etwas getan hat, was mir das Leben erleichtert?

Konzentrieren Sie sich bewusst auf die Stärken und Kompetenzen Ihrer Mitarbeiter. Wenn Sie ehrlich von bestimmten Fähigkeiten, ihrem Engagement oder erbrachten Leistungen überzeugt sind, dann formulieren Sie möglichst konkret, was Sie schätzen und woran Sie dies bemerkt haben. Geben Sie Ihr Feedback möglichst zeitnah, und formulieren Sie auch mal anerkennende Worte in Abwesenheit des Mitarbeiters – setzen Sie einfach darauf, dass Ihre Wertschätzung sich herumspricht.

Wertschätzung unter Kollegen

Jenseits vom Verhalten der Geschäftsleitung den Mitarbeitern gegenüber gibt es aber auch für jeden Einzelnen viele Möglichkeiten, positiven Einfluss auf das Betriebsklima zu nehmen.

Wer wertschätzend mit seinen Kolleginnen und Kollegen umgeht, ist in aller Regel beliebt und gern gesehen. Seine bloße Anwesenheit wird von vielen als eine Bereicherung empfunden. Wertschätzung zeigen im Kreis der Menschen, mit denen wir in einem Boot sitzen und die meiste Zeit des Tages zusammen sind, hat nichts mit Anbiedern oder Einschmeicheln zu tun. Vielmehr geschieht es aus einer Haltung der Gleich-Wertigkeit heraus, einer Haltung des »Ich bin okay – du bist okay« (siehe auch das Kapitel »Selbstwertschätzung: das A und O für ein gutes Miteinander«), während Anbiederung und Schmeicheleien dazu dienen, den anderen dazu zu bringen, dass er einen mag (»Ich bin nicht okay, du bist okay«), also das eigene Defizit an Selbstwertschätzung durch die Bestätigung und Zuwendung anderer aufzufüllen.

Was also macht Wertschätzung unter Kollegen aus? Zunächst natürlich wiederum die »Kardinaltugenden« des wertschätzenden

Umgangs (siehe dazu auch das Kapitel »Wertschätzungssignale im Alltag«):

- aufmerksam sein,
- höflich sein und gute Umgangsformen zeigen,
- freundlich und hilfsbereit sein,
- ehrliche Komplimente, Lob und Anerkennung geben,
- Dankbarkeit zeigen.

Es sind vor allem die kleinen mitmenschlichen Gesten, die hier gefragt sind. Gesten, die zeigen: Du bist mir wichtig, ich achte und schätze dich. Sei es, dass Sie an den Geburtstag der Tochter Ihrer Schreibtischnachbarin gedacht haben und ein kleines Geschenk für sie parat haben, sei es, dass Sie jemandem eine Tasse Kaffee aus der Kantine mitbringen. Kleine Nettigkeiten eben, die keine Verbindlichkeiten schaffen. Es erfreut jeden, wenn er eine unverhoffte Aufmerksamkeit erfährt oder wenn er wahrnimmt, dass seine Wünsche und Bedürfnisse gesehen werden.

Scheuen Sie sich nicht, bei der Lösung eines Problems Kollegen um Rat zu fragen oder ihre Meinung einzuholen. Sie werden sehen: Die allermeisten fühlen sich dadurch nicht genervt, sondern wertgeschätzt und einbezogen.

Sprechen Sie aber auch Ärgerliches direkt und frühzeitig an, statt so zu tun, als wäre nichts, und dabei innerlich Groll zu bunkern. Die Situation klären – auch das schafft Vertrauen und tut gleichzeitig Ihrer Selbstwertschätzung gut. Der andere weiß, woran er ist, und falls er einen Fehler gemacht hat, gibt ihm diese Offenheit auch die Chance, ihn wiedergutzumachen.

Wenn jemand ein Anliegen an Sie hat, dann widmen Sie ihm Ihre ungeteilte Aufmerksamkeit, tun Sie nichts nebenher, seien Sie für die Dauer des Gespräches ganz präsent. Das zeigt Ihrem Mitarbeiter oder Kollegen, dass Sie ihn schätzen.

Wer jemand anderem ein ehrliches wertschätzendes Feedback gibt, setzt eine positive Entwicklung in Gang. Er macht damit seinem Gegenüber eine Freude und stärkt sein Selbstwertgefühl. Zudem: Wenn Sie jemand höflich, freundlich und rücksichtsvoll behandeln, stehen auch die Chancen gut, selbst entsprechend behandelt zu werden. Bemühen Sie sich darum, Ihren Kollegen – und natürlich auch Klienten, Kunden, Lieferanten usw. – möglichst aufmerksam und freundlich zu begegnen.

Unabhängig von der Reaktion des Gegenübers tun Sie sich selbst den größten Gefallen, wenn Sie einen Perspektivenwechsel vornehmen. Tauschen Sie die »Makelbrille« – nämlich Fehler, Schwachstellen und Negativkritik in den Vordergrund zu stellen – durch die »Wertschätzungsbrille« aus, die Kompetenzen, Engagement und Erfolge im Blick hat.

Im Gegensatz zum Lob, dem leicht etwas Schulmeisterliches anhaften kann (vgl. das Unterkapitel »Lob und Anerkennung – aber richtig«), bleibt bei einer wertschätzenden Rückmeldung die Kommunikation auf Augenhöhe erhalten, wenn wir das Feedback nach dem folgenden »Muster« zum Ausdruck bringen:

- Wir beziehen uns auf ein konkretes beobachtetes Verhalten (»Sie haben die Sendung für mich entgegengenommen«).
- Wir benennen das Gefühl, das dies in uns hervorgerufen hat (»Das freut mich sehr«).
- Wir begründen, warum das sehr vorteilhaft für uns war (»... denn das erspart es mir, mich um die Abholung kümmern zu müssen«).
- Wir danken dem anderen dafür (»Vielen Dank!«).

Der Nutzen einer Kultur des wertschätzenden Feedbacks liegt in der atmosphärischen Verbesserung des Betriebsklimas – sicher nicht von jetzt auf gleich, aber auf längere Sicht hin.

Anderen Wertschätzung aussprechen

Wenn Sie bislang nur wenig Erfahrungen im bewussten »Austeilen« von Lob und Anerkennung gemacht haben, sollten Sie zunächst vor allem das Vier-Augen-Gespräch zum Üben nutzen.

Lassen Sie in einem solchen Gespräch immer wieder einmal anklingen, was Sie an Ihrem Gegenüber schätzen und was er/sie Ihrer Meinung nach gut kann.

Wenn Sie eine konkrete Leistung hervorheben, dann bewerten Sie vor allem auch, wie gut das, was der Kollege gemacht hat, bestimmte Bedürfnisse erfüllt. Dies geht am besten in einem Dreierschritt:

Was hat der andere getan? (Handlung.)

Wie geht es mir damit? (Gefühl.)

Welches Bedürfnis wurde erfüllt? (Bedürfnis.)

Ein Beispiel von Doris, die es im Kontakt mit ihrem Kollegen Andreas ausprobiert hat.

»Andreas, du hast gestern für mich die neuen Kennzahlen zusammengestellt [Handlung]. Das hat mich sehr entlastet [Gefühl], weil ich dadurch endlich dazu gekommen bin, mich der Wunschliste für die Haushaltsberatungen widmen zu können [Bedürfnis].«

Dies fühlt sich zunächst wahrscheinlich etwas fremd an, und Sie sind es vielleicht auch nicht gewohnt, etwas über Ihre Gefühle und Bedürfnisse zu sagen.

Eine einfache Vorübung zum obigen Dreierschritt ist es, sich abends alles zu notieren, was Ihnen an diesem Tag gutgetan hat,

- welche Handlung dazu führte,
- das Gefühl, das die Handlung ausgelöst hat, und
- welches Bedürfnis dadurch erfüllt wurde.

Dies hilft den Blick zu schärfen, um auch im alltäglichen Kontakt mit Ihren Kolleginnen und Kollegen genauer benennen zu können, was der/die andere durch sein/ihr Handeln bewirkt hat.

»Ich hatte ja eher so die Meckerbrille auf«, meint Sheila. »Ich sagte zwar nicht immer, was mir nicht passt, aber ich dachte mir meinen Teil. Auch in Bezug auf mich selbst. Stets fiel mir als Erstes auf, was unzulänglich war oder Fehler hatte. Mir war nicht bewusst, wie unfroh das macht, wie angespannt und verdrossen ich oft war. Ohne dass jemand mir irgendwas getan hätte, einfach aus mir selber heraus. Umsteuern fällt mir schwer, ich übe aber fleißig, weil ich merke, dass es mir guttut, eher das Positive als das Negative zu sehen.«

Wie Sie sich selbst ein Plus an Wertschätzung erwerben

Denken Sie stets daran: Wertschätzung zu zeigen hat nichts mit Anbiedern zu tun. Wer nur über ein geringes Maß an Selbstwertschätzung verfügt, stellt seine Interessen und Bedürfnisse ständig zugunsten derer von anderen zurück. Dahinter steckt die Angst, es sich mit den Kollegen zu verscherzen und nicht mehr wohlgelitten zu sein – oder durch ein Nein zu Ansinnen anderer Aggressionen auf sich zu lenken.

Gleichzeitig sendet ein selbstwertschwacher Mensch durch sein Verhalten das Signal aus, dass er als Person wenig zählt und man an ihn folglich unbeliebte Aufgaben aller Art delegieren kann. Kein Wunder, wenn er dann wenig Wertschätzung und auch wenig Rücksichtnahme auf seine Bedürfnisse erfährt – woraufhin seine Selbstwertschätzung weiter sinkt. Sich von der Vorstellung zu verabschieden, es allen recht machen zu können und von allen anerkannt und geliebt zu werden, ist in diesem Fall ein großer Sprung nach vorne.

Wer hingegen über ein solides Maß an Selbstwertschätzung verfügt, ist zwar auch für seine Kollegen da und gerne bereit, anzuerkennen, was der oder die andere leistet, ist aber auch stolz auf das, was er selbst kann und weiß. Es ist schön, wenn andere ihm seinen Wert bestätigen, aber er ist nicht darauf angewiesen, um sich selbst als wertvoller Mensch fühlen zu können. Das ist der Unterschied.

Wenn Sie also an der Stärkung Ihrer Selbstwertschätzung arbeiten (siehe die Übungen im Kapitel »6 Impulse für mehr Selbstwertschätzung«), ändert sich damit auch der Eindruck, den Sie auf andere Menschen machen, und Sie erfahren »ganz von selbst« mehr Wertschätzung. Gut von sich selbst zu denken, die eigenen Bedürfnisse zu achten, Rücksicht auf Ihre Gesundheit und Ihr Wohlergehen zu nehmen, hat Einfluss auf Ihre Körpersprache, Ihre Ausstrahlung und Ihr Auftreten.

In unserer Gesellschaft hat auch der optische Eindruck, den Sie auf Ihre Kolleginnen und Kollegen machen, einen nicht unbeträchtlichen Einfluss darauf, wie wertschätzend oder geringschätzig man sich Ihnen gegenüber verhält. Mit der Kleidung, die Sie an Ihrem Arbeitsplatz tragen, drücken Sie meist die Zugehörigkeit zu Ihrer Firma aus. Wie Sie sich kleiden, drückt aber auch aus, wie Sie sich selbst sehen, und signalisiert Ihren (tatsächlichen oder angestrebten) sozialen Status.

Ein gepflegtes Äußeres zeigt, dass Sie es sich wert sind, sich ansprechend zu kleiden. Wer gepflegt ist, erfährt mehr Wertschätzung, denn die meisten Menschen reagieren stark auf das optische Erscheinungsbild. Achten Sie dabei jedoch immer auch darauf, dass Ihre Kleidung und Ihr sonstiges Outfit zum jeweiligen Anlass passen.

Um von Ihren Kolleginnen und Kollegen Wertschätzung zu erfahren, ist es natürlich nicht damit getan, sich mit einem Erscheinungsbild zu präsentieren, das Ihrem Selbstverständnis als wertvolles Mitglied des Teams entspricht, und auch nicht damit, ganz still und unbemerkt in Ihrem Tätigkeitsfeld mit Kompetenz zu punkten. Vielmehr sollten Sie Ihr Wissen und Können auch aktiv zeigen. Wenn Sie sich im Gespräch oder bei Teamsitzungen stets zurückhalten und sich nicht einbringen, woher sollen Ihre Kollegen dann wissen, was Sie können? Sprechen Sie über diejenigen Aufgaben und Projekte, die Sie erfolgreich gemeistert haben. Dabei geht es nicht um Angeberei, sondern einfach nur darum, Ihre Erfolge sachlich zu erwähnen, wenn es gerade passt in der Diskussion. Nehmen Sie auch Komplimente, Lob und Anerkennung erfreut und selbstsicher an. Genießen Sie es, dass Ihr Erfolg gesehen wird, und sprechen Sie einfach nur einen Dank aus, statt die Leistung gleich wieder verbal zu relativieren.

Übung 32

Um Wertschätzung bitten

Wenn Sie von Ihren Kolleginnen und Kollegen weniger Wertschätzung erhalten, als Sie gerne hätten, gibt es vier Möglichkeiten, darauf zu reagieren:

1. Warten, bis die Kollegen Ihre Qualitäten und Vorzüge erkennen (das kann dauern oder gar nicht passieren).
2. Ihnen Vorwürfe machen (das ruft meist Abwehr hervor und führt nicht zu mehr Wertschätzung).
3. So tun, als machte Ihnen das nichts aus (das führt häufig dazu, innerlichen Groll anzustauen).
4. Um Wertschätzung bitten (das ist wahrscheinlich anfangs ungewohnt, aber am erfolgversprechendsten).

Natürlich funktioniert das nicht so, indem man dem Kollegen pauschal sagt: »Hör mal, ich hätte gerne mehr Wertschätzung von dir.« Besser ist, ihm zu sagen, wofür genau und wie.
Ein Beispiel von Sabine, die für ihre Kollegin Britta einen Karton neuer Ware mit Etiketten versehen hat: »Guck mal, Britta, alles ausgepreist und eingeräumt. Gut, was?«

(Selbst-) Wertschätzung unter Freunden

Nach der starken Betonung des Individuellen in den letzten Jahrzehnten findet jetzt eine Rückbesinnung auf zwischenmenschliche Werte statt. Man rückt wieder enger zusammen. In einer Zeit, in der familiäre Bande gelockert sind und viele Ehen und Paarbeziehungen eine geringe Halbwertszeit haben, stellt sich die Frage nach befriedigenden und tragfähigen Freundschaftsbeziehungen neu.

Gute und nahe soziale Beziehungen sind eine wesentliche Voraussetzung für Zufriedenheit, Sicherheit und persönliches Wachstum. Sie befriedigen die grundlegenden Bedürfnisse nach Wertschätzung und Zugehörigkeit, sind darüber hinaus aber auch wichtige Ressourcen, um Unterstützung zu erfahren, das eigene Wissen und Können zu erweitern und durch gemeinsame Aktivitäten Schönes zu erleben. Dass ein harmonischer Freundeskreis uns glücklicher und ausgeglichener macht, ist durch etliche Studien bewiesen.

Zunehmend gewinnen gute Freundinnen und Freunde auch an Stellenwert gegenüber familiären Bindungen. Infolge der seit den 1960er Jahren sinkenden Geburtenrate bestehen Familien meist aus wesentlich weniger Personen als in früheren Zeiten. Häufig hat sich auch die räumliche Entfernung zwischen Eltern und ihren erwachsenen Kindern vergrößert.

Der heutige Lebensstil in den industrialisierten Ländern hat die Beziehungsgeflechte der Menschen nachhaltig verändert – und bringt immer mehr Einzelgänger hervor. Seit längerem schon besteht die Tendenz, individuelle Freiheit und eigenständige Lebensgestaltung höher einzustufen als eine große Familie mit den entsprechenden Bindungen. Heute ist jedes vierte Kind ein Einzelkind. Heiratet es später ein anderes Einzelkind und werden die beiden Eltern, dann hat ihr Kind keine Tanten und Onkels und keine Cousins und Cousinen.

Gleichzeitig ist jedoch soziale Einbindung eines der wichtigsten menschlichen Bedürfnisse. Der Mensch ist nun mal ein soziales Wesen. Freundschaft, Gespräche, Liebe, Geborgenheit – all das funktioniert nur im Austausch mit anderen.

Sich vollkommen allein zu fühlen ist eines der erdrückendsten Gefühle überhaupt. Wer gute und tragfähige persönliche Bindungen an andere hat, fühlt sich anerkannt, verstanden und zugehörig und empfindet dadurch wesentlich häufiger Glücksgefühle als jemand, dem es an solchen guten Beziehungen mangelt. So gewinnen mit der Auflösung familiärer Bindungen Freundschaften stark an Bedeutung.

Aus der Resilienzforschung ist bekannt, dass Menschen, die Freundschaften pflegen, wesentlich besser mit Problemen, Schicksalsschlägen und Krisen zurechtkommen als jene, die alles mit sich alleine ausmachen (oder ausmachen *müssen*). Forscher der University of California fanden heraus, dass Menschen, die über ein Netzwerk guter Freunde verfügen, weniger gestresst sind, schwierige Aufgaben besser meistern können und im Alter länger geistig fit bleiben. Sogar die persönliche Lebenserwartung erhöht sich gegenüber sozial weniger aktiven Menschen deutlich. Und selbst wenn der Freund oder die Freundin gerade nicht da ist: Der bloße Gedanke daran, dass da jemand ist, der Rückhalt zu geben bereit ist, stimmt zuversichtlich.

Es ist also in vielerlei Hinsicht vorteilhaft, frühzeitig ein Netz guter – und vor allem auch echter, »leibhaftiger« – Freundschaften zu knüpfen. Denn: Immer mehr Menschen klagen darüber, zwar viele Bekannte, aber »eigentlich keine richtigen Freunde« zu haben. »Hundert Freunde bei Facebook, aber keiner, mit dem ich reden kann«, so fasste es einmal die Tochter einer Geschäftspartnerin zusammen. Mit diesem Befund steht sie nicht alleine da. Doch auch wenn vielfach gesagt wird, Facebook-Freunde seien keine »echten« Freunde, so zeigen die regen Aktivitäten dort doch immerhin, wie groß der Wunsch nach Kontakt und Verbindung mit anderen ist. Und: Viele nutzen Facebook dazu, frühere Freunde wiederzufinden und mit ihnen in Kontakt zu treten – das dann auch »offline«.

Was zeichnet eine gute Freundschaft aus?

Eine gute Freundschaft zeichnet unter anderem aus, den Wunsch nach Nähe und Unterstützung mit individueller Eigenständigkeit zu vereinen. In unsere Familie sind wir ungefragt hineingeboren worden und gefordert, uns mit den einzelnen Mitgliedern zu arrangieren – was manchmal nicht so einfach ist.

Freundinnen und Freunde hingegen suchen wir uns selbst aus – anhand von gemeinsamen Interessen, ähnlich gelagerter Werte, persönlicher Vorlieben und Abneigungen. Wir befinden selbst, wen wir mögen und wen nicht, wem wir unser Vertrauen schenken und mit wem wir gerne unsere Zeit verbringen möchten.

Bindungen an Freundinnen und Freunde sind zudem, verglichen mit familiären Bindungen, weniger von Gefühlen der Verpflichtung geprägt, sondern gewähren Eigenständigkeit, Freiheit und Selbstentfaltung auf der einen Seite und den Austausch anregender Sichtweisen, Informationen und Erfahrungen auf der anderen Seite.

Zugleich können vor allem die Beziehungen zu Menschen, mit denen uns eine langjährige Freundschaft verbindet, auch von Nähe und emotionaler Vertrautheit geprägt sein. Dabei bleiben wir trotzdem flexibel. Wir können einem guten Freund sehr nahekommen, wenn wir emotionale Unterstützung brauchen oder geben, doch beide haben jenseits dessen ihr persönliches, individuelles Leben.

In einer Freundschaftsbeziehung, die von gegenseitigem Vertrauen geprägt ist, können wir vieles von uns offenbaren, ohne den Verlust von Wertschätzung befürchten zu müssen. Wir können uns so zeigen, wie wir uns selbst verstehen – mit all unseren Gefühlen, Ideen und Vorstellungen, unseren ganz persönlichen Vorlieben und Abneigungen, Macken und Merkwürdigkeiten, und ebenso lernen wir den Freund/die Freundin tiefer und genauer kennen. Damit einher geht stets die Erwartung, dass der andere das Vertrauen auch verdient.

Wir wissen, dass wir uns an Freunde und Freundinnen wenden können, wenn es uns nicht gutgeht, haben die Gewissheit, dass wir mit Aufmerksamkeit und Unterstützung rechnen können. Dadurch fühlen wir uns getröstet, sicher und geborgen.

Freundschaft ist nicht gleich Freundschaft

Freundschaft kann viele Gesichter haben. So wenig wie es das einzig wahre Modell einer Liebesbeziehung gibt, so wenig gibt es auch das einzig wahre Modell einer Freundschaft. Jede Freundschaft ist anders, deckt andere Wünsche und Bedürfnisse ab. Bei manchen Freundschaften steht im Vordergrund, viel miteinander zu unternehmen und gemeinsam Neues zu erleben. Andere leben davon, Persönliches miteinander zu besprechen und sich über Themen auszutauschen, die beiden wichtig sind, und zu wissen, dass man sich in Krisen aufeinander verlassen kann.

Dann gibt es auch Freundschaften, bei denen der gegenseitige Nutzen im Vordergrund steht; dies findet man vielfach in der Politik und im Geschäftsleben. Es gibt Menschen, die gerne gemeinsam mit anderen in einer Clique unterwegs sind, und solche, die sich lieber auf einen Menschen zu einer Zeit beziehen. Einige wollen nur eine einzige beste Freundin bzw. einen besten Freund haben, andere genießen es, Nähe zu ganz unterschiedlichen Menschen aufzubauen – mit der einen Freundin zusammen bilden sie sich weiter, besuchen Ausstellungen und Konzerte, mit jemand anders zusammen gehen sie sportlichen Aktivitäten nach und machen lange Wanderungen usw. Manche Freundschaft ist aufgrund ähnlicher Lebenssituationen entstanden – etwa weil die Kinder in die gleiche Kita gehen oder beide Beteiligten an der gleichen Weiterqualifizierungsmaßnahme teilnehmen. Auch gibt es generationsüberspannende Freundschaften, in denen einer vom anderen lernt und beide sich über Gemeinsamkeiten genauso freuen wie über anregende Gegensätze. Manche Freundschaften beschränken sich tatsächlich »nur« auf das Internet, doch auch sie können inspirierend für beide sein.

So spricht nichts dagegen und viel dafür, mehrere gute Einzelfreundschaften zu pflegen. Jede Freundin, jeder Freund bringt andere Vorlieben, Gewohnheiten, Kompetenzen und Ideen mit ein. Mit dem einen teilen wir vielleicht ein gemeinsames Hobby, mit der anderen besprechen wir vorrangig Berufliches, mit der dritten können wir gut über unsere Gefühle reden, über Erlebnisse, die uns bewegen, und können auch mal Rat bei einem persönlichen Konflikt einholen. Wer hingegen alle Erwartungen auf eine einzige Person konzentriert, kann damit auch leicht die Beziehung überlasten.

Manche Freundschaften existieren seit frühester Kindheit und halten manchmal ein Leben lang, andere nur für einen Lebensabschnitt. Manche Freunde treffen sich alle paar Tage oder jede Woche, oder man telefoniert zumindest miteinander. Andere Freunde sehen einander wesentlich seltener – vielleicht auch aufgrund großer räumlicher Distanzen. Jede Freundschaft ist so individuell, wie die Beteiligten sie gestalten und eigene Bedürfnisse darin erfüllt sehen.

Auch das Lebensalter sagt etwas darüber aus, welche Art Freundschaft wir bevorzugen. Während in der Pubertät für viele

Jugendliche die Clique extrem wichtig ist und auch junge Erwachsene gemeinsame Aktivitäten im Freundeskreis besonders schätzen, entwickeln sich später viele dahin, intensive Freundschaften mit wenigen Personen zu bevorzugen. Ältere Menschen verhalten sich wählerischer. Jenseits der Lebensmitte wollen wir nicht mehr mit jedem gut Freund sein. Die Ansprüche an eine Freundschaft wachsen, und dies kann dazu führen, dass uns bisherige, vielleicht auch schon lange bestehende Freundschaften auf einmal weniger wichtig werden. Wir erkennen dann, dass man sich auseinanderentwickelt hat und außer gemeinsamen Erinnerungen nicht mehr viel miteinander teilt – und so orientieren wir uns dann an denjenigen, die jetzt »passend« für uns sind. Doch ob Alt oder Jung, Frau oder Mann, eines steht fest: Zu unseren besten Freunden verspüren wir eine ganz besondere innere Bindung, manchmal auch ein starkes Gefühl der Zugehörigkeit.

Freundschaft braucht Pflege

Es ist wichtig, das, was uns mit unseren Freundinnen und Freunden verbindet, immer wieder zu aktivieren und zu intensivieren, damit Erleben und Austausch intensiv bleiben und die Beziehung nicht abflacht. Dabei hilft es, Zeit dafür zu reservieren, sich bewusst zu verabreden und zu treffen und gemeinsam etwas zu unternehmen oder zu bereden. Gerade das Einander-Zuhören hat in der Freundschaft einen hohen Stellenwert. Das Grundbedürfnis, verstanden und als Person gemocht und geschätzt zu werden, kann in einer Freundschaft besonders gut gelebt werden. Freunde vermitteln Wärme und Sicherheit. Sie stärken auf vielfältige Weise die Selbstwertschätzung.

Wertschätzung ist ungleich wertvoller, wenn sie von jemandem kommt, der uns besser kennt als viele andere und eben auch über unsere Schwächen und Fehler Bescheid weiß – und uns trotzdem mag und respektiert. So können wir offen sein, weil wir nicht befürchten müssen, damit in der Achtung des anderen zu sinken. Sich Zeit füreinander zu nehmen und miteinander im Gespräch zu bleiben schafft ein Klima des Vertrauens und der gegenseitigen Wertschätzung. Kummer, Ängste und Sorgen miteinander teilen – ebenso wie Lustiges, Beschauliches, schöne Erlebnisse und persönliche Vorlieben –, das stärkt die Verbundenheit miteinander.

Gut für die Freundschaft sind auch Rituale, also Dinge, die sich regelmäßig wiederholen. Das kann ein fester Abend sein, den wir für den Freund oder die Freundin zum Telefonieren freihalten, Ausflüge zu interessanten Zielen, zu denen man sich vielleicht ein- oder zweimal im Monat trifft, oder eine Stammkneipe, ein Stammcafé, wo man sich zum Einstimmen auf das Wochenende trifft, usw. Wem eine solche Regelmäßigkeit nicht liegt oder wer dies als Verpflichtung empfindet, trifft lieber spontan eine Verabredung und bleibt zwischendurch per SMS oder WhatsApp mit dem Freund oder der Freundin in Verbindung. Kleine Geschenke zu bestimmten Anlässen oder auch »einfach so«, die zeigen, dass man weiß, was dem anderen gefällt, drücken ebenso Wertschätzung aus wie eine besonders originelle Geburtstagskarte oder Eintrittskarten für das Konzert seiner bzw. ihrer Lieblingsband. Kleine Aufmerksamkeiten oder eine Dankesbotschaft geben Ihrem Freund, Ihrer Freundin das Gefühl, geschätzt zu werden und für Sie wichtig zu sein.

Doris zum Beispiel trifft sich mit ihrer Freundin Annika jeden Freitag nach Dienstschluss in beider Stammkneipe auf ein Bier. Da tauschen sich beide darüber aus, was sich bei jeder in der Woche so ereignet hat und in den Telefonaten der Freundinnen nicht zur Sprache kam. Sie genießen es, auf diese Weise gemeinsam ins Wochenende zu starten.

Sabine ist ihrer Freundin Gabi sehr dankbar, dass sie ihr in der Phase der Trennung und der Scheidung von ihrem Mann zur Seite gestanden hat. »Das hat mir sehr gutgetan. Ich glaube, ich war zu dieser Zeit einigermaßen durch den Wind. Gabi war für mich tatsächlich so etwas wie der Fels in der Brandung. Jetzt, wo es mir wieder bessergeht, überlege ich, womit ich sie überraschen könnte, um ihr zu zeigen, wie viel mir ihr Beistand bedeutet.«

Freundschaft ist immer ein Geben und Nehmen; ein Ungleichgewicht funktioniert auf die Dauer nicht, so wenig, wie ein Pendel nur auf eine Seite hin ausschlagen kann. Es geht nicht darum, akribisch »aufzurechnen«, wie viel man selbst für den anderen tut und wie viel er dafür zurückgibt, sondern es gilt, das Bewusstsein zu schärfen, dass nichts, was ein anderer für einen tut, selbstverständlich ist. Es ist stets ein Geschenk. Wertschätzung bedeutet oft auch, erst einmal in »Vorleistung« zu gehen, d.h. sich dem Freund/der Freundin gegenüber so zu verhalten, wie man selbst auch gerne behandelt werden will. Die nachfolgende Checkliste gibt einige Anregungen dazu:

Übung 33

Bin ich ein guter Freund/ eine gute Freundin?

Nehmen Sie sich ein wenig Zeit und gehen Sie die folgenden Aussagen durch. Inwieweit treffen sie auf Sie zu?

☺ Sie respektieren, dass Ihr Freund/Ihre Freundin über manche Dinge anders denkt als Sie selbst oder sich in manchen Situationen anders verhält, als Sie es täten. Sie versuchen nicht, sie/ihn zu ändern.

- Sie sind verständnisvoll und lassen die Sichtweise des/der anderen gelten.
- Sie melden sich auch, wenn nichts Besonderes anliegt, einfach nur um zu hören, wie es dem anderen geht. Oder um schöne Erlebnisse zu teilen.
- Sie unterstützen Ihren Freund/Ihre Freundin dabei, persönliche Ziele zu erreichen.
- Sie bemühen sich, da zu sein, wenn der/die andere Sie braucht.
- Sie wissen, was Ihrer Freundin oder Ihrem Freund wichtig ist, was ihm/ihr gefällt und wovon er/sie nichts hält.
- Sie schätzen und respektieren Ihren Freund/Ihre Freundin.
- Sie achten darauf, dass Geben und Nehmen in Balance sind, aber ohne eine »Strichliste« zu führen.
- Sie kritisieren Ihre Freundin/Ihren Freund, wenn sie/er sich selbst schadet oder dabei ist, einen Fehler zu machen.
- Sie gönnen Ihrem Freund/Ihrer Freundin Glück und Erfolg, auch wenn Sie selbst dabei mal nur die zweite Geige spielen.
- Sie kennen die Stärken und Schwächen Ihres Freundes/Ihrer Freundin, manchmal sogar besser, als er/sie selbst dies reflektiert.
- Sie zeigen ganz spontan Mitgefühl und Verständnis.
- Sie finden schnell heraus, was Ihre Freundin/Ihr Freund gerade braucht, und wenn Ihnen etwas dazu Passendes einfällt, dann überlegen Sie, wie Sie es ihm/ihr zugänglich machen können.
- Sie sind sich aber auch dessen bewusst, dass das, was Sie zu geben bereit sind, vielleicht doch nicht zwingend das ist, was der/die andere braucht.

- ☉ Sie sind verschwiegen und behalten seine/ihre Geheimnisse für sich.
- ☉ Sie lästern nicht hinter seinem/ihrem Rücken.
- ☉ Sie sprechen es rechtzeitig an, wenn in Ihrer Freundschaft gerade etwas nicht rund läuft oder sich eine Missstimmung eingeschlichen hat, weil Ihnen die Freundschaft wichtig ist und Sie das Störende gerne ausräumen möchten, damit es sich nicht festsetzt.

Machen Sie die Übung im Hinblick auf verschiedene Personen in Ihrem Freundeskreis. Registrieren Sie, wo es Gemeinsamkeiten gibt und wo Sie Menschen unterschiedlich bewerten und behandeln. Woran könnte dies liegen?

Ziehen Sie sich auch einmal im Geiste die »Mokassins« eines Freundes oder einer Freundin an und bewerten Sie die obigen Aussagen, so gut es geht, von seiner/ihrer (vermuteten) Warte aus in Bezug auf Sie selbst. Fühlen Sie sich in diesem Sinne wertschätzend behandelt? Und wenn Sie Ihre eigene Einschätzung in Bezug auf den Freund/die Freundin mit der (vermuteten) Einschätzung Ihres Freundes/Ihrer Freundin vergleichen: Wie sieht es aus? Welche Schlüsse lassen sich daraus für Sie ziehen? Spannend wäre es nun natürlich auch, den Freund/die Freundin selbst die Einschätzung in Bezug auf sich selbst machen zu lassen und ihn/sie auch vermuten zu lassen, welches Bild Sie selbst von sich als Freund/Freundin haben, und anschließend über die Ergebnisse zu reden.

Zeit mit Ihren Freunden teilen

Nehmen Sie sich etwas Zeit und legen Sie etwas zum Schreiben bereit. Überlegen Sie, welche Menschen aus Ihrem Freundes- und Bekanntenkreis Ihnen besonders wichtig sind. Fragen Sie sich dabei:

- Bei welchen Ihrer Freundinnen und Freunde fühlen Sie sich besonders wohl, können gut entspannen und alltägliche Kümmernisse loslassen?
- Welche Personen, mit denen Sie befreundet sind, inspirieren Sie, muntern Sie auf, bringen Sie weiter?
- Welche Ihrer Freundinnen und Freunde erleben Sie mitunter als anstrengend?
- Gibt es Menschen in Ihrem Freundeskreis, bei denen Sie sich nach einem Treffen oder Telefonat erschöpft oder deprimiert fühlen?
- Gibt es Personen in Ihrem Freundeskreis, wo Sie schon öfter gedacht haben, dass sie einander nicht mehr viel zu sagen haben bzw. nur noch wenig miteinander teilen?

Von meinen sieben Befragten räumen alle der Freundschaft einen hohen Stellenwert ein. Doch während sich Doris und Sabine regelmäßig Zeit für ihre Freundinnen nehmen, sehen Anja, Gerd, Sheila und Elena die Menschen, die ihnen etwas bedeuten, viel seltener, und bei Oliver sind die meisten Freundschaften eingeschlafen. Alle räumen ein, dass sie natürlich viel mehr tun könnten, um ihre Freundschaften lebendig zu gestalten, aber solange das eine theoretische Überlegung bleibt, führt es natürlich nicht zu neuen gemein-

samen Erfahrungen. Hilfreich kann sein, wenn man sich klar-
macht, was man eigentlich vom anderen erwartet und was man
denkt, dass der andere von einem selbst gern hätte.

Übung 35

Eigene Erwartungen überprüfen

Was erwarten Sie vom anderen? Was ist Ihnen wichtig, dass
der andere sagt oder tut? Machen Sie die Übung am besten
schriftlich und notieren Sie ein paar Ihrer Erwartungen, zum
Beispiel:

Ich erwarte von dir, XX, dass du ...

Ich erwarte von dir, XX, dass du ...

Ich erwarte von dir, XX, dass du ...

Dann drehen Sie den Spieß um und richten die Aufmerksamkeit
auf sich selbst. Stellen Sie sich vor, XX hätte dieselben Erwartungen an Sie.

XX, du erwartest von mir, dass ich ...

XX, du erwartest von mir, dass ich ...

XX, du erwartest von mir, dass ich ...

Können Sie diese Erwartungen erfüllen? Ja? Nein? Teilweise?
Spielen Sie dies mit dem Gedanken an verschiedene Ihrer
Freunde durch. Oft erwarten wir je nach Person Unterschied-
liches und sind auch in unterschiedlicher Weise bereit, die Erwartungen des anderen zu erfüllen.

Wenn große Diskrepanzen bestehen, was Ihre eigenen Erwartungen betrifft und was Sie bereit sind zu geben, sollten Sie
Ihre Erwartungen noch einmal überdenken.

Wertschätzende Partnerschaften halten länger

Die Tugenden, die für gute Freundschaften gelten, sind natürlich auch für eine Partnerschaft von Bedeutung. Unsere Partnerschaft ist der Ort, wo wir in der Regel die größte räumliche und innerliche Nähe zu einem anderen Menschen haben. Wir kennen den anderen/die andere in so ziemlich allen Lebenslagen, erfahren täglich, wo seine/ihre schwachen und wo die starken Seiten sich zeigen, und ebenso weiß er/sie eine Menge über uns selbst, erlebt unsere sonnigen ebenso wie unsere Schattenseiten. Trotzdem glauben viele, in der Partnerschaft liefe vieles »irgendwie« ganz von allein. Am Anfang mag das ja so sein: Verliebtheit fühlt sich an, als wäre einem vom Schicksal der größte aller Wünsche erfüllt worden – ein Wunsch, von dem uns vielleicht gar nicht bewusst war, wie bedeutsam und wesentlich er war. Die Begeisterung, die wir nun verspüren, ist verbunden mit der Freude darüber, dass dieser Wunsch nun Wirklichkeit geworden ist. Wir finden fast alles am Partner gut, und was uns nicht gefällt, darüber gehen wir hinweg.

Dieser Zustand schleift sich im Alltag ab und lässt sich auch nicht einfach künstlich in die Länge ziehen. Nach etwa drei Monaten bis spätestens eineinhalb Jahren ist die Verliebtheitsphase vorüber – und damit oft auch die Beziehung. Auch wenn die Euphorie der Verliebtheit noch so stark ist, verharrt niemand für alle Zeiten darin. Irgendwann wird daraus Liebe – oder auch nicht. Viele steigen genau an diesem Punkt aus und erfahren dadurch nicht, welches Potenzial und welche dauerhaften Qualitäten ihre Beziehung vielleicht gehabt hätte. Sie folgen damit einer von zwei irrtümlichen Vorannahmen – oder vielleicht auch allen beiden –, nämlich zu glauben:

- dass die erste Phase der Verliebtheit für immer anhalten muss.
- dass dann, wenn das Verliebtheitsgefühl weicht, die Zuneigung sich automatisch abschwächen oder verschwinden wird.

Doch auch jene Paare, die diese Klippe erfolgreich umschiffen und beschließen, zusammenzubleiben und vielleicht auch eine Familie zu gründen, sind nicht davor gefeit, doch noch Schiffbruch zu erleiden. Jedes dritte Ehepaar trennt sich, die Hälfte davon in den ersten sieben Jahren, obgleich eine glückliche Partnerschaft für die meisten im Leben den höchsten Stellenwert hat. Das Bedürfnis ist also da, doch an der Umsetzung scheint es gewaltig zu hapern.

Offensichtlich machen Paare, die langfristig miteinander glücklich sind, etwas anders als jene, die einander irgendwann den Rücken zukehren – entweder indem sie sich trennen oder indem sie sich innerhalb der Partnerschaft zurückziehen und eine innerliche Distanz zum anderen aufbauen. Die Gründe dafür sind jeweils unterschiedlich. Etliche Paare stellen erst nach ein paar Jahren oder auch, nachdem sie zusammengezogen sind, fest, dass sie nicht miteinander harmonieren. Eine große Rolle bei der Entwicklung der Partnerschaft – hin zu einer glücklichen oder zu einer glücklosen Beziehung – spielt die gegenseitige Wertschätzung.

»Alles ist selbstverständlich geworden, er meckert nur, wenn ihm etwas nicht passt« oder »Egal, was ich tue, ich fühle mich von ihr überhaupt nicht mehr beachtet«, das sind typische Wahrnehmungen, wenn es in der Beziehung kriselt.

Wie auch am Arbeitsplatz oder in der Beziehung zu guten Freunden ist Wertschätzung in der Partnerschaft ein »Muss«, wenn sie auf Dauer angelegt ist. Bleibt Wertschätzung aus oder wird zu wenig davon gespürt, so führt das unweigerlich zu Unzufriedenheit, Ärger und Frust.

Die beiderseitige Wertschätzung geht als Erstes verloren, wenn sich zwei Menschen in einer Beziehung voneinander entfernen. Meist werden von den Paaren, die sich voneinander entfremden, die ersten Risse gar nicht wahrgenommen oder einfach ignoriert – obwohl sie da noch leicht zu beheben wären. Offensichtlich fällt jedoch vielen im Alltag der liebe- und respektvolle Umgang miteinander schwer.

Das Gegenteil von wertschätzendem Verhalten ist Abwertung (Verachtung) oder auch Ignoranz (Nichtbeachtung). Der Mangel an Wertschätzung kommt dann in einer Reihe entsprechender Verhaltensweisen zum Ausdruck:

Die 12 häufigsten Liebeskiller

1. Den Partner, die Partnerin kontrollieren wollen: Kontrolle in einer Partnerschaft ist Ausdruck von Misstrauen und Besitzdenken, und dies kann keine Basis für ein Leben zu zweit sein. Echte Beziehungsqualität kann sich nur in einer Atmosphäre der Freiheit und des Vertrauens entwickeln. Der Versuch, den Partner/die Partnerin einzuengen, blockiert dessen/deren Entfaltung und hat mit Liebe und Wertschätzung nichts zu tun. Wer auf Kontrolle aus ist, macht sich oft nicht klar, welche zerstörerische Dynamik er damit in Gang setzt.

Je weniger Vertrauen in den Partner/die Partnerin gesetzt wird, desto stärker wächst der Drang zur Kontrolle. Doch in einer Beziehung lässt sich niemals alles kontrollieren, und schon gar nicht die Bedürfnisse, Gefühle und Gedanken des Partners/der Partnerin.

Selbst wenn – rein theoretisch betrachtet – absolute Kontrolle möglich wäre, dann würde das trotzdem nicht zu einer »Lösung« führen, denn Kontrolle bewirkt das Gegenteil dessen, was beabsichtig ist: Je stärker sich der Partner/die Partnerin reglementiert fühlt, desto mehr wird er oder sie anstreben, sich dem zu entziehen, denn jeder braucht einen persönlichen Freiraum. Damit das klappen kann, wird geschwindelt und zu Ausflüchten gegriffen, was dann mit großer Wahrscheinlichkeit noch mehr Misstrauen beim Partner hervorruft – der daraufhin seine Kontrollversuche weiter verschärft, und so weiter. Der Teufelskreis ist geschlossen, und die gegenseitige Wertschätzung auf null geschrumpft.

»Gegen Kontrolle bin ich absolut allergisch«, sagt Sheila, »das kann ich gar nicht haben. Ich habe einige Beziehungen erlebt, wo das genau so ablief: Erst alles easy, man trifft sich, freut sich auf den anderen, verbringt gemeinsam Zeit, hat Sex miteinander, alles ganz locker, und dann, wenn man sich näher kennt, fangen auf einmal die Fragen an: ›Wo bist du gewesen?‹, ›Wieso musst du unbedingt an diesem Meeting teilnehmen, kannst du das nicht ausfallen lassen?‹ und so weiter. Da suche ich dann schleunigst das Weite.«

Eng mit dem Drang zur Kontrolle verknüpft ist häufig:

2. Der Versuch, mit der Partnerschaft ein Defizit auszugleichen: Dies führt zu überhöhten Erwartungen, denen der andere nicht gerecht werden kann. Viele Menschen suchen sich jemanden, der ihnen das geben soll, was ihnen selbst fehlt, so dass ein verspürtes inneres Defizit ausgeglichen wird: Sicherheit und Geborgenheit beispielsweise oder Qualitäten wie Mut, Stärke oder Hingabe. Der/die andere soll dafür sorgen, dass es einem selbst gutgeht, und Probleme lösen, die eigentlich die eigenen sind.

Typische Sätze, in denen sich diese Haltung spiegelt, lauten: »Ich will, dass du mich glücklich machst«, »Ich brauche dich«, »Ohne dich kann ich nicht leben«. Dem idealen Partner werden alle nur denkbaren positiven Eigenschaften zugeschrieben, damit die Beziehung die Erfüllung bringt, nach der man sich sehnt.

Der Partner/die Partnerin kann jedoch niemals dauerhaft ein Defizit ausgleichen, das jemand in sich selbst verspürt. So kann auch ein Mangel an Selbstwertschätzung nicht dadurch »geheilt« werden, dass der Partner nun diese Lücke auffüllt, indem er dem anderen immer wieder versichert, dass er liebenswert ist, dass er viel weiß und kann usw.

Solange jemand nicht selbst mit sich im Reinen ist, wird er aus einer Haltung der Bedürftigkeit heraus auf den Partner/die Partnerin zugehen. Der/die andere fühlt sich dadurch vielleicht anfangs geschmeichelt, kann sich aber auf Dauer leicht überfordert oder unter Druck gesetzt vorkommen.

Wenn jemand Anforderungen stellt, denen der Partner nicht gerecht werden kann, kommt er früher oder später zu dem Schluss, dass dieser ihn nicht wirklich liebt und sich nicht genug Mühe gibt. Die Folge: Er fühlt sich unverstanden, gekränkt und zurückgewiesen und ist sich seines innerlichen Defizits noch deutlicher bewusst.

Doch nicht nur derjenige, dessen Erwartungen enttäuscht werden, ist unzufrieden – sondern auch der Partner als Adressat überhöhter Erwartungen. In ihm wächst das ungute Gefühl, nie genug tun zu können, egal was er auch unternimmt. Er hat den Eindruck, unzulänglich zu sein und dadurch den anderen immer wieder zu frustrieren und zu kränken. Keiner der beiden fühlt sich vom anderen wertgeschätzt.

Sabine findet jetzt, da sie Abstand zu ihrer Scheidung gewonnen hat, dass sie sich in ihrer Ehe sehr stark auf ihren Mann Rainer konzentriert hat. »Ich bin immer mehr ›geschrumpft‹, habe ihm alle wichtigen Entscheidungen überlassen und wollte einfach nur, dass er sich wohl fühlt und wir glücklich zusammen sind. Das klingt jetzt naiv, aber so war es. Heute denke ich, dass ich viel von dem auf Rainer projiziert habe, was mir fehlte: Selbstvertrauen, Optimismus, Stärke und Sicherheit.«

3. Gedankenlesen: Ein besonderer Ausdruck überhöhter Erwartungen ist es, zu glauben, der andere müsste wissen, was in uns vorgeht – ohne dass wir dies formulieren müssten. So als ob die Liebe es ermöglicht, zum Gedankenleser zu werden. Wir erwarten dann, dass der Partner genau spürt, was wir uns jetzt wünschen und was wir erwarten, und auch weiß, was er nun zu tun hat.

Doch der Partner ist mit dem Anspruch, Gedanken lesen zu sollen, überfordert. Wenn wir ihm nicht mitteilen, was wir gerade gerne von ihm hätten oder dass uns etwas stört, dann kann er das nicht wissen. Wenn wir dann im Stillen vor uns hin leiden, beleidigt sind oder uns verärgert völlig ins Schweigen zurückziehen, bestrafen wir den anderen – wofür eigentlich? Wo es doch so viel einfacher wäre, den Mund aufzumachen und zu sagen, was uns am Herzen liegt.

Man lernt einander zwar über die Jahre hinweg immer besser kennen, dennoch kann keiner in den anderen hineinschauen. Paare, die schon einige Zeit zusammen sind, sind oft davon überzeugt, einander in- und auswendig zu kennen. Oft glaubt man sogar, besser als der Partner selbst zu wissen, was für ihn gut ist und was nicht. Diese Art »Gedankenlesen« kann bis zu einem gewissen Grad klappen.

Doch jeder ändert seine Wünsche, Bedürfnisse, Vorlieben und Abneigungen im Lauf der Jahre, macht eine Entwicklung durch. Wenn der andere dann das Bild, das er sich von seinem Partner gemacht hat, nicht entsprechend modifiziert und dem anderen nicht seine persönliche Entwicklung zugesteht, kommt es unweigerlich zu Spannungen.

4. Abhängigkeit: Abhängigkeit vom Partner, ihn »ganz für sich« haben wollen. Natürlich gehört es auch zum Wesen einer Beziehung, dass beide Partner im Alltag immer wieder aufeinander angewiesen sind. Solange bei beiden die Gewissheit da ist, notfalls auch alleine klarzukommen und nicht auf Gedeih und Verderb auf den anderen angewiesen zu sein, ist das auch völlig okay. Kritisch wird es, wenn der eine glaubt, völlig auf den anderen angewiesen zu sein, dieser aber nicht auf ihn.

Dreht sich bei einem von beiden alles ausschließlich um den Liebsten, so dass er sich gar nicht mehr vorstellen kann, irgendetwas ohne den anderen zu unternehmen, dann wird es schwierig. Dann hat dieser mehr und mehr das Gefühl, nicht mehr frei, sondern abhängig zu sein, fühlt sich umklammert und will mehr Raum für sich selbst. Dies wiederum löst bei dem, der sich anklammert, Angst aus. Er geht davon aus, dass es dem Partner doch genauso gehen müsste wie ihm selbst, es sei denn, dessen Gefühle ließen nach … und so gibt er sich noch mehr Mühe, dem anderen nah zu sein, ihn »auf Händen zu tragen«, ihm zuliebe auf vieles zu verzichten, ihm auf vielfältige Weise zu »beweisen«, wie sehr er ihn liebt.

Das lässt aber leider keineswegs liebevolle Gefühle des Partners wachsen, sondern dieser fühlt sich zunehmend in der Schuld des anderen stehend und gleichzeitig von ihm vereinnahmt. Auf Dauer kann das zu dem Wunsch führen, sich befreien zu wollen. Ähnlich wie beim Liebeskiller Nr. 1 »Den Partner, die Partnerin kontrollieren wollen« entwickelt sich eine Dynamik, wo der eine um Nähe und Zuwendung bzw. Kontrolle kämpft und es dem anderen um Eigenständigkeit und Freiheit geht. Je erbitterter der eine hinter ständiger Nähe her ist, desto mehr kämpft der andere um Raum für sich selbst.

5. Den Partner, die Partnerin »erziehen« wollen: Dies signalisiert dem anderen: So wie du bist, bist du nicht gut genug für mich. Natürlich weiß jeder, dass es den perfekten Partner nicht gibt – zumindest theoretisch ist das jedem völlig klar. Wobei natürlich schon der Anspruch der »Perfektion« ein sehr subjektiver ist: Zwei Menschen können in ihrem Denken, Fühlen und Verhalten und vor allem auch in ihren Werten und Überzeugungen niemals identisch sein, weil sie ganz unterschiedlich aufgewachsen sind und ganz unterschiedliche Erfahrungen gemacht haben. Was dem einen wichtig ist, rangiert vielleicht für den anderen unter »Ferner liefen«, weil es ihm auf andere Dinge ankommt.

Viele Beziehungen kranken daran, dass Frauen ihre Männer, Männer ihre Frauen anders haben wollen, als sie eben nun mal sind. Der um »Erziehung« Bemühte ist in der Regel schwer davon zu überzeugen, dass seine Versuche, den anderen nach den eigenen Vorstellungen umzumodeln, kontraproduktiv sind. Schließlich wähnt er sich im Recht und meint, eigentlich dem anderen etwas Gutes zu tun, indem er ihn auf – aus seiner Sicht – falsche Einstellungen und Verhaltensweisen aufmerksam macht. Ihn treibt die Idealvorstellung einer Partnerschaft, und so betrachtet er auch seinen Partner durch diese Brille – und sieht ihn als eine Person, die den Idealvorstellungen leider (noch) wenig ähnlich ist. Es kränkt ihn, dass der Partner sein Bemühen nicht zu würdigen weiß, sondern sich immer wieder so verhält, dass er Anlass hat, »korrigierend« einzugreifen. Dem Partner die eigene Weltsicht aufnötigen zu wollen oder ihn zu belehren hat nichts mit Liebe zu tun. Erwachsene Menschen wollen nicht erzogen und nicht missioniert werden. Die Frage ist, wie viel der andere hinnimmt, bis ihm die Gängelei zu viel wird.

6. Unfaire Lastenverteilung: Wenn einer das Gefühl hat, dass an ihm »alles hängen bleibt«, häufen sich Zorn und Groll auf den anderen an. Wer in einer Beziehung dieselbe Anspruchshaltung zeigt wie früher als Kind gegenüber den Eltern, wird auf Dauer den Unmut seines Partners auf sich ziehen. Nehmen und Geben muss auch im Bereich der Lastenverteilung immer wieder ausgeglichen werden.

Wahrscheinlich hat niemand etwas gegen eine aufgeräumte, saubere und ansprechend gestaltete Wohnung einzuwenden, doch stellt sich die Frage, wie viel man selbst bereit ist, dafür zu tun. Und da wälzen manche den dafür nötigen Aufwand gerne auf den Partner ab. Staubsaugen, sich um die Wäsche kümmern, bügeln, die Böden wischen, das Bad und die Toilette putzen, den Müll entsorgen oder die Fenster reinigen: Das sind Tätigkeiten, die nicht gerade auf der Hitliste der »Freizeit«-Beschäftigungen stehen, sondern von Frauen wie Männern eben als notwendiges Übel gesehen werden. Gemacht müssen sie werden, also geht es darum, wer was wann macht. Das funktioniert oft nicht gut.

Noch immer sind es in der Regel die Frauen, die zusätzlich zur beruflichen Belastung als »zuständig« für den Haushalt angesehen werden und sich dann – oft widerwillig – in diese Rolle einfügen. Es ist jedoch belastend für Liebe und Partnerschaft, wenn eine ungerechte Aufteilung ungeliebter Arbeiten zum Dauerzustand wird. Dann macht sich beim betroffenen Partner ein Gefühl der generellen Benachteiligung breit. Je erfolgloser Hinweise, Änderungswünsche und Klagen bleiben, desto mehr verfestigt sich dieses Gefühl, immer für den Dreck zuständig zu sein. Wer sich »unter Wert« behandelt fühlt, beginnt innerlich auf Distanz zu gehen und nach Möglichkeiten Ausschau zu halten, sich auf irgendeine Weise zu revanchieren.

7. Fouls in der Kommunikation: Unfaire Kritik, Rechthaberei, Pauschalvorwürfe, (boshafte) Hänseleien, Lügen, Sarkasmus, Beschimpfungen, Unterstellungen, herabsetzende, kränkende Bemerkungen oder dem anderen Schuldgefühle machen wollen: Solche Verhaltensweisen sind das reine Gift für jede Partnerschaft. Da hat sich die Wertschätzung längst verabschiedet.

An ihre Stelle sind Machtspielchen getreten – und diese wiederum führen dazu, dass das gegenseitige Misstrauen wächst und es zu einer ständig sich weiter hochschraubenden Spirale aus Schuld-zuweisungen und Rechtfertigungen kommt. Auf jede Kränkung folgt eine Gegenkränkung, auf jeden Vorwurf ein Gegenvorwurf, auf jede Unterstellung eine Gegenunterstellung, auf jede Beleidi-gung eine Gegenbeleidigung. Dazu wird bei jedem Streit alles wieder auf den Tisch gepackt, was man dem anderen schon immer grundsätzlich an den Kopf werfen wollte, auch wenn dies bereits beim letzten und beim vorletzten Zusammenstoß gesagt worden war.

Die Ursachen für permanente gegenseitige Entwertungen sind unterschiedlich. Sei es, dass die Beteiligten …

- sich beide angegriffen fühlen und glauben, sich wehren und schützen zu müssen – und sich nicht anders zu helfen wissen, als dadurch, Stärke zu demonstrieren. Das, was als bedrohlich emp-funden wird, wird »heruntergemacht« und damit entwertet.
- glauben, durch einen »Punktsieg« ihr angeknackstes Selbstwert-gefühl wieder stärken zu können. Zu erleben, dass sie, indem sie einen »Treffer« landen, etwas beim anderen bewirken, gibt Be-friedigung und hebt – zumindest momentan – das Gefühl von Ohnmacht und Hilflosigkeit auf.
- sich in eine Position verrannt haben, aus der sie nun ohne Ge-sichtsverlust nicht mehr herauszukommen glauben.

Meist ist es so, dass die Beteiligten dabei die Gefahr, die die unfaire Kommunikation für ihre Beziehung darstellt, unterschätzen. Ge-fährlich sind unfaire Strategien und Verhaltensweisen vor allem deswegen, weil die Auseinandersetzung sich nicht mehr auf den Sachverhalt bezieht, um den es ursprünglich ging, sondern die An-griffe mehr und mehr direkt auf die andere Person abzielen. Ab einem bestimmten Punkt geht es dann nur noch um Triumph oder Niederlage.

8. Schweigendes Übergehen: Schweigen kann höflich und wertschätzend sein, sicherlich. Aber auch: unpassend, irritierend und beleidigend. Da zu schweigen, wo Offenheit oder ein klärendes Wort angebracht wären, sorgt in vielen Paarbeziehungen für Irritationen.

Manche Menschen halten sich am liebsten aus allem heraus – meist in der Hoffnung, dass sich alles irgendwie fügen wird oder dass sich im Falle von Meinungsverschiedenheiten alles – ganz von selbst – wieder einrenken wird. Sie sprechen ungern über sich selbst und über ihre Gefühle. Sie lösen ihre Probleme lieber alleine und machen sie nur ungern dem Partner gegenüber zum Thema. Wer nicht miteinander spricht, hat auch keinen Streit und keine langatmigen Diskussionen um unbequeme Themen. Funkstille besteht häufig bei Paaren oder in Familien, wo es keine konstruktive Streitkultur gibt, wo Schweigen als Strafe eingesetzt und über Gefühle nicht geredet wird.

Meistens sind es Männer, die schweigen, und Frauen, die das Gespräch suchen, aber dies ist nicht ausschließlich der Fall. Geredet wird schon, aber eben nur über aktuelles Geschehen und alltägliche zu lösende Organisationsfragen, nicht aber über die Beziehung angehende Konflikte und Gefühle.

Berufliches, Haushalt, Kindererziehung und Finanzen – das sind Themen, die das Leben vieler (Ehe-)Paare vorrangig bestimmen. Wie es dem anderen geht, welche Gefühle, Gedanken, Vorstellungen, Träume oder auch Probleme den Partner bewegen, bleibt oft außen vor. Wenn aber Paare ihre Wünsche, ihre Hoffnungen und Bedürfnisse und ihre Ängste nicht im Gespräch miteinander teilen, verflacht die Beziehung. Nach einer Weile hat man sich nur noch wenig zu sagen. Gemeinsame Gespräche reduzieren sich schließlich auf ein Minimum.

Wenn im Fall eines Konfliktes nicht darüber gesprochen wird, wird dieser nicht einfach verschwinden, sondern unterschwellig weiterschwelen, auch wenn beide so tun, als wäre nichts. In Partnerschaften, wo viele Themen umgangen werden, wachsen Unbehagen und Frustration entsprechend stärker.

Schwierig ist auch, wenn einer der Partner immer wieder das Gespräch verweigert oder vielleicht auch sein Schweigen als Druckmittel verwendet, um den anderen bei einem Streit zum Einlenken zu bewegen. Ist jedoch ein Partner für den anderen emotional nicht mehr zu erreichen, sind die Folgen meistens Zorn, Trauer, Schmerz, aber vor allem auch Angst – Angst, den anderen zu verlieren.

Schweigen wird vielfach auch als Mittel der Rache eingesetzt, etwa für Kränkungen und Verletzungen. Viele Menschen bestrafen dann ihren Partner, indem sie ihm mit Schweigen begegnen oder ihn schlicht ignorieren – mit dem Ziel, beim anderen ein schlechtes Gewissen hervorzurufen. Natürlich ist eine solche Funkstille nicht dazu geeignet, das Vorgefallene aus der Welt zu schaffen. Ohne ein klärendes Gespräch oder eine Auseinandersetzung über das Geschehene wird der Konflikt zwischen beiden Parteien immer wieder von neuem innerlich aufgerührt.

9. Seitensprung: Sex und Affären außerhalb einer Ehe oder einer festen Beziehung hat es immer schon gegeben. Aus naheliegenden Gründen gibt es aber keine aussagekräftigen statistischen Erhebungen zum Thema Untreue. So bleibt auch unklar, ob Seitensprünge jetzt häufiger sind als beispielsweise vor zehn oder zwanzig Jahren – oder ob heute nur offener darüber gesprochen wird. Agenturen, die heimliche Untreue managen, vermehren sich rasch und sichern Anonymität und hundertprozentige Diskretion zu. Der Psychologe Kurt Hahlweg (TU Braunschweig) und sein Team haben mittels einer anonymen Online-Untersuchung herausgefunden, dass in Deutschland etwa 40 Prozent der Befragten – Männer wie Frauen – zugeben, schon mal eine Affäre gehabt zu haben. Auf der anderen Seite finden 70 Prozent, Treue sei die wichtigste Eigenschaft in einer Paarbeziehung; dementsprechend wird dann auch Untreue als der schwerwiegendste Beziehungskiller angesehen. Zwei Drittel aller Partnerschaften gehen in die Brüche, wenn bekannt wird, dass der andere nebenher eine Affäre hatte. Aber warum geht jemand eigentlich fremd? Warum setzt er seine Partnerschaft für ein Abenteuer aufs Spiel? Die Gründe für einen Seitensprung sind sehr individuell, die häufigsten sind:

- sexuelle Unzufriedenheit, sich nicht mehr vom Partner sexuell begehrt fühlen;
- sich vom Partner unverstanden und zu wenig wertgeschätzt fühlen;
- ein Defizit an Nähe, Zärtlichkeit und Zuwendung;
- Langeweile in der Beziehung, festgefahrene Gewohnheiten und Abläufe;
- Rache für ein »Fehlverhalten« des Partners;
- den eigenen »Marktwert« testen wollen;
- es passiert völlig unbeabsichtigt – aus der Situation heraus;
- Torschlusspanik: Angst, etwas zu verpassen.

Sei es der Versuch, sich woanders das zu holen, was in der Partnerschaft vermisst wird, oder sei es pure Abenteuerlust: Mit jedem Seitensprung geht ein Vertrauensbruch einher, der vom anderen oft nur schwer oder gar nicht verziehen wird. Eine einzelne Affäre kann eine Partnerschaft vielleicht verkraften, aber ständige Untreue entzieht ihr die Basis.

10. Abnutzung: Nach einiger Zeit schleicht sich eine Art Alltagstrott ein. Vieles am gemeinsamen Alltag wird zur Gewohnheit, und dies führt dazu, die »normalen« positiven Dinge als selbstverständlich hinzunehmen. Gespräche drehen sich häufig nur noch um Organisatorisches. Auch der freie Abend, den das Paar regelmäßig für sich einplant, gehorcht einer vertraut gewordenen Routine. Man hat sich arrangiert und lebt ohne nennenswerte Überraschungen nebeneinanderher, geht davon aus, sich des anderen sicher sein zu können. Dies kann dazu führen, dass man sich nicht mehr so viel Mühe wie am Anfang gibt, dem anderen Zuneigung und Wertschätzung zu zeigen.

Je länger eine Paarbeziehung andauert, desto mehr steigt das Risiko, dass eingefahrene Rituale die Oberhand gewinnen und sich schließlich Gleichgültigkeit breitmacht. Manchmal spuren sich Beziehungen so ein, dass keiner der Beteiligten es so richtig reflektiert, dass die Verbundenheit miteinander nicht mehr Liebe und Zuneigung als Fundament hat, sondern im Wesentlichen auf Gewohnheiten beruht.

Erst eine sich langsam einschleichende diffuse Unzufriedenheit, Langeweile und eine wachsende innere Leere deuten dann darauf hin, dass das Zusammenleben sich weit von den Vorstellungen entfernt hat, die beide sich einmal gemacht haben.

11. Zu wenig Zeit als Paar: Viele Paare wünschen sich ein Kind – oder mehrere – und sind beglückt, wenn sich die Zweisamkeit dann tatsächlich hin zur Familie erweitert. Wenn aus Paaren Eltern werden, kann dies die Beziehung drastisch verändern. Das erste Kind verändert den Alltag auf vielfältige Weise. Der Nachwuchs braucht viel Zuwendung und viel Zeit, und darüber vergessen viele, dass sie nun, wo sie Eltern sind, nicht aufgehört haben, gleichzeitig auch weiterhin ein Paar zu sein. Mit dem Kind verändert sich die bisherige Alltagsroutine. Die Rollen als Mutter und Vater stehen häufig so stark im Vordergrund, dass man jenseits von Kinderbetreuung und Haushaltspflichten zusehends weniger miteinander teilt. Wenig Sex, wenig Schlaf und wenig freie Zeit, dafür nur noch ein einziges Gesprächsthema – das gehört für viele junge Eltern zum Alltag. Lebt man jedoch mehr oder weniger nebeneinanderher, so dass es kaum mehr etwas gibt, was das Paar jenseits der Elternpflichten miteinander unternimmt, sieht es nicht gut für die Zukunft der Beziehung aus.

Viele Eltern bekennen, das Leben mit einem Kind unterschätzt zu haben, vor allem auch das Maß an Pflichten, physischer und psychischer Belastung, die mit dem Kind auf sie zugekommen sind.

12. Unbefriedigender Sex: Sex ist ein wichtiger Bestandteil einer Beziehung und wird gleichzeitig auch zum Indikator, wenn etwas nicht stimmt. Viele Paare erleben in den ersten Monaten oder auch Jahren eine leidenschaftliche, liebevolle und erfüllende Sexualität. Dann aber lassen häufig Lust, Anziehung und Begehren nach – dies ist an sich eine natürliche Entwicklung. Bei den meisten Paaren nimmt die Häufigkeit der sexuellen Begegnungen im Laufe der Jahre etwas ab. Hat sich jedoch bei einem der Partner die Lust am Sex völlig verflüchtigt und leidet der andere darunter, sollte das Paar sich mit diesem Phänomen beschäftigen.

Wenn ein Partner generell das Gefühl hat, dem anderen als Person nicht mehr viel zu bedeuten, hat er oft auch keine Lust, mit ihm zu schlafen.

Es gibt viele weitere Gründe dafür, warum die sexuelle Begegnung nicht so ausfällt, wie man sie selbst gerne hätte: von Stress, Unwohlsein, Unlust und Müdigkeit über einen Mangel an erotischer Anziehung bis hin zur Impotenz oder fehlender Hingabefähigkeit. Wenn es im Bett nicht mehr stimmt, die Partner einander nicht mehr umarmen wollen oder einer von beiden Abneigung spürt, sobald der andere ihm nahekommt, leidet die Partnerschaft ganz generell und kann an diesem sich zwischen beiden auftuenden Graben auch scheitern. So wird es für viele Menschen zum Trennungsgrund, wenn der Partner allzu häufig keine Lust auf Sex hat oder wenn er wenig auf die Bedürfnisse des anderen achtet und zu schnell zur Sache kommt.

Neben diesen zwölf Klippen, die es zu umschiffen gilt, wenn man eine dauerhafte, stabile Partnerschaft anstrebt, kann es auch sein, dass beide Partner sich im Lauf der Jahre in wesentlichen Fragen der Lebensplanung stark auseinanderentwickeln oder dass Themen in den Vordergrund rücken, die am Anfang der Partnerschaft nicht relevant waren, beispielsweise, wenn einer von beiden Kinder möchte und der Partner nicht. Oder wenn einer der Partner einen verlockenden Karrieresprung machen kann, was aber einen Umzug in eine andere Stadt bedeuten würde, und dem anderen die Art und Weise, wie er sein Leben eingerichtet hat, lieb und teuer ist: seine Arbeit, der Freundeskreis, die Wohnung, das Umfeld usw. Empfindet der eine den bevorstehenden Ruhestand als Erlösung – nun endlich mal loslassen, entspannen und ein beschauliches Leben führen können –, so sieht der andere darin die Chance, endlich einmal in ferne Länder zu reisen und ganz neue Erfahrungen zu machen.

Lassen sich wichtige Wertvorstellungen und Lebensziele nicht vereinbaren und kann kein für beide tragbarer Kompromiss gefunden werden, ist eine Trennung oftmals die klügere Entscheidung, denn in verschiedene Richtungen strebende Wünsche, Träume und Lebenspläne führen dazu, dass man sich in ganz unterschiedliche Richtungen entwickelt, so dass man einander auf Dauer nicht mehr wirklich versteht und nicht mehr genug Verbindendes findet.

Worin sich Wertschätzung in der Partnerschaft zeigt

Die meisten gut funktionierenden Beziehungen beruhen darauf, sich gegenseitig wertzuschätzen, einander zu vertrauen, sich miteinander wohl und einander zugehörig zu fühlen. Natürlich, auch in einer guten Partnerschaft gibt es unglückliche Momente, Streit und Frustration – aber es überwiegen ganz eindeutig die positiven Elemente. Zusammen lachen, gemeinsame Erlebnisse teilen, den anderen trösten, wenn ihm etwas misslungen ist, ihn motivieren und bei seinen Ideen und Vorhaben unterstützen – das bildet die Basis für ein Gefühl emotionaler Geborgenheit. Vieles miteinander teilen zu können lässt Nähe entstehen und stärkt das Vertrauen in die Verlässlichkeit des Partners.

Sensibilität für die potenziellen Liebeskiller zu bewahren (siehe das vorhergehende Unterkapitel) und auch in der Partnerschaft die Wertschätzungssignale zu geben, die grundsätzlich im Umgang mit anderen wichtig sind (siehe auch das Kapitel »Wertschätzungssignale im Alltag«), ist gerade auch in der engsten unserer Beziehungen wichtig.

Es gibt gerade da, wo wir gefordert sind, den Alltag gemeinsam zu gestalten, eine Reihe kleiner Signale, die dem anderen zeigen, dass wir an ihn denken und dass er uns wichtig ist. Und es sind gerade diese scheinbar unbedeutenden Gesten, die dafür sorgen, dass die Beziehung lebendig, freundschaftlich und liebevoll bleibt. Viele der »Kleinigkeiten«, die zum Ausdruck gebracht werden, sind wertvolle Signale. Sie zeigen dem Partner – ohne viel Aufhebens davon zu machen –, dass er wahrgenommen und geschätzt wird, eben dass er uns etwas wert ist.

Wertschätzungssignale an den Partner/die Partnerin

Attraktiv für den Partner sein und bleiben: Natürlich ist es gut, wenn zwei Menschen einander nicht unentwegt nur ihre Schokoladenseite präsentieren müssen, sondern einander in allen möglichen Lebenslagen lieben und wertschätzen.

Es ist schön, wenn das gegenseitige Vertrauen wächst und sich das Gefühl der Intimität vertieft, aber das sollte nicht als Freibrief genutzt werden, sich gehenzulassen. Wer zu Hause nachlässig mit seinem Äußeren und der Körperpflege umgeht, der ruft auf Dauer Frust und Abneigung bei seinem Partner hervor.

Es geht nicht darum, stets wie aus dem Ei gepellt zu erscheinen, doch ist es wichtig, gerade auch in der Partnerschaft Wert auf das eigene Erscheinungsbild zu legen und darauf zu achten, dass man sich selbst wohl und attraktiv fühlt, und es sich – und auch dem Partner – wert zu sein, gut und gepflegt auszusehen.

Gute Umgangsformen wahren: Dafür, ob eine Verliebtheit zu einer stabilen Partnerschaft werden kann, ist es entscheidend, wie ein Paar im Alltag miteinander umgeht – wie einer über den anderen spricht, wie beide sich im Freundeskreis zueinander verhalten usw. Doch nicht nur in der Öffentlichkeit, sondern auch im Privaten spielen gute Manieren eine nicht zu unterschätzende Rolle – vor allem Achtsamkeit, Höflichkeit und Hilfsbereitschaft. Wenn das Zusammenleben zur Gewohnheit wird, schwinden diese Tugenden leider oft Stück für Stück dahin. Sogar gängige Worte der Höflichkeit, wie »bitte« und »danke« scheinen in etlichen Beziehungen in Vergessenheit geraten zu sein.

Doch ein höflicher Umgangston, die Bereitschaft, dem Partner zuzuhören, ihn zu unterstützen, ihm zur Seite zu stehen oder etwas abzunehmen, und Achtsamkeit vor allem auch in Bezug auf die empfindlichen Seiten des Partners sind »Basics« für echte und auch dauerhafte Intimität. Lässt man es daran fehlen, kühlt die Liebe meist schnell ab.

Den Partner positiv überraschen: Eine unerwartete SMS, ein kleines Geschenk, ein Blumenstrauß, eine für den Partner erledigte Besorgung, etwas Besonderes kochen usw. Mit Dingen, von denen man weiß, dass sie dem Partner gefallen, ihn immer mal wieder ganz unverhofft überraschen, das zeigt, dass man ihn schätzt und glücklich darüber ist, mit ihm zusammen zu sein. Vielleicht gibt es ja etwas, was der Partner beiläufig einmal erwähnt hat, etwas, was er gerne mag. Gerade die kleinen persönlichen Gesten sind es, die den anderen besonders beglücken. Häufige kleine Geschenke, die zeigen, dass man die Vorlieben und Wünsche des Partners kennt, rufen in der Regel mehr Freude hervor als seltene, aufwendige Präsente.

Gut ist auch, die Zeit zu zweit häufiger dazu zu nutzen, aus alltäglichen Abläufen auszusteigen und spontan gemeinsam etwas zu unternehmen, beispielsweise Eintrittskarten für das Konzert der Lieblingsband zu überreichen oder zu einem Abend in einem Restaurant einzuladen, das als »Geheimtipp« gilt – eben besondere, unbeschwerte Stunden miteinander zu verbringen.

Anteilnahme und Empathie: Gegenseitige Neugier, Anteilnahme und das Einfühlen in den Partner halten eine Beziehung lebendig. Wer im Alltag nur die eigenen Belange im Kopf hat, vorrangig »sein Ding macht« und ansonsten neben dem anderen herlebt, muss sich nicht wundern, wenn man sich bald nichts mehr zu sagen hat. Verstehen und verstanden werden wollen, Interesse dafür zu zeigen, wie es dem Partner gerade geht und was er tagsüber erlebt hat, und sich auch selbst einbringen und mitteilen, das hält die Gesprächskultur innerhalb der Beziehung lebendig. Auch etwas zu unterlassen kann dem anderen Anteilnahme und Empathie vermitteln – ein achtsamer Mensch läuft nicht mit schmutzigen Schuhen über eben erst gereinigte Bodenfliesen, und er lässt auch nicht seine getragene Kleidung in irgendeiner Ecke liegen. Empathie zeigt sich auch darin, sich um Dinge, die man benutzt hat, selbst zu kümmern und dies nicht dem Partner zu überlassen.

Sich immer wieder über Erlebtes und Erfahrenes austauschen, gegenseitig den Erinnerungsschatz auffrischen (»Weißt du noch …«) und Pläne für die Zukunft schmieden stärkt die Verbundenheit. Miteinander im Gespräch bleiben ist ein entscheidender Faktor für eine stabile Beziehung.

Sich über wichtige Werte einig sein – oder Kompromisse finden: Wenn zwei sich einig sind über grundlegende Werte und Regeln für das Zusammenleben, dann schafft das eine gute Basis für ein harmonisches Miteinander. Die Redensart »Gleich und Gleich gesellt sich gern« kommt nicht von ungefähr.

Wie aktuelle Studien zeigen, beeinflussen Ähnlichkeiten in der sozialen Herkunft, der Weltanschauung und den Wertvorstellungen eine Beziehung positiv. Auch gleiche Interessen oder Hobbys stärken das Wir-Gefühl, während große Diskrepanzen darin, was den Partnern wichtig ist und was nicht, für Konflikte sorgen können. Ein altruistisch ausgerichteter Mensch wird kaum mit einem Egoisten glücklich werden, jemand, dem Ordnung wichtig ist, wird »kreatives Chaos« nicht witzig finden, und für wen Ehrlichkeit ein zentraler Wert ist, der kann es nicht tolerieren, wenn der Partner es mit der Wahrheit nicht so genau nimmt. Der eine ist sparsam, der andere gibt gerne aus. Solche unterschiedlichen Werthaltungen stellen für Menschen, die auf längere Sicht zusammenleben wollen, eine große Herausforderung dar.

Unterschiede respektieren: Sich zu verstehen heißt nun aber nicht, einander immer in allem und jedem zuzustimmen. So ähnlich zwei Partner auch sein mögen – sie bleiben immer zwei unterschiedliche Individuen. Wertschätzung heißt hier, sich über Gemeinsamkeiten und Nähe zu freuen, jedoch auch die Verschiedenheit zu würdigen und zu respektieren. Den Partner als Person und Individuum wertzuschätzen bedeutet in diesem Zusammenhang, keine »Erziehungsversuche« zu unternehmen und Toleranz gegenüber kleinen Macken zu zeigen, es aber auch offen anzusprechen, wenn ein Verhalten einen irritiert oder stört.

Jene Unterschiede, zu denen man keine gemeinsame Haltung findet, können zum Dauerthema bei Paarkonflikten werden: beispielsweise große Differenzen in der Persönlichkeitsstruktur, in bestimmten Denk- und Verhaltensgewohnheiten oder in manchen der Werte und Überzeugungen, die man mit dem Partner nicht teilen kann. Da sind viele Anläufe zur Verständigung und zur Akzeptanz erforderlich für all das, wo der Partner anders tickt als man selbst.

Wenn es gelingt, gerade die Andersartigkeit des Partners als Gewinn für die Beziehung zu betrachten, fällt die Wertschätzung dessen, was einem selbst fremd ist, leichter.

Einander Freiräume gewähren: Wenn die Beziehung frisch und neu ist, glaubt man oft, dass Freiräume und Grenzen unnötig seien, man künftig alles zusammen machen werde und keinerlei Geheimnisse voreinander haben sollte. Auf Dauer braucht eine Beziehung jedoch neben der beglückenden Nähe auch Freiheiten für beide Partner. Persönliche Freiräume gefährden die Partnerschaft nicht, sondern beleben und vertiefen sie. Dies bedeutet zu akzeptieren, dass der Partner ein »eigener« Mensch ist, der andere Vorlieben und Abneigungen hat als man selbst. Als Konsequenz daraus zeigt sich Wertschätzung darin, dem anderen jeweils Raum für eigene Freunde, Vorlieben und Hobbys zuzugestehen, so dass beide das Gefühl haben, die Dinge, die ihm/ihr (auch) wichtig sind, nicht vernachlässigen zu müssen – ohne dass dabei die Beziehung in Schieflage gerät. Die Grundvoraussetzung dafür ist Vertrauen.

Faires Streiten: In jeder Beziehung wird – bei aller Liebe – früher oder später auch mal um etwas gestritten, und das ist völlig normal. Wenn zwei Menschen ihre Leben zusammenlegen, entsteht immer auch Reibung. In vielen Bereichen ist es leicht möglich, gemeinsame Lösungen zu finden, bestimmte Themen aber werden spannungsgeladen bleiben, weil einfach die Werte und Vorstellungen stark auseinandergehen. Konflikte wegschweigen ist keine Lösung (siehe auch den Abschnitt »8. Schweigendes Übergehen« weiter oben im Unterkapitel »Die 12 häufigsten Liebeskiller«).

Eine konstruktive Streitkultur gehört zu den Basics einer guten Partnerschaft mit dazu. Paare, die es schaffen, Strittiges anzusprechen und anzugehen, die es verstehen, lösungsorientiert miteinander zu streiten, haben eine gute Chance, dauerhaft miteinander glücklich zu sein.

Jedes Paar hat es sowohl mit lösbaren als auch mit unlösbaren Problemen zu tun. Wertschätzung auch im Streit heißt, dass beide Partner ihr Vertrauen und ihren Humor behalten, während sie über lösbare Probleme verhandeln und im Laufe der Zeit mit den unlösbaren Problemen zu leben lernen. Auch das glücklichste Paar streitet, jedoch nicht pausenlos – und, wichtiger Unterschied zu destruktiven Streitereien, es versteht es, sich wieder zu vertragen, ohne dass einer der beiden am Ende als gedemütigter Verlierer dasteht.

Hilfreich dabei ist, Streitgesprächen bewusst von vorneherein einen Rahmen zu geben, sie bewusst zu beenden und zu vereinbaren, dass man wieder aufeinander zugeht, auch wenn das Problem selbst vielleicht nicht gelöst werden konnte.

Sich entschuldigen und auch vergeben können: Zu einer wertschätzenden Beziehung gehört, Fehler einzusehen und dafür um Entschuldigung zu bitten ebenso wie die Entschuldigung des anderen anzunehmen, ohne »nachzukarten«.

In jeder Paarbeziehung gibt es Missverständnisse, Enttäuschungen, Kränkungen und Verletzungen. Wohl niemand verhält sich ausschließlich korrekt. Für beide Partner ist es wichtig, zu erkennen und zu verstehen, wann und wodurch sich der andere verletzt fühlt. Wer sich gut in den Partner einfühlen kann und sein Tun reflektiert, erkennt eigene Fehler klarer.

Oft fällt es schwer, um Entschuldigung zu bitten, nicht zuletzt deswegen, weil darin häufig ein Zeichen von Schwäche gesehen wird. Doch dem ist nicht so – ganz im Gegenteil. Es erfordert Mut, offen zu einem Fehlverhalten zu stehen, während herunterspielen, sich rechtfertigen, Ausreden erfinden oder sich hinter einer Mauer aus Schweigen zu verschanzen tatsächlich schwach ist.

Das Gegenstück zur Entschuldigung, das Verzeihen und Vergeben, kann manchmal noch schwerer fallen, vor allem dann, wenn man sich durch das, was der andere gesagt oder getan hat, persönlich sehr gekränkt und verletzt fühlt. Hier kann es hilfreich sein, um etwas Zeit zu bitten. Verzeihen bedeutet nicht, das Geschehene rückgängig zu machen oder so zu tun, als wäre es nie passiert. Vielmehr ist es Ausdruck dessen, dass der Partner nicht für alle Zeiten auf seinem Fehlverhalten festgenagelt bleibt, sondern es ihm durch Vergebung ermöglicht wird, daraus zu lernen und sich künftig anders zu verhalten. Und: Wer vergeben kann, lässt los und wird selbst gelassener und ausgeglichener, statt in Groll zu erstarren.

Gleichgewichtiges Geben und Nehmen: Füreinander da sein und dafür auch einmal die eigenen Bedürfnisse zurückstellen vermittelt dem Partner, dass man ihn liebt und schätzt – solange dies keine Einbahnstraße ist. Selbst großzügig im Geben zu sein und darauf zu bauen, dass der Partner von sich aus genauso verfährt, klappt manchmal durchaus gut, geht aber auch häufig schief. Dann wird es für den anderen selbstverständlich, einseitig nur zu nehmen und schließlich ungehalten zu reagieren, wenn die gewohnte Zuwendung ausbleibt. Wenn man bemerkt, dass sich beim Übernehmen von Aufgaben Einseitigkeit einzuschleichen droht, ist es gut, dem Partner zu verdeutlichen, was man alles übernommen hat und was man sich von ihm nun wünscht – wofür er künftig zuständig sein sollte. Dies gilt vor allem auch für die faire Lastenverteilung in Familie und Haushalt.

Nur wenn die Balance zwischen Geben und Nehmen stimmt

und beide anerkennen, was der andere zur Bewältigung des Alltags beiträgt, fühlen sich beide wertgeschätzt.

Gemeinsames Erleben: Als Paar gemeinsam etwas zu unternehmen, festigt die Beziehung und schafft gemeinsame Erinnerungen – sofern beide Freude daran haben. Natürlich ist es sehr befriedigend, wenn Partner viele gemeinsame Interessen miteinander teilen, doch das ist weder »automatisch« der Fall, noch lassen sich gemeinsame Aktivitäten verordnen. Dass zwei Partner tatsächlich Spaß an demselben Hobby haben, ist eher selten. Viel häufiger ist ein Kompromiss, bei dem einer dem anderen zuliebe Zugeständnisse macht. Wenn das für beide in Ordnung ist, okay – und noch besser, wenn sich der andere entsprechend revanchiert.

Interessen miteinander zu teilen ist wichtig für eine Beziehung, doch das Bedürfnis danach ist bei jedem Paar anders gelagert. Es gibt Partnerschaften, die funktionieren auch mit wenig gemeinsamen Unternehmungen gut, andere benötigen wiederum viel Zweisamkeit. Wichtig ist, dass beide mit dem Maß an gemeinsam verbrachter Zeit gut leben können und sich weder überfordert noch alleingelassen vorkommen.

Ob tatsächlich beide für den Marathon trainieren oder nur einer, ob der eine die Begeisterung des anderen für Orgelmusik teilt oder nicht, ist für das Gelingen der Partnerschaft nicht von Bedeutung – durchaus aber, wie der eine auf die Vorlieben des anderen reagiert. Ob er Wertschätzung zeigt oder die Aktivität des anderen abwertet. Wichtiger als die Frage, ob das Paar den Tag gemeinsam gestaltet hat, ist es demzufolge, dass beide einander von ihrem Tag erzählen – und dass sie sich gegenseitig zuhören.

Guter Sex: Für die meisten Paare bleibt Sex ein wichtiger Bestandteil ihrer Beziehung, auch wenn die Ehe in die Jahre kommt. Die Häufigkeit sexueller Begegnungen mag abnehmen, doch die Sexualität selbst braucht auch nach langen gemeinsamen Jahren nichts an Qualität einzubüßen. In einer Partnerschaft mit wechselseitiger Wertschätzung sind auch sexuelle Begegnungen etwas, das sich mit zunehmender Erfahrung intensiviert und weiterentwickelt.

Zärtlichkeit: Berührung ist ein elementares menschliches Bedürfnis. Hier bewirken schon kleine, achtsame Gesten sehr viel, denn sie signalisieren dem Partner, dass man ihn schätzt und liebt, sich mit ihm verbunden fühlt und seine Nähe sucht. Dies wird oft unterschätzt. In einer Studie des Kinsey Institute for Research in Sex, Gender and Reproduction an der University of Indiana, die sich mit dem Thema Langzeitbeziehungen beschäftigte, zeigte sich, dass von den männlichen Probanden die meisten großen Wert auf Zärtlichkeit in der Beziehung legten – mehr noch als die weiblichen Teilnehmer.

Ähnliche Erwartungen an Liebe und Geborgenheit bewirken auch hier ein harmonisches Geben und Nehmen. Den anderen berühren, umarmen und streicheln, Küsse austauschen und andere kleine Signale der Zärtlichkeit stimmen beide froh und vermitteln Wertschätzung und emotionale Sicherheit zugleich.

Ehrliche Wertschätzung in einer Paarbeziehung fördert immer auch die Selbstwertschätzung und stärkt gleichzeitig das Zugehörigkeitsgefühl. Zu wissen, dass wir für unseren Partner wertvoll sind, vermittelt Sicherheit und Geborgenheit.

Wer bereit ist, weniger auf etwaige Mängel seines Partners zu schauen und viel mehr auf das zu achten, was er in der Partnerschaft als anregend und verbindend wahrnimmt, zu genießen, was er an Schönem und Erfüllendem mit seinem Partner erlebt, stärkt damit auch die eigene Lebensfreude und Lebenszufriedenheit. Wenn beide von einer wertschätzenden Einstellung geleitet sind, ist das eine gute Voraussetzung für ein langlebiges, viel Freude stiftendes Miteinander.

Praktische Partnerschaftsübungen und -reflexionen

Die folgende Übung, die beiderseitige Erwartungen zum Inhalt hat, eignet sich auch gut, um sie mit dem Partner zusammen zu machen. Gegenseitige Erwartungen werden oft erst dann wirklich klar, wenn beide sich offen darüber austauschen. Dann besteht auch die Chance, sich verbindlich zu einigen, die eigenen Grenzen und die des Partners klarer zu erkennen und den anderen (noch) besser zu verstehen. Gut ist auch, wenn beide Partner immer mal wieder einen Beziehungs-Check vornehmen, um zu reflektieren, wie es um die Zufriedenheit mit der Beziehung zueinander bestellt ist. Werden Dissonanzen frühzeitig erkannt, kann man gut gegensteuern und eventuelle Missverständnisse ausräumen.

Übung 36

»Bewertung« der Partnerschaft

Nehmen Sie sich etwas Zeit und überlegen Sie, womit Sie in Ihrer Partnerschaft zufrieden und womit Sie weniger zufrieden sind. Tragen Sie für jeden der unten aufgeführten Aspekte einen gefühlten Wert auf einer Skala zwischen 1 und 10 ein (1 = sehr schlecht bis 10 = ganz wunderbar):

⊙ Wertschätzung:
   a) Gehe ich mit meinem Partner/meiner Partnerin wertschätzend um?
   b) Fühle ich mich selbst von ihm/ihr wertschätzend behandelt?

- Gemeinsames Erleben:
  a) Wie oft unternehmen wir etwas zusammen? Ist das für mich häufig genug?
  b) Wie oft unternehmen wir etwas gemeinsam mit unseren Freunden? Ist das für mich häufig genug?
- Miteinander sprechen: Wie oft führen wir gute Gespräche miteinander? Ist dies für mich das richtige Maß?
- Liebe, Sex und Zärtlichkeit: Wie oft sind wir einander auch körperlich nah? Ist das so stimmig für mich?
- Zuverlässigkeit: Kann ich mich auf meinen Partner verlassen?

Interessant wird es, wenn Ihr Partner ebenfalls eine Bewertung aus seiner Sicht vornimmt und Sie beide anschließend über Ihre jeweiligen Einschätzungen sprechen.

Eine ungefähre Einordnung der Skalen-Ergebnisse:
Liegt bei Ihnen und bei Ihrem Partner jeweils keiner oder nur einer der Aspekte auf der gedachten Skala unter 5, alle anderen aber darüber, dann haben Sie eine gute bis sehr gute Basis für Ihre Partnerschaft, je nachdem wie hoch die insgesamt vergebene Punktzahl und damit die Zufriedenheit ist.
Liegen zwei oder drei Bereiche unter 5, dann deutet dies darauf hin, dass Sie häufig Dissonanzen in Ihrer Partnerschaft erleben. Überlegen Sie, was Sie beide tun können, um wieder ein stärkeres Band zwischen sich zu knüpfen. Suchen Sie sich dazu gegebenenfalls auch fachliche Unterstützung durch einen Paartherapeuten oder Coach.

Gerade wenn ein Paar schon einige Jahre zusammen ist, ist die Versuchung groß, zu glauben, man kenne seinen Partner »wie seine Westentasche« (siehe auch den Abschnitt »Gedankenlesen« weiter oben in diesem Kapitel). Tatsächlich ist das Einzige, das man in- und auswendig kennt, die eigene Art, Gesagtes zu deuten. Wir glauben zu wissen, was der andere meint, wenn er etwas Bestimmtes sagt, und greifen auch auf gewohnte Denkmuster zurück, wenn es darum geht, sein Verhalten zu interpretieren (»Das tut er nur, weil …«). Das mag im einen oder anderen Fall stimmen, ist oft aber reine Vermutung und manchmal auch ein Streitauslöser, weil der andere sich gegen die zugeschriebene Deutung wehrt.

Hier lohnt es sich, die eigenen Muster zu reflektieren und zu hinterfragen mit dem Ziel, sich besser in den Partner, in dessen Gedanken- und Gefühlswelt einfühlen zu können.

Übung 37

Eigene Deutungsmuster hinterfragen

Achten Sie in der kommenden Woche sorgfältig darauf, wann Sie im Gespräch mit Ihrem Partner seine Worte oder sein Verhalten interpretieren, wann Sie zu wissen glauben, was seine Motive sein könnten. Stellen Sie sich dann die folgenden Fragen:

- ⊙ Was genau hat mein Partner gesagt bzw. getan?
- ⊙ Was ist meine Interpretation?
- ⊙ Was fühle ich, während ich seine Worte, sein Verhalten interpretiere?
- ⊙ Wie »wahr« ist meine Interpretation? Welche »Beweise« habe ich dafür?

- Könnte es nicht auch ganz anders sein? Welche Deutungsmuster gibt es noch?
- Was könnten äußere Umstände sein, die dazu geführt haben, dass er das gesagt bzw. getan hat?

Indem Sie sich diese Fragen stellen und Antworten darauf finden, lockern Sie Ihre Deutungsmuster auf und öffnen sich dafür, Ihren Partner besser zu verstehen. Und dann: Fragen Sie ihn, wie es sich aus seiner Sicht verhält, und widerstehen Sie der Versuchung, es besser als er wissen zu wollen …

Der häufigste Grund, warum ein Paar daran scheitert, der Partnerschaft trotz unterschiedlicher Einstellungen, persönlicher Eigenheiten und Gewohnheiten und sich daraus ergebender Probleme eine Chance zu geben, ist das »Nachkarten«: durch den Partner zugefügte Kränkungen einfach nicht wirklich vergeben können. Eine Kränkung erleben die Betroffenen als Attacke auf ihr Selbstwertgefühl. Sie fühlen sich dadurch zutiefst seelisch verletzt – beispielsweise bei unfairer Kritik oder wenn der Partner sie zurückweist, beschimpft, lächerlich macht, ignoriert oder von einem Vorhaben ausschließt, ebenso natürlich, wenn er lügt oder sich als unzuverlässig erweist. Solche Kränkungen werden gleichzeitig auch als Entwertung erlebt. Und das tut weh. (Siehe dazu auch das Kapitel »Warum Kränkungen so gefährlich sind«.)

Auch wenn Paare um Verständnis füreinander bemüht sind und auch darum, Auseinandersetzungen sachlich und fair zu führen, sind Kränkungen manchmal nicht zu vermeiden. Wo Menschen zusammenleben, werden immer auch Fehler gemacht, die den anderen ärgern oder verletzen. Trotzdem empfiehlt es sich, willens zu sein, unter ein Geschehen einen Schlussstrich zu ziehen, statt es bei passender Gelegenheit immer wieder auszugraben und dem Partner vorzuhalten – vor allem, wenn dieser sich längst dafür entschuldigt hat. Die Erinnerung an Kränkungen stetig wachzuhalten vergällt nicht nur die eigene Lebensfreude, sondern kann auch das Verhältnis zum Partner dauerhaft trüben.

Übung 38

Kränkungen loslassen

Wenn Sie sich schwer damit tun, etwas, was der Partner gesagt oder getan hat, innerlich zu verschmerzen, dann können Ihnen folgende Fragen dabei helfen, diese Altlasten abzuwerfen:

- Was genau nehmen Sie Ihrem Partner nach wie vor übel?
- Was fühlen Sie, wenn Sie daran denken?
- Was könnte Ihr Partner tun, damit Sie einen dicken Strich unter das Geschehene ziehen könnten? Was bräuchten Sie für Ihr Selbstwertgefühl, damit Sie diese Kränkung verzeihen könnten? Könnte es ein Geschenk sein, ein Versprechen, etwas Bestimmtes, was Ihr Partner tun sollte?
- Was könnten Sie für sich selbst tun, das es Ihnen leichter macht, Ihren Frieden mit dem Vorgefallenen zu machen?

Betrachten Sie Ihre Antworten und spüren Sie nach, ob sich etwas an Ihrer Einstellung geändert hat. Wenn Sie sich ein bestimmtes Verhalten von Ihrem Partner wünschen, dann sprechen Sie ihm gegenüber diesen Wunsch aus.

Gerd bekennt, dass es ihm generell schwerfällt, alten Groll loszulassen, und dass sich das in der Beziehung zu seiner Freundin Mona immer wieder bemerkbar macht. »Ich weiß ja, dass es nichts bringt, wegen etwas, was sie mal vor einem halben Jahr Verletzendes gesagt hat, jetzt noch sauer zu sein. Nicht, dass ich ihr das zeigen würde, aber innerlich beschäftigt es mich. Ich denke dann immer, wenn wir mal uneins sind, vielleicht sind das ihre wahren Gedanken über mich. Aber ich bin jetzt motiviert, an diesem Punkt etwas zu ändern, will das nicht ewig wiederkäuen, sondern hinter mir lassen können.«

Alte Kränkungen in sich zu konservieren ist kontraproduktiv, wenn wir die Beziehung zu unserem Partner intensiv und lebendig erhalten wollen. Etwas zu bewahren kann jedoch auch sinnvoll sein – wenn es sich um schöne gemeinsame Erinnerungen handelt.

Übung 39

Gemeinsames Erinnern

Nehmen Sie sich mit Ihrem Partner zusammen etwas Zeit. Machen Sie es sich gemütlich und erinnern Sie sich zusammen an den Anfang Ihrer Beziehung.
Erzählen Sie sich gegenseitig, wie Sie die ersten Tage und Wochen miteinander erlebt haben.

- ☉ Wie wurden Sie auf Ihren Partner aufmerksam?
- ☉ Wie haben Sie sich verliebt?
- ☉ Was ist Ihnen besonders an Ihrem Partner positiv aufgefallen? Was hat Sie gefreut, amüsiert, fasziniert, berührt?
- ☉ Wie haben Sie Ihre erste Verabredung erlebt? Was haben Sie gemeinsam unternommen?

Tauschen Sie sich immer wieder mal dementsprechend aus, und
frischen Sie so wechselseitig Ihre Erinnerung immer wieder von
neuem auf. Tun Sie dies so oft und so ausführlich, wie es stimmig
für Sie beide ist.

Wie der US-amerikanische Psychologe John Mordechai Gott-
man in einer Studie über Ehestabilität und Beziehungsanalyse do-
kumentiert, führen Paare, die es schaffen, sich gemeinsam positiv
an ihre Liebesgeschichte zu erinnern, mit hoher Wahrscheinlichkeit auch künftig eine glückliche Beziehung. Eine gemeinsame be-
glückende Erinnerung verbindet und gibt der Partnerschaft Impulse der Zuversicht und des Vertrauens in die künftige gemeinsame Lebensgestaltung.

Resümee:
Wertschätzung ist die Basis, auf die wir bauen können

Wenn also klar ist, dass Selbstwertschätzung ein wichtiger Ausgangspunkt ist, um auch gegenüber unseren Mitmenschen, unserer persönlichen Umgebung sowie in größeren Zusammenhängen eine wertschätzende Haltung zu entwickeln, dann ist auch unstrittig, dass wir damit einen Schlüssel in der Hand haben, um Entwicklungen zum Besseren zu wenden – privat und gesamtgesellschaftlich.

Es ist ein Grundbedürfnis, sich sowohl als Person mit den individuellen Stärken und Schwächen zu schätzen und zu mögen als auch sich von anderen gesehen, anerkannt, geschätzt und gemocht zu fühlen.

Die meisten möchten möglichst selbstbestimmt leben, wollen Entscheidungen nach eigenen Wertvorstellungen treffen können und sich zudem einer Gruppe oder Gemeinschaft zugehörig fühlen, die die eigenen Werte teilt. Dies trägt dazu bei, uns wohl und sicher zu fühlen.

Das Gegenteil davon erscheint uns mit Recht als unakzeptabel: Wer sich selbst wertlos und abgelehnt fühlt, sich als eingeengt und nirgendwo zugehörig empfindet, der hat auch wenig Gründe, sich des Lebens zu erfreuen. Daher streben wir alle danach, uns unser psychisches Grundbedürfnis nach Selbstwertschätzung zu erfüllen – und es auch von anderen erfüllt zu bekommen. Dabei knüpfen unsere Handlungsmuster direkt an dieses psychische Grundbedürfnis an: uns als wertvoll zu empfinden, uns geliebt und uns auch frei in unserer Lebensgestaltung zu fühlen, zu wissen, dass wir mit anderen Menschen verbunden sind und dass wir mit ihnen das Bedürfnis nach Wertschätzung teilen, so dass wir dann auch anderen das geben, was wir uns selbst von ihnen erhoffen.

Wertschätzung ist ein wesentlicher Teil liebevoller Beziehungen und das beste Mittel zur Pflege von Akzeptanz, Verbundenheit und eines verträglichen Miteinanders: im Job, in unseren Freundschaften und in der Paarbeziehung. Vergegenwärtigen wir uns also stets: Alle Menschen brauchen Beachtung und Wertschätzung, als Kinder wie auch als Erwachsene. Wenn Sie jemandem das Gefühl geben, dass er Ihre Aufmerksamkeit hat, dass Sie Interesse daran haben, was ihn bewegt und beschäftigt, dann wird das positiv auf Sie zurückwirken. Viele Konflikte könnten vermieden werden, wenn Menschen sich mehr gesehen und wertgeschätzt fühlen würden. Ist dies nicht der Fall, kommt es zu Phänomenen, die wir alle zur Genüge kennen: gekränkt sein, sich ohnmächtig, unbedeutend und wertlos fühlen einerseits, Macht demonstrieren und sich rächen wollen andererseits; und auch, sich Ventile für angestaute Frustrationen schaffen wie beispielsweise Vandalismus oder andere Formen von Zerstörungswut.

Eine gute Beziehung zu anderen Menschen setzt stets voraus, dass wir bereit sind, nicht nur uns selbst, sondern auch andere grundlegend wertzuschätzen – egal ob es um eine Liebesbeziehung geht, um das Verhältnis zu Freundinnen und Freunden, um ein gutes Miteinander am Arbeitsplatz oder ganz allgemein um unsere Haltung der Welt und der Schöpfung gegenüber. Voraussetzung ist immer die Achtung vor dem anderen. Wertschätzung zeigt sich am konkreten Verhalten – in der Art und Weise, wie wir auf den anderen zugehen, wie wir zuhören, ob wir ihn oder sie so behandeln, wie wir selbst auch behandelt werden möchten.

In dem Maße, in dem wir uns darum bemühen, Verständnis für uns selbst und auch für andere zu zeigen, sind wir offen und bereit dazu, unsere bisherige Sicht der Dinge ein Stück weit zu relativie-

ren und neu zu überdenken. Dies gibt uns die Chance, uns weiterzuentwickeln und unseren Horizont zu erweitern. Wertschätzung
ist die Basis, auf die wir dabei bauen können.

Sigrid Engelbrecht

Vertiefende Literatur

Branden, Nathaniel: *Die 6 Säulen des Selbstwertgefühls: Erfolgreich und zufrieden durch ein starkes Selbst,* Piper Verlag 2011

Fredrickson, Barbara L.: *Die Macht der guten Gefühle: Wie eine positive Haltung Ihr Leben dauerhaft verändert,* Campus Verlag 2011

Hansen, Hartwig: *Respekt – Der Schlüssel zur Partnerschaft,* Klett-Cotta 2015

Kast, Verena: *Trotz allem Ich. Gefühle des Selbstwerts und die Erfahrung von Identität,* Herder Verlag 2005

Klein, Stefan: *Der Sinn des Gebens: Warum Selbstlosigkeit in der Evolution siegt und wir mit Egoismus nicht weiterkommen,* S. Fischer Verlag, 2. Aufl. 2010

Lindemann, Gabriele: *Erfolgsfaktor Menschlichkeit: Wertschätzend führen – wirksam kommunizieren,* Junfermann Verlag 2010

McKay, Matthew und Fanning, Patrick: *Selbstachtung, das Herz einer gesunden Persönlichkeit: Kognitive Techniken für die Verbesserung des Selbstwertgefühls,* Junfermann Verlag, 3. Aufl. 2004

Potreck-Rose, Friederike: *Von der Freude, den Selbstwert zu stärken,* Klett-Cotta Verlag, 11. Aufl. 2015

Spitzer, Manfred: *Das (un)soziale Gehirn: Wie wir imitieren, kommunizieren und korrumpieren,* Schattauer Verlag 2013

Stackelberg, Bettina: *Selbstbewusstsein,* C. H. Beck Verlag 2014

Stahl, Stefanie: *Leben kann auch einfach sein – So stärken Sie Ihr Selbstwertgefühl,* Ellert & Richter Verlag, 9. Auflage 2016

Stavemann, Harlich H.: *… und ständig tickt die Selbstwertbombe: Selbstwertprobleme erkennen und lösen,* Beltz Verlag 2011

Stern, David: *Die Lebenserfahrung des Säuglings,* Klett-Cotta Verlag, 10. Aufl. 2011

Strohschein, Barbara: *Die gekränkte Gesellschaft,* Riemann Verlag 2015

Tepperwein, Kurt: *Die Heilkraft der Wertschätzung: 10 Wege zu einem erfüllteren Leben,* Goldmann Verlag 2013

Vogt-Tegen, Jutta: *Achtsamkeit: Der Weg zur eigenen Wertschätzung,* Lingen Verlag 2015

Wilde, Mauritius: *Respekt: Die Kunst der gegenseitigen Wertschätzung,* Vier Türme Verlag 2009

Über die Autorin

Sigrid Engelbrecht, M.A., ist Mentaltrainerin und begleitet als Coach Menschen in beruflichen und persönlichen Veränderungsprozessen. Sie ist eine vielfache Buch- und Bestsellerautorin im Bereich Persönlichkeitsentwicklung, Kreativität und Stressbewältigung.